DER EINZELNE UND SEIN STAAT

VON

DR. JUR. DR. PHIL. W. SCHULZE-SÖLDE
PRIVATDOZENT DER PHILOSOPHIE AN DER UNIVERSITÄT
GREIFSWALD

SPRINGER FACHMEDIEN WIESBADEN GMBH 1922

ISBN 978-3-663-15587-4 ISBN 978-3-663-16160-8 (eBook)
DOI 10.1007/978-3-663-16160-8

Vorwort.

Ursprünglich war vorgesehen, den Lösungsversuch des Gemeinschaftsproblems in einem Schlußkapitel meiner Schrift „Geschichte als Wissenschaft“ (Berlin 1917, Reuther & Reichard) zu geben. Die Fülle der zu behandelnden Fragen ließ jedoch allmählich eine selbständige und umfassendere Abhandlung erwachsen.

Seit dem Zusammenbruch unseres Staates bei Beendigung des „Deutschen Weltkrieges“ habe ich unter Zurückstellung anderer Arbeiten es als meine vornehmste philosophische Aufgabe erachtet, die Mittel der Wissenschaft zu finden, welche geeignet sein könnten, dem Denken und Handeln des Deutschen im Hinblick auf seine Staatsbürgersendung Richtung zu geben.

Das Ergebnis meiner Bemühungen übergebe ich hiermit der Öffentlichkeit.

Greifswald im Oktober 1921.

Walther Schulze-Sölde.

Inhaltsverzeichnis.

I. Logische Vorübung.

Wo auch immer denkende Menschen über den Staat nachsannen und bedeutsame und wichtige Gedanken ans Licht brachten, da geschah es, daß sie sich selbst mit dem Staate, in welchem sie lebten, auseinandersetzten. Denn wer nicht über sich selbst nachdenkt, wird nur schwerlich das Wesen des Staates zu ergründen vermögen, und nur diejenige Einstellung wird eine ergiebige Grundlage bilden für eine Klärung dieser brennenden Menschengemeinschaftsfrage, welche unmittelbar aus dem eigensten Erleben, das der einzelne selbstbesinnliche Mensch täglich mit seinem Staate hat, erwachsen ist. Nur eine solche Untersuchung über den Staat ist berechtigt und bietet eine Aussicht auf eine ergiebige Wissensbereicherung, welche unablässig die enge Beziehung, die zwischen dem Menschen und dem Staate besteht, im Auge behält. Denn der Staat ist nicht wie ein Haus auf einem Felsen aufgebaut, sondern auf den Seelen der Menschen. Diese sind wie die Erbauer, so auch die Grundlage, auf der der Staat nach der Lehre Platos gegründet wird. Und nur die tiefen Seelen bieten die Gewähr für die Festigkeit dieses Gebäudes, dessen Höhe einen schwankenden Grund nicht verträgt.

Ich will einer alten praktischen Regel folgen und mit dem am wenigsten ansprechenden Teil einer in Angriff zu nehmenden mühsamen Arbeit beginnen. Denn ich suche einen Grund, der mir Gewähr bietet für die Richtigkeit meiner Lehre vom Staate und den ihm eingeordneten Menschen. Die Frage nach dem Staate gehört in die Ethik. Da aber eine Ethik, die sich mit der Logik nicht verträgt, kaum die Kraft besitzt, mit ihr den Kampf aufzunehmen, geschweige ihn siegreich zu beenden, so tut sie gut, nichts zu unternehmen, was die streng gebietende Logik erzürnen könnte, dagegen in Anerkennung der größeren Macht der herrschenden Schwester sich anzuvertrauen und ruhig hinzunehmen, was sie vorschreibt.

Der Staat ist ohne Zweifel eine zur Einheit überwundene Vielheit von Menschen. Also stellt er die Frage nach der Ordnung. Die letzten Gründe für Ordnung aber liegen in der Logik. Folglich bleibt nichts übrig, als in ihr vorerst einen festen Boden zu bekommen, um die für das Verständnis des Ganzen erforderliche Klarheit zu gewinnen. Wir wollen uns gleich am Anfang fest ins Geschirr legen, um allen Einwänden, die zu entwickelnde Wissenschaft vom Staate sei nicht logisch begründet oder der Hausbau sei mit dem Dache begonnen, begegnen zu können. Also ist die logische Vorübung unvermeidlich geworden.

Ich will gleich von vornherein deutlich und bestimmt sagen, was diese logische Erwägung eigentlich bezweckt. Es muß nämlich Rechenschaft darüber gegeben werden, ob es eine Wissenschaft vom Einzelnen gibt, weil wohl kaum jemand daran zweifelt, daß es eine solche Wissenschaft vom Allgemeinen schon seit Jahrhunderten gegeben hat. Wer aber über die Beziehung „D. E. u. s. St.“ gewichtige Angaben von allgemeiner Gültigkeit zu machen sich anschickt, der wird den im Mittelpunkte des Ganzen stehenden Einzelnen nicht im Stiche lassen dürfen, wenn der allgemeine Staat ihn aufzuzehren droht. Ob nun der Staat zu dieser Untat überhaupt imstande ist, hängt von der Art seiner Allgemeinheit ab. Diese Allgemeinheit nun zu untersuchen, ist meine logische Aufgabe. Das ist aber nur möglich, wenn ich weiß, wie sich das Allgemeine vom Einzigen unterscheidet. Zu sagen, was Einziges sei, begegnet wohl kaum einer Schwierigkeit. Irgendein Ding oder irgendein Bewußtsein findet sich eben nur einmal und hat nicht seinesgleichen.

Zu sagen, was Allgemeines sei, ist weit schwieriger. Man könnte es vielleicht in den schärfsten Gegensatz zum Einzigen stellen, weil es sich nicht bloß einmal, sondern oftmals findet, so daß schon durch diese Definition eine Ineinssetzung von Einzigem und Allgemeinem, welche zu der Gleichung führen müßte, ein Einzelwesen sei ein Allgemeines, unmöglich gemacht würde. Es wird zu zeigen sein, warum der Gegensatz des Einmaligen und des Mehrmaligen nicht imstande ist, einen unversöhnlichen Gegensatz des Einzigen und des Allgemeinen zu bewirken. Die Erklärung des Einzigen steht fest. Der im Staate lebende Einzelne ist in der Tat nur in einem Exemplar vorhanden, und diese Einzigkeit ist geradezu der Kernpunkt in der Auflösung der Frage nach dem Wesen des Staates. Die Erklärung des Allgemeinen dagegen bedarf, obschon es für alles Geschichtliche von geringerer Bedeutung ist, einer besonderen Untersuchung.

Die Definition des Allgemeinen als des mehrfach vorkommenden ist deshalb nicht umfassend genug, weil dieses oftmals sich findende eine ganz verschiedene Bedeutung hat, je nachdem man die im Raume sinnlich wahrnehmbare Dingwelt der Natur oder aber die Welt der Bewußtseinseinzelwesen und der von ihnen in verschiedenster Weise gehabten Gegenstände berücksichtigt. In jedem Falle ist das Allgemeine das allen Einzelwesen Gemeinsame, soweit diese unter einem bestimmten Gesichtspunkt zusammengefaßt sind. Offenbar gibt es in der Wahrnehmungswelt vielen einzelnen Dingen Gemeinsames, das nicht Einziges genannt werden darf, wohl aber als Allgemeines bezeichnet werden kann, während ein einzelnes Ding niemals deshalb allgemein ist, weil es mehreren Dingen gemeinsam wäre. Wohl aber kann sich das, was sich an einem einzelnen Ding findet, auch an anderen Dingen finden, etwa die grüne Farbe oder die gekrümmte Gestalt. So darf man das Grüne und das Krumme sehr wohl als ein in der Dingwelt wahrnehmbares Allgemeines bezeichnen. Und die Gemeinsamkeit der einzelnen Dinge, welche grün sind, besteht nicht darin, daß sie in gleicher Weise zu einem Einzelwesen „grün" in Beziehung ständen — denn es gibt nur grüne Blumen oder Vögel oder sonstiges —, sondern darin, daß das Grün sich an solchen Dingeinzelwesen vielfach findet, welche die grüne Farbe aufweisen. In diesem Falle ist das Vielfache oder Allgemeine „grün" ausschlaggebender, als der Dinge Mehrzahl oder Vielheit. Soweit läßt sich also das Allgemeine als das mehrfach vorkommende verstehen, was nur daran liegt, daß wir das Bewußtsein ganz aus dem Spiele ließen.

Das Bewußtsein jedoch erschwert die Erkenntnis des Allgemeinen. Das Bewußtsein ist ein Einzelwesen; jeder denkende Mensch hat und, wenn man vom Leibe absieht, ist Bewußtsein, und irgendein Bewußtsein findet sich nur einmal, niemals öfter, es ist durchaus als ein Einziges anzusehen. Nun aber vermögen wir jederzeit ein solches Bewußtsein zu irgendeinem Ding in Beziehung zu bringen, und nur unter diesem Gesichtspunkt entdecken wir plötzlich die Allgemeinheit irgendeines einzelnen Dinges und damit die Durchbrechung des scharfen und einander ausschließenden Gegensatzes von Einzigem und Allgemeinem. Ich kann sagen: Dieses ganz bestimmte, einzelne Grundstück ist allgemein, wenn es allen Familienmitgliedern gemein ist und gehört und so als Einzelnes mehrfach zu verschiedenen Bewußtseinseinzelwesen unter einem maßgebenden Gesichtspunkt, nämlich als Eigentum, in gleicher Weise in Beziehung tritt. Ebenso kann ich sagen: Dieser öffentliche Weg ist allgemein, wenn allen Bewußtseinseinzelwesen, die dafür in Frage kommen, das Recht, ihn zu betreten, gemein ist. Aber deshalb kommt der Weg nicht zweimal in der Wahrnehmungswelt vor. Er behält den Charakter der Einzigkeit. Und das hat seinen guten Grund. Der Weg ist ein wahrgenommener Gegenstand im Raume. Wenngleich er zu vielen Bewußtseinseinzelwesen in solche Beziehung tritt, daß in bezug auf ihn eine Gemeinsamkeit dieser Bewußtseinseinzelwesen festzustellen ist, deren Mehrzahl macht, daß er allgemein ist; wenngleich er mehrfach betreten werden darf, findet er sich nicht mehrfach, indem seine Räumlichkeit es verhindert, daß er den unräumlichen Bewußtseinswesen etwa in gleicher Weise gemein wäre, wie die grüne Farbe den Dingen. Alles Räumliche ist dem Bewußtsein nur durch Wahrnehmung gegeben, und ein einzelnes Ding ist niemals deshalb allgemein, weil alle Bewußtseinswesen es wahrnehmen können. Die Wahrnehmung vermag nicht die konkrete Einzelheit des Dinges zu überwinden. Sie stellt sich vielmehr geradezu gleichsam zwischen Bewußtsein und Ding, um zu verhüten, daß dieses deshalb allgemein sei, weil es vielfach von Bewußtseinswesen wahrgenommen wird, während das Allgemeine, welches mit den Sinnen wahrgenommen werden kann, das bei Dingen nicht bei Bewußtsein sich vielfach Findende ist, so daß also im Raume und vor der Wahrnehmung das Einzige und das Allgemeine als das einmal und das mehrmals Vorkommende streng zu unterscheiden sind. Vermag aber nicht mehrfache Wahrnehmung ein einzelnes Ding zu einem allgemeinen zu machen, so doch unter völliger Bedeutungslosigkeit der Wahrnehmung die Tatsache, daß es unter einem ganz bestimmten und vom Bewußtsein gedachten Gesichtspunkte gefaßt wird, der imstande ist, die Gemeinsamkeit von vielen Bewußtseinswesen in bezug auf das einzelne dadurch selbst allgemein werdende Ding besser zu begründen, als die Wahrnehmung, wie etwa der Gesichtspunkt des Eigentums oder irgendeines anderen Rechtes allen gemein ist, welche das Recht an dem einzelnen Dinge haben.

Es ist nun festzustellen, daß die Gemeinsamkeit bei Bewußtseinseinzelwesen von ganz anderer Art ist, wie bei den Dingeinzelwesen. Dieses ist darin begründet, weil wohl das Bewußtsein, nicht aber die Dinge Gegenstände haben können und weil das Bewußtsein sowohl unräumliche wie räumliche Gegenstände, welche letzteren eben die Dinge selbst sind, zu haben vermag. Da die Dinge Einzelwesen sind, so kann das Bewußtsein, welches nicht minder ein Einzelwesen ist, Einzelwesen zum Gegenstande haben, ohne daß ein einzelnes Bewußtsein ein einzelnes Ding zu einem Allgemeinen zu machen vermöchte, da hierzu mehrere Bewußtseinswesen erforderlich sind, wohl aber genügt ein einzelnes Bewußtsein, um ein in der Dingwelt mehrfach vorkommendes wahrnehmbares und mehreren Dingen gemeinsames Allgemeines, wie die grüne Farbe, vorzustellen. Nun aber kann ein einzelnes Bewußtsein auch noch ein unräumliches und unsinnliches Allgemeines zum Gegenstande haben, und das ist der Gattungsbegriff.

Es fragt sich, warum dieser begriffliche Gegenstand des Bewußtseins allgemein ist. Weil die Allgemeinheit des Begriffs so geläufig ist, ist man immer wieder versucht worden, auch von einem allgemeinen Bewußtsein zu sprechen, das man sich gleichsam über den Bewußtseinseinzelwesen wie eine Nebelwolke schwebend vorstellt, ohne zu ahnen, in ein wie wenig von der Wissenschaft erleuchtetes Gebiet man eingetreten ist. Während man es nicht wagt, ein über den einzelnen Dingen schwebendes allgemeines Ding anzunehmen, läßt man sich von dem Irrlicht eines allgemeinen Bewußtseins täuschen, indem man den allgemeinen Begriff mit dem sich nirgendwo findenden allgemeinen Bewußtsein verwechselt.

Dieser Irrtum wird aufgeklärt, wenn man Klarheit gewinnt, warum der Begriff allgemein ist. Das Einzelwesen Bewußtsein hat das unräumliche Allgemeine eines Gattungsbegriffs zum Gegenstande. Dieses Gattungsallgemeine bezieht sich auf eine Vielheit von Dingeinzelwesen, wie der Begriff Pferd alle einzelnen Pferde umfaßt; hierdurch unterscheidet es sich von dem allgemeinen Weg, der mit den anderen Wegen gar nichts zu tun hat, sondern sich auf eine Mehrzahl von Bewußtseinseinzelwesen bezog, deren gemeinsamer Brennpunkt gleichsam der einzelne Weg war. Das Gattungsallgemeine unterscheidet sich aber auch noch von dem in der Dingwelt sich oftmals findenden, wahrnehmbaren Allgemeinen, das durch die grüne Farbe gekennzeichnet war, indem dieses Allgemeine vielen Dingeinzelwesen gemeinsam ist, während der Begriff „Pferd" nicht deshalb allgemein ist, weil er allen Pferden, sondern weil er allen Bewußtseinseinzelwesen, die den Begriff haben, gemeinsam ist. Das, was allen Pferden gemeinsam ist, ist allerdings begrifflich erfaßbar. Aber diese allen Pferden zugehörige Gemeinsamkeit ist nicht das Allgemeine, welches ich meine, wenn ich von dem allgemeinen Begriff „Pferd" spreche. Der Begriff „Pferd" ist ein anderer Gegenstand des Bewußtseins, als das einzelne Pferd. Jener steht dem Bewußtsein näher, als dieses einzelne konkrete Pferd, weil jener von ihm unmittelbar gehabt ist, während dieses nach der sehr einleuchtenden Lehre von Hans Driesch nur ein „mittelbar gemeinter, gleichsam in sich selbständiger Gegenstand" des Bewußtseins genannt werden kann. Und gerade wegen dieser gleichsam vom Bewußtsein abrückenden und Distanz nehmenden Fremdheit des Bewußtseinsgegenstandes „Einzelnes Pferd" ist die Allgemeinheit des Begriffs „Pferd" ein den Bewußtseinseinzelwesen und nicht den Pferden Gemeinsames oder allgemein Gültiges, indem der Begriff die eine Erkenntnis vermittelnde Brücke zwischen den untereinander ganz verschiedenen Bewußtseinseinzelwesen schlägt, eine Tatsache, die sich bei den Dingen wegen ihrer völligen Bewußtlosigkeit gar nicht findet.

Die mannigfaltige Deutung des Allgemeinen ist jedoch noch nicht erschöpft. Denn es gibt noch eine Allgemeinheit im Sinne von Öffentlichkeit, welche für uns von besonderer Wichtigkeit ist, da sie uns zu dem Staate führen soll. Denken wir nochmals an das allen Familienmitgliedern gemeinsame allgemeine Grundstück. Dieses einzelne Ding der Natur tritt als Gemeinsames mehrfach in Beziehung zu verschiedenen Bewußtseinseinzelwesen und ist ein ganz anderes Allgemeines, wie das allen Bewußtseinswesen gemeinsame begrifflich Allgemeine, weil dieses nur allgemein und nicht wie jenes neben seiner Allgemeinheit auch noch ein Einziges ist. Nun fragt es sich, ob es vielleicht wohl noch einen Gegenstand des Bewußtseins gibt, der die Eigenschaften der Gegenstände „Grundstück und Begriff" teilweise in sich vereinigt, der also nicht ein bloß mittelbar gemeinter naturwirklicher, aber auch nicht nur ein allgemeiner, sondern zugleich noch ein einziger unmittelbar gehabter Gegenstand des Bewußtseins ist, der als Einzelner strahlenförmig zu den verschiedenen Bewußtseinseinzelwesen in Beziehung tretend wegen ihrer Mehrzahl zugleich ein gemeinsames Allgemeines ist. Ein solcher Gegenstand des Bewußtseins ist die Öffentlichkeit und Allgemeinheit des einzelnen Staates, der weder ein Begriffsallgemeines, noch eine Dingeinzelheit ist, der allgemein und einzeln ist im Sinne des Grundstücks, der aber nicht wie das Grundstück ein Ding, sondern wie der Begriff ein unmittelbar von Bewußtseinseinzelwesen gehabter Gegenstand des Bewußtseins ist und zugleich die Gemeinschaft dieser Bewußtseinswesen darstellt, deren Gemeinsamkeit weder durch ein Ding noch durch einen Gattungsbegriff hergestellt wird. Das Staatsallgemeine ist ein Einziges und allen ihm angehörigen Bewußtseinseinzelwesen Gemeinsames. Der Staat ist eine reine Angelegenheit des Bewußtseins und hat mit der räumlichen Dingwelt nichts zu tun, in welcher sich das Einzige und das Allgemeine deshalb ausschließen, weil sie als das einmal und das mehrmals im Raume Vorkommende definiert werden müssen.

Es gibt jedoch einen einzelnen und einzigen Staat, ohne daß er seine Allgemeinheit deshalb aufgeben müßte, was natürlich nur möglich ist, wenn ich in diesem Sinne unter dem Allgemeinen etwas anderes verstehe als das mehrmals Vorkommende. Denn der einzige Staat kann in seinem wirklichen Dasein auf keine Weise mehrmals gegeben sein.

II. Wenn es sich um die Ordnung einer Vielheit von Gegenständen handelt, ist scharf zu unterscheiden, ob es sich um Gegenstände der Natur oder der Geschichte handelt, und weil im Staate Menschen geordnet werden und der Mensch das einzige Wesen ist, das in gleicher Weise in die Natur wie in die Geschichte gehört, so ist jene Unterscheidung zur Vermeidung von unerwünschter Unklarheit und Verwirrung besonders zu beachten.

So kann ich also Menschen auf zwei völlig verschiedene Arten ordnen. Ich kann ihre Vielheit dadurch überwinden, daß ich sie zu einer Einheit begreife, die ich den allgemeinen Begriff oder die Gattung „Mensch“ nenne, und dann habe ich die Menschen lediglich als einen Gegenstand der Natur angesehen. Ich kann sie aber auch als Gegenstand der Geschichte auf eine von Grund aus andere Weise ordnend vereinheitlichen, indem ich ihre Vielheit dadurch überwinde, daß ich sie in einem Staate zusammenfasse, die dann natürlich nicht eine Gattungsallgemeinheit ist, aber doch eine andere Allgemeinheit, die ihre Eigenschaft deshalb noch nicht zu verlieren braucht, weil sie eine einzige Einheit ist.

Weil ich nun die verschiedenen Menschen zu der Gattung „Mensch" ordnen kann, deshalb kann ich auch verschiedene Staaten zu der Gattung „Staat" vereinheitlichen; denn Mensch und Staat gehören so eng zusammen, daß Staat und Menschenstaat ein und dasselbe ist. So gibt es also einzelne Staaten, wie es einzelne Menschen gibt. Also müßten auch die Staaten zweierlei Ordnung erfahren können. Ich begnüge mich jedoch vorerst mit der Gattungsordnung der Staaten, weil die andere für die Geschichte so höchst bedeutsame Ordnung, die aus den vielen Staaten einen einzigen Staat macht, noch zurückgestellt werden soll. Aber schon jetzt wird man der Forderung nicht aus dem Wege gehen können, daß für das Allgemeine im Interesse meiner weiteren Untersuchung eine Definition gefunden werden muß, welche die Gattungseinheit „Mensch" und die Mencheneinheit „Staat" oder besser die Staatseinheit „Mensch" in gleicher Weise umfaßt, was nur möglich ist bei Aufgabe der scharfen Gegensätzlichkeit des Allgemeinen zu dem Einzigen, da zwar die Gattung niemals Einziges sein kann, wohl aber der einzelne Staat. Ich verstehe also unter dem Einzigen das nur einmal Vorkommende, unter dem Allgemeinen jedoch die Ordnung des Vielen zur Einheit, mag diese Einheit nun mehrere Male gegeben sein, wie etwa ein Begriff — niemals ein Einzelnes seiend — vielfach vorkommt bei den verschiedensten Bewußtseinseinzelwesen, die ihn haben, oder aber mag diese Einheit wie beim einzelnen Staate nur einmal in der Weise gegeben sein, daß der aus der Vielheit herauszuholende einzelne Staat sich wiederum derselben Ordnung zu fügen hat, wie die vielen ihm Eingeordneten; denn nur wo Vieles ist, ist auch Einzelnes. Aber der Staat wird ein Einzelner, nicht weil es viele Menschen, sondern weil es viele Staaten gibt. Doch ich will jetzt nochmals von vorn beginnen.

Viele Bäume können zu der Gattung „Baum“ geordnet werden, und zwar durch die Bestimmung der Merkmale, die allen einzelnen Bäumen zukommen. Jeder einzelne Baum hat also die Kennzeichen, die alle Bäume in gleicher Weise haben, darüber hinaus aber hat jeder Baum noch Kennzeichen, die nur ihm allein anhängen und durch die er sich von jedem anderen Baume unterscheidet. Die allgemeinen und die einen einzelnen Baum in besonderer Weise kennzeichnenden Merkmale vereinigen sich in jedem einzelnen Baume so harmonisch, daß der, welcher bei ihm allein stehen bleibt, eine Unterscheidung dieser beiden Arten gar nicht zu machen imstande ist. Das liegt daran, weil die allgemeinen Bestimmtheiten eines Baumes derart wesentlich zu jedem einzelnen Baum gehören, daß sie nur auf Kosten seines Wesens ihm abgesprochen werden könnten, womit jedoch nicht gesagt sein soll, daß die allgemeinen Begriffsmerkmale in Naturwirklichkeit den einzelnen Bäumen gemeinsam wären, indem sie vielmehr den den Begriff des Baumes erkennenden Bewußtseinseinzelwesen gemeinsam sind. Eine ganz naive und unbefangene Überlegung wird bestätigen, daß die verschiedenen einzelnen Bäume überhaupt im strengen Sinne gar nichts gemeinsam haben, als vielleicht die Luft und die Mutter Erde. Und diese gehören nicht zum Begriffe Baum. Ich will versuchen, auf den uralten Wegen der Logik weiter fortzuschreiten.

Aristoteles hat sich als der Meister der Wissenschaft vom Allgemeinen erwiesen, indem er die wissenschaftliche Erklärung eines allgemeingültigen Begriffs gab, wobei er sich der beiden später sogenannten Bestimmungen des genus proximum und der differentia specifica bediente. Da ich nun die Wissenschaft vom Einzigen zu begründen versuche, liegt es nahe, die Bestimmungen des Aristoteles zu ergänzen. Da muß uns denn wieder der Baum helfen.

Wenn ich wissenschaftlich erklären will, was eine Buche ist, so sage ich zunächst vorsichtig: sie ist ein Baum. Ich ziehe das der Buche nächsthöhere Allgemeine, das genus proximum, heran, um ihr eines der wichtigsten Kennzeichen zu geben. Da aber dieses Allgemeine nicht genügt, so suche ich noch andere Merkmale, welche das Allgemeine „Buche" so bestimmen, daß sie genügend erklären, was Buche ist, und der Komplex dieser Merkmale, die in allen Fällen mehrere sind, wird nach Aristoteles die differentia specifica genannt, wie etwa die Form der Buchenblätter oder die Art des Buchenholzes und so fort. Aber mit Hilfe der aristotelischen wissenschaftlichen Mittel bin ich doch nicht über das Allgemeine „Buche" hinausgekommen. Ich will aber zu der einzigen Buche, welche an einer ganz bestimmten Stelle steht, ein ganz bestimmtes Alter und Maß des Umfanges hat, sowie eine ganz bestimmte Gestalt besitzt. Und nichts hindert mich daran, in der Kennzeichnung immer genauer und eingehender fortzuschreiten und das Verfahren von der allgemeinen Bestimmung zur vereinzelnden Beschreibung hinüber zu führen. Nur muß ich wissen, daß die Fülle der Kennzeichen, die ich der einzigen Buche gegeben habe, in zwei Gruppen zerfällt. Die einen Kennzeichen haben nämlich zur Bestimmung des Allgemeinen „Buche" Genüge getan, die anderen Kennzeichen aber sind darüber hinaus noch erforderlich zur Bestimmung der einzigen Buche, und die Gesamtheit dieser letzteren zahlreichsten Merkmale nenne ich die differentia singularis oder significata. Daß diese letztere Kennzeichnungsmethode für die Naturwissenschaft im allgemeinen von praktischer Unbrauchbarkeit ist, ist noch kein Grund, ihr die Wissenschaftlichkeit überhaupt abzusprechen, woran ganz besonders die geographische Wissenschaft als Lehre vom Einzigen in der Natur interessiert sein muß.

Wenn wir uns nun auf die Gegenstände der Geschichte besinnen, wird uns klar, daß die Methode der differentia singularis den eigentlichen Lebenskern historischer Wissenschaft bedeutet; denn mit ihr bekommt die Charakterisierung historischer Persönlichkeiten und Staaten erst die logische Bezeichnung. Und die gegenseitige Beziehung von dem Einzigen und dem Allgemeinen wird geradezu umgedreht. Ist in dem Naturweltbilde das Gattungsallgemeine das das Einzige Beherrschende, so besteht die ganze Spannung und der Reiz, der das historische Weltbild auszeichnet, gerade darin, daß das Einzige mit dem Allgemeinen um die Herrschaft ringt, um schließlich Sieger zu bleiben.

So dürfen wir hoffen, daß der einzige Staat seine Allgemeinheit nicht verliert. Der Baum ist ein Gegenstand der Natur und bietet der logischen Bestimmung des Allgemeinen keine besonderen Schwierigkeiten, weil die Natur geduldig aus sich machen läßt, was die Logik aus ihr macht, welche nur soweit Interesse an der Bestimmung des allgemeinen Begriffs räumlicher Dinge hat, als es sich ermöglichen läßt, daß das Begriffsallgemeine nicht seinen unräumlichen Charakter verliert, damit es vielen Bewußtseinseinzelwesen, die denselben Begriff haben, ein unräumlicher und unmittelbar gehabter von der Naturwirklichkeit unterschiedener Gegenstand zu werden vermag.

Anders liegt die Sache bei den Menschen, die sich nicht so leicht und mühelos ordnen lassen, wie die Bäume. Viele Menschen kann man wie die Bäume zu einer Gattung „Mensch" ordnen, viele Menschen kann man aber auch zu einer Einheit „Staat" zusammenfassen, um schließlich viele Staaten wie die Bäume wieder zu einer Gattung „Staat" zu vereinigen. Weder die Gattung Mensch, noch die Gattung Staat bedürfen einer weiteren Überlegung. Dagegen dürfen wir an der Einheit und Allgemeinheit des einzelnen Staates nicht so leichtherzig vorbeigehen.

III. Es wäre schon viel gewonnen, wenn wir in der Natur eine ähnliche Einheit finden würden, die ebenfalls den Vorzug hätte, keine Gattung zu sein. Und der vielbesprochene Baum scheint uns in der Tat nochmals helfen zu wollen. Eine große Fülle von dichtgedrängt nebeneinanderstehenden Bäumen nenne ich einen Wald. Ohne Bedenken kann ich diesen Wald als die Ordnung einer Vielheit von Bäumen bezeichnen, und daß eine solche Ordnung von ganz anderer Art ist als das eine Vielheit überwindende Allgemeine „Baum", bedarf kaum der Erwähnung. Ganz unbestimmte, einzelne Exemplare sind in ihrer Gesamtheit in einen besonders durch Ortsangabe eingehend bestimmbaren und von anderen Wäldern unterscheidbaren Wald wohl eingeordnet. Wohl schwerlich darf man einen solchen Wald als das den einzelnen Bäumen zugehörige Allgemeine bezeichnen. Denn bei keinem einzigen Baume wird sich ein Kennzeichen finden, das ihn mit dem Walde irgendwie in Verbindung bringt. Der Wald ist nicht das dem einzelnen Baume wesentlich Zugehörige, und kein einziger Baum setzt ein Allgemeines mit, das Wald hieße, selbst dann nicht, wenn es von einem Baum hieße, er käme nur in Wäldern vor. Der Wald ist nicht allen Bäumen gemein, die in ihm stehen.

Doch ich will nicht vergessen, daß der Wald uns zum Staate verhelfen sollte, und jeder wird von dem sehr einschmeichelnden Bilde, der Staat verhalte sich zu den Menschen wie der Wald zu den Bäumen, leicht eingenommen sein. Doch es lag mir daran, von vornherein den Unterschied von Wald und Staat zu betonen, der darin besteht, daß der Wald nicht das den Bäumen anhängende Allgemeine ist, der einzelne Staat dagegen sehr wohl das den einzelnen Menschen Zugehörige, ihnen allen gemeinsame Allgemeine ist. Das stört mich aber nicht zu sagen, daß, wenn wir die Menschen mit den Bäumen vergleichen, wir den Staat noch viel eher mit dem Walde als mit dem Begriff „Mensch" vergleichen dürfen; denn Wald und Staat sind ganz bestimmte und einzige Einheiten, die beide in gleicher Weise weit abstehen von dem Allgemeinen „Wald" und dem Allgemeinen „Staat", insofern diese als Gattungen verstanden sind. Der einzelne Wald und der einzelne Staat stehen also in der Mitte zwischen der Vielheit von einzelnen Bäumen und der Vielheit von einzelnen Menschen auf der einen Seite, sowie der Vielheit von einzelnen Wäldern und der Vielheit von einzelnen Staaten auf der anderen Seite. Der Ehrgeiz des allgemeinen Begriffs, möglichst farblos zu sein und diese Farblosigkeit mit wachsender Allgemeinheit noch zu steigern, ziemt also weder dem einzelnen Walde noch dem einzelnen Staate, unbeschadet der Tatsache, daß der einzelne Wald keine Allgemeinheit ist, die der einzelne Staat, ohne Gattung zu sein, für sich in Anspruch nimmt, so daß also das Allgemeine „Wald" nur einzelne Wälder unter sich begreift, nicht aber einzelne Bäume, dagegen bei der Statuierung des Allgemeinen „Staat" erst gefragt werden muß, ob dieses Allgemeine Menschen oder Staaten ordnen will, oder ob ein einzelner Staat oder viele Staaten gemeint sind.

Wie ich viele Wälder zur Ordnung „Wald" und viele Bäume zur Einheit des einzelnen Waldes begreifen kann, ebenso kann ich viele Staaten zur Ordnung „Staat" und viele Menschen zu der Einheit des einzelnen Staates ordnend begreifen. Also verhält sich der Wald zum Begriff „Baum" wie der Staat zur Gattung Mensch. Soweit bin ich also berechtigt, den Vergleich zwischen Wald und Staat nach der übereinstimmenden Seite durchzuführen, um nun die radikale Trennung zwischen ihnen beiden zu vollziehen. Denn der Wald ist eine Summe von Bäumen, der Staat jedoch ist unter keinen Umständen ein Summe von Menschen. Wer demnach aus einem Staate einen Wald machen will, sollte nur bedenken, daß der Mensch kein Baum ist. Ich habe gesagt, daß der einzelne Staat nicht minder wie die Gattung „Mensch" oder die Gattung „Baum" ein Allgemeines ist. Warum aber der einzelne Staat ein Allgemeines ist, wird uns deutlicher, wenn wir wissen, warum der einzelne Wald nicht ein Allgemeines ist, wenn ich einmal davon absehe, daß er wie oben das Grundstück allgemeines Eigentum sein kann. Der Grund der Unterscheidung nämlich kann nur liegen an der Art und dem Wesen derjenigen Einzelheiten, die jeweilig im Staat und im Wald geordnet werden. Wie ergeht es den Einzelnen in diesen beiden Ordnungen?

Nur wo Wissen ist, da ist auch Allgemeines, ja Wissen und Allgemeines sind ein und dasselbe. So wahr das Wissen, wie

Spinoza sagt, das Wesen der Seele ist, so wahr ist auch das Allgemeine nur dort, wo wissendes Bewußtsein ist. Die die einzelnen Bäume begreifende und wissende Seele hat das Allgemeine „Baum“, die die einzelnen Wälder begreifende und wissende Seele hat das Allgemeine „Wald“, die die einzelnen Menschen begreifende und wissende Seele hat das Allgemeine „Mensch“, die die einzelnen Staaten begreifende Seele hat das Allgemeine „Staat“. Nun aber hat auch die die einzelnen Menschen ordnende und wissende Seele nicht bloß das Allgemeine „Mensch“, sondern auch das Allgemeine „Staat“ im Sinne des einzelnen Staates, wenn eine Vielheit von Menschen oder Seelen sich ordnet mit selbsttätiger Mitwirkung der Einzelheiten, die nicht vereinheitlicht werden, sondern sich selbst vereinheitlichen. Die im einzelnen Staat sich ordnenden einzelnen Menschen sind selbst sich mit Wissen — d. h. das Allgemeine von sich aus begründend — ordnungsvollziehend. Die Menschen aber, welche zur Gattung Mensch geordnet werden, wissen nicht um diese Ordnung und würden, wenn sie darum wüßten, die Gattungsordnung „Mensch“ unmöglich machen. Nur die die Gattung ordnende Seele weiß um das Allgemeine, nicht aber die geordneten Einzelheiten.[1]) Das wird ganz klar, wenn ich zu den einzelnen Bäumen zurückkehre. Sie wissen nicht um ihre Gattungsordnung. Weil sie kein Wissen haben, deshalb sind sie auch nicht irgendwie Teilhaber des Allgemeinen in dem Sinne, daß sie um ihr Allgemeines „Baum“ wüßten; deshalb ist aber auch der ihre Vielheit ordnende einzelne Wald ihnen kein Allgemeines, während er der das Gattungsallgemeine erkennenden und habenden Seele schon wegen seiner Einzelheit kein Gattungsallgemeines ist.

Nur die um die Bäume wissende einzelne Seele hat das All-

1) So ist also der Einzelne in der Gattung „Mensch“ gleichsam blind (was natürlich nicht so zu verstehen ist, als ob blind eines der Merkmale der Gattung „Mensch“ sei), der Einzelne in der Einheit des einzigen Staates dagegen gleichsam sehend.

gemeine „Baum“, und dieselbe Seele hat nur wegen der Vielheit von Wäldern, nicht aber wegen der Vielheit von Bäumen, das Gattungsallgemeine „Wald“, weil nicht Seelen im Walde geordnet sind, sondern Bäume, und weil einzelne Bäume ohne Wissen sich nicht in ihrer Vielheit selbst zu ordnen vermögen im einzelnen Wald. Die einzelnen Seelen haben aber das Allgemeine des einzelnen, ihnen übergeordneten Staates, weil in ihm wissende oder sich des Allgemeinen bewußte Seelen die Einheit bilden. Die im Staat eingeordnete einzelne Seele des Menschen weiß also zweierlei Allgemeines, einmal die Gattungsallgemeinheiten „Staat“ und „Mensch“, dann aber auch die Menschenallgemeinheit des einzelnen Staates.

Ein Wald kommt zwar nur einmal vor und auf keine Weise mehrmals, da keiner seiner Bäume ihn als den ihm gehörigen Wald besitzt oder weiß, daß sie einen Wald bilden, und auch der einzelne Staat kommt als Staat allerdings nur einmal vor, aber in dem Sinne, daß jede einzelne Seele ihn wissend hat, kommt er mehrmals vor, und da der Staat überhaupt nichts anderes ist als nur Gegenstand des Denkens oder gewußter Gedanke und andererseits Wissen und Allgemeines aufs engste zusammengehören, so ist er trotz seiner einzigen Einzelheit ein Allgemeines, der einzige, ganz bestimmte Wald dagegen kann nicht Allgemeines sein, trotzdem er ein sich vielfach findendes Gewußtes vieler Bewußtseinseinzelwesen ist, weil diese Tatsache keine Ordnung der vielen Bewußtseinseinzelwesen zur Einheit zu begründen vermag und hierbei auch eine Ordnung des Bewußtseinsgegenstandes gar nicht in Frage kommen kann, indem es sich nicht um viele Wälder, sondern nur um einen einzigen handelt.

Der einzige Staat ist ein Allgemeines und zwar ein Allgemeines von Gnaden der ihm eingeordneten Einzelheiten, denen der einzelne Staat als Allgemeines zugehörig ist, so daß hier schon die sieghafte Kraft des einzelnen Menschen über das Allgemeine zum Ausdruck kommt —, ein Einziges aber im Ringen um seine Einheit, die überhaupt keinen Sinn hätte, wenn sie nicht drängte auf die einzigartige, sich nur einmal findende Gestaltung dieses einen besonderen Staates, der sich von den anderen Staaten deutlich abhebt.

Die im einzelnen Wald vollzogene Ordnung hat nicht einmal die Aufgabe, den einen Wald von anderen zu unterscheiden, wohl aber den Unterschied der ihm zugehörigen Bäume aufzuheben. Die im einzelnen Staate vollzogene Ordnung hat dagegen die Aufgabe, ihn auszuzeichnen und andererseits jeden einzelnen ihm zugehörigen Menschen nicht etwa mit den anderen zu verschmelzen, sondern ihn von jedem anderen zu unterscheiden. Denn die Allgemeinheit des einzelnen Staates kann nicht den Sinn haben, nach der Art des Gattungsallgemeinen das unter sie begriffene Einzelne zu mißachten, sondern es zu ehren und zu pflegen, wie sie selbst sich mit ganz eigentümlichen und sie auszeichnenden Merkmalen auszugestalten hat.

So hat der einzelne Staat nicht seinesgleichen, er bleibt aber zugleich ein Allgemeines, insofern er allen gemein ist, und eine Menschengemeinschaft ganz unbefangen als Allgemeinheit bezeichnet wird. Jeder Einzelne hat den Staat als sein Gewußtes und der Unterschied zwischen Mensch und Staat hat sich ganz verflüchtigt. Der Staat ist eine von einer großen Anzahl von Menschen gewußte Einheit zum Zwecke der Ordnung dieser Menschen, soweit sie wissend sind. Und da er ein bewußtes Wirken der Einzelnen zur Einheit ist, so ist er eine gewollte und gewirkte Einheit. Er lebt von dem Wissen der Einzelnen und ist ganz auf sie angewiesen, er hängt an ihnen und wird mit ihnen hinfällig, ohne sie aber ist er nichts. Jeder Einzelne trägt in größerer oder geringerer Vollkommenheit den ganzen Staat, seinen Staat, mit sich herum. Das ist gar nicht eine solch ungewöhnliche Leistung; denn der Einzelne ist in jedem Falle und unbedingt eine vollkommenere Ganzheit als sein Staat, dessen Ganzheit ihn niemals zu erdrücken vermag. Man darf sich da nicht durch die größere Dimension des Staates täuschen lassen, die für die logische Beziehung des Einzelnen zum Staate gar nicht von Bedeutung ist. Der Staat ist zwar eine Ganzheitseinheit von einer großen Anzahl von Menschen, aber auf der anderen Seite bildet die vollkommenere Ganzheit jedes Einzelnen mit seinem Staate eine Einheit, und bevor von den Einzelnen diese Einheit nicht gefunden ist, ist an eine Vereinheitlichung der vielen Einzelnen zum Staate gar nicht zu denken. Denn des Einzelnen Sicheinswissen mit dem Staate ist eine maßgebendere Einheit als die verwirklichte Einheit der Einzelnen im Staat. So ist denn die erste Forderung an die staatenbildenden Menschen, der Allgemeinheit zur Klarheit im Selbstbewußtsein des Einzelnen zu verhelfen, und je öfter der allen gemeinsame einzelne Staat in gleicher Einheit in den Einzelnen lebt, um so einziger wird er selbst. Dieses aber ist das Prinzip der Allgemeinheit und Einzelheit in ihrer den Staat ausmachenden Einheit, welches nur möglich ist, weil der Staat Gegenstand der Geschichte und Leistung des denkenden und mit Vernunft ausgestatteten Menschen ist. Weil das Allgemeine des einzelnen Staates vielen in gleicher Weise Gewußtes ist, vermag es mit dem Einzigen, nämlich dem wissenden Einzelbewußtsein, zusammenzufallen, ohne daß dieses selbst seine Einzigkeit dadurch verliert. Wenn aber der Baum mit der wissenden Einzelheit zusammenfällt, dann ist das nur möglich als das Gattungsallgemeine „Baum", nicht aber selbstverständlich als ein einzelner Baum. Das Einzige in der Natur ist deshalb von dem Allgemeinen seiner Gattung so scharf zu trennen, weil nur dieses Allgemeine mit der wissenden Einzelseele zusammenfällt, jenes Einzige aber ihr stets ein Anderes und neben ihr Existierendes bedeutet.

IV. Die wissende Einzelseele hat zweierlei Allgemeines, einmal das ihr zugehörige mehrfach vorkommende Allgemeine, das allen wissenden Einzelseelen oder auch jedem Einzelbewußtsein in gleicher Weise zukommt, nämlich die Eigenschaften der Seele. Dieses allgemeine Gattungsbewußtsein ist nichts anderes als das berühmte „Bewußtsein überhaupt". Da nun aber nur das, was der Natur angehört, nicht aber das, was in einer solch beispiellosen Reinheit, wie das Einzelbewußtsein in die Geschichte gehört, zur Gattungseinheit, wenn vieles Einzelne gegeben ist, zusammengerafft werden kann, so gibt es zwar ein Gattungsallgemeines „Seele", insofern sich das Leben der Seele nach den Gesetzen der Natur regelt, nicht aber ein solches Gattungsallgemeines „Bewußtsein überhaupt", und die Lehre von ihm, die den Nährboden für eine wildwuchernde Metaphysik bildet, ist ein völliger Irrwahn, der schon viel Unheil angerichtet hat.

Eine Gattung Mensch aber gibt es nur deshalb, weil der Mensch abzüglich seines Bewußtseins auch der Natur angehört.

Die Gattung aber verträgt sich mit Geschichte wie Wasser mit Feuer, ein Vergleich, der schon deshalb zutreffend ist, weil eine Gattung stets eine Verwässerung einer Ordnung auf Kosten der Intensität des Einzelnen ist, die alle Einzelheiten, nur nicht das wissende Einzelbewußtsein, das gänzlich freibleibt von den Gesetzen der Natur, über sich ergehen lassen.

Doch ich habe gesagt, die Einzelseele habe zweierlei Allgemeines. Das eine Allgemeine ist also das ihr übergeordnete Gattungsallgemeine oder ihre Eigenschaft. Insofern sie aber ein der Natur völlig entrücktes wissendes Bewußtsein ist, läßt ihr Wissen sie auch noch ein anderes Allgemeines haben, nämlich das jeweilig Allgemeine, das sie wissend erkennt, etwa das Allgemeine „Baum", das auf der einen Seite dem einzelnen Baum zugehört, insofern es sein Wesen ausmacht und ihm nur auf Kosten seines Wesens genommen werden kann, das auf der anderen Seite jedoch eins ist mit dem dieses Allgemeine habenden Bewußtsein in seiner Einzelheit. Ebenso wie das Einzelbewußtsein das Allgemeine „Baum" hat, hat es auch das eine Vielheit von Staaten überwindende Gattungsallgemeine „Staat", das zum Wesen des einzelnen Staates gehört und eins ist mit dem die Gattung wissenden einzelnen Bewußtsein. Dann aber hat schließlich das Einzelbewußtsein noch ein ganz anderes Allgemeines, nämlich das Allgemeine des ihm übergeordneten einzelnen Staates, mit dem es sich auseinanderzusetzen hat. Die einzelne, um den einzelnen Staat wissende und sich zu ihm bekennende Seele sorgt dafür, daß diesem besonderen Staat das Merkmal der Allgemeinheit nicht verloren geht; denn sie verfügt über das Allgemeine, sei es, daß sie Allgemeines erkennt, wie die Gattung „Staat", sei es, daß sie sich zu Allgemeinerem bekennt, wie zum einzelnen Staat. Und da das Wissen eine stille Neigung zum Allgemeinen hat, die es nur schwer verleugnen kann, so ist das den Begriff des Staates erzeugende Wissen um den Staat mit dem Doppelspiel des Allgemeinen belastet. Der allgemeine Begriff „Staat" hat neben vielen anderen Merkmalen selbst als Kennzeichen die Allgemeinheit. So hat der allgemeine Begriff „Vogel" oder irgendein anderer Begriff nicht ein Prädikat „Allgemeines". Diesen Ruhm hat nur der Staat. Da nun jedes seiner Merkmale bei jedem einzelnen nur vorkommenden Bewußtsein sich finden muß, so ist jeder einzelne Staat selbst allgemein, und zwar hat jeder Staat eine ganz besondere einzigartige Allgemeinheit, die sich von der Allgemeinheit des anderen Staates genau so deutlich abhebt, wie sich der eine Staat vom anderen unterscheidet. Diese für jeden einzelnen Staat verschiedene Allgemeinheit, die sich von der für alle Staaten gleichen Allgemeinheit scharf unterscheidet, ist darin begründet, daß in einem einzigen Staate zwar nicht einzelne Staaten, wohl aber einzelne Menschen geordnet sind und es sonderbarerweise für die Logik gleichgültig ist, ob es Menschen oder Staaten sind, die ein einzelner Staat in sich ordnet und begreift.

Eine ganz erstaunliche Verwandtschaft von Staat und Mensch, ja Einheit und Verschmolzenheit prägt sich aus, die nicht gerade geeignet sind, die Lösung des vom Staate aufgegebenen Rätsels zu erleichtern.

Allgemeines und Einziges sind im einzelnen Staate vereinigt und halten sich die Wage. Der Staat ist eine Allgemeinheit, deren Entwicklung und Ausbreitung seine Einzelheit erhöht und steigert, und jetzt ist es nicht mehr gestattet, die in allen einzelnen Exemplaren in gleicher Weise auftretenden Gattungsmerkmale mit den ungleichen Unterschiedlichkeiten, die den einzelnen Staat vom anderen sondern, zu verwechseln. Je mehr der einzelne Staat von dem Gattungsallgemeinen „Staat" sich abhebt, um so größer wird seine Allgemeinheit, die sich ihre Zugehörigkeit zu den einzelnen Seelen der den Staat bildenden Menschen erst noch erobern soll. Der einzelne Mensch soll aus dem Gattungsallgemeinen „Mensch" heraustreten, um sich kraft seines wissenden Bewußtseins dem Allgemeinen, das den einzelnen Staat bedeutet, einzuordnen. Diese Einzelstaatsallgemeinheit steht weit ab von der Hierarchie der Begriffspyramide, deren höhersteigende Gattungsallgemeinheit am Schwund der Merkmale leidet. Je allgemeiner aber der einzelne Staat, desto mehr Kennzeichen werden ihm verliehen, desto größer wird seine Ähnlichkeit mit dem einzelnen Menschen, desto vereinzelter wird er unter den Staaten.

Wenn ich eine Definition vom Staate gebe, so ist das natürlich eine allgemeine Bestimmung, die allen Staaten in gleicher Weise zukommen muß. Aber ich kann diese allgemein gültige Forderung an jeden Staat nicht finden, wenn ich nicht bei dem einzelnen Staat stehen bleibe und mich in ihm umsehe, ohne von ihm zu lassen. Das Erleben, welches ich an meinem Staat habe, indem ich mich mit ihm allein auseinandersetze, gibt mir erst die Kraft, zu sagen, was ein Staat ist, ebenso wie ich nur an mir selbst zu finden vermag, was Selbstbewußtsein ist, ja nur mein einziges Selbstbewußtsein führt mich überhaupt zu meinem Staat. So eng gehöre ich mit dem Staate zusammen. Ich und mein Staat sind in der logischen Ursprünglichkeit ein und dasselbe. Ich und mein Staat spielen ein Wechselspiel: der Staat ist das Allgemeine, das sich zur Einzelheit kristallisieren soll, ich aber bin der Einzelne, der sich zur Allgemeinheit erheben soll. Der einzelne Mensch wird vom Staate und der einzelne Staat wird vom Menschen angezogen, so daß sie schließlich sich gegenseitig verfallen sind und eine schlechthinige Einheit bilden.

Wenn aber das Wissen das Wesen der Seele und die Seele

ein Einzelwesen ist, dann muß es auch eine Wissenschaft vom Einzelnen geben, deren Rechtfertigung nur in dem Selbstbewußtsein des einzelnen Menschen gefunden werden kann. Da aber, wo auch immer Wissenschaft sich findet, das Einzelne mit dem Allgemeinen in Spannung tritt und in der Natur das Einzelne vom Allgemeinen oder von dem Gesetz, in der Geschichte aber das Allgemeine vom Einzelnen beherrscht wird, so ist es an der Zeit, die beiden Arten des Allgemeinen auch äußerlich zu kennzeichnen. Das Naturallgemeine ist das Gattungsallgemeine, das Geschichtsallgemeine aber ist der Typus. So unterscheiden sich Gattung und Typus voneinander durch ihre verschiedene Stellung zum Einzelnen, dem sie gegenübertreten. Gattung ist das Allgemeine im Sinne des von vielen verschiedenen Bewußtseinseinzelwesen Gehabten zum Zwecke der Ordnung einer Vielheit dessen, was selbst nicht Bewußtsein ist. Der Typus dagegen beherrscht nicht das ihm zugehörige Einzelne, welches in bezug auf ihn das Charakteristische genannt wird. Dieses aber verträgt nicht die Herrschaft eines ihm übergeordneten Allgemeinen, weil es sich um die Unantastbarkeit seiner Einzigkeit bemüht und es auch nichts anderes Einziges neben ihm gibt, in Vergleich zu welchem und in Gemeinschaft mit welchem es sich dem diese beiden Einzigen beherrschenden Allgemeinen unterordnen müßte. Greifen wir zu einem Beispiel.

Der Kölner Dom ist eine historisch wertvolle Leistung des denkenden Bewußtseins, das sich in der Geschichte der Menschen offenbart. Er ist ein für die Stadt und das Land sehr charakteristisches Einzelwesen. Und es ist ganz verkehrt, wie man es leider vielfach hört, zu sagen, der Dom sei typisch für Köln. Typisch an ihm aber ist die Gotik, ein von der Gattung sehr deutlich sich abhebendes Geschichtsallgemeines. An dem Einzelwesen „Kölner Dom" kann ich nur erkennen, wie der gotische Typus mit dem charakteristischen Einzigen gleichsam ringt und — unterliegt; denn die charakteristische Einzelheit duldet nicht, daß der an ihr verwirklichte gotische Typus sie jemals auszuschalten oder zu übersehen vermag. Ja gleichsam in voller Einsicht, daß er sich dem Einzigen durchaus unterzuordnen habe, verleiht der Typus ihm erst seinen einzigartigen Charakter, denn der Typus hat niemals, wie etwa die Gattung „Dom" ein Interesse an der Mißachtung des ihn verwirklichenden Einzelnen, weil er überhaupt erst lebt von Gnaden des einzigen Charakters. Der Einzelne macht aus dem Typus Charakteristisches. Diese Erwägung ist von großer Bedeutung für die von mir angestrebte Begründung der Wissenschaft vom Einzigen und Einzelnen.

V. Eine solche für Mensch und Staat so überaus wichtige Wissenschaft muß mir nun irgendeine Möglichkeit geben, die Einzelnen zu ordnen, ohne daß sie den Charakter ihrer Einzelheit dabei verlieren. Also hat die Ordnung des Gattungsallgemeinen für mich keinen Wert; denn dieses ist der Feind des Einzelnen und strebt von ihm fort. Andererseits muß ich die Einzelnen zusammenraffen, ohne sie in ihrer Besonderheit anzutasten, und da bleibt mir schließlich nichts anderes übrig, als den Typus aufzustellen, der heißt „Der Einzelne". Und man darf für die Einzelnen „der Einzelne" sagen, ohne daß diese Form der Ordnung etwa die Gesamtheit der vielen Einzelnen zum Ausdruck brächte oder gar einer unter den vielen Einzelnen in seiner besonderen Bedeutung überhaupt nur beeinträchtigt zu werden brauchte, weil wir ja gerade dessen einzigartige Stellung gegenüber der Gesamtheit der den Staat ausmachenden vielen Einzelnen erst noch untersuchen wollen.

Von dem Typus „der Einzelne" darf ich nur in dem Sinne sprechen, daß jederzeit ein bestimmter und einziger Einzelner voll und ganz für ihn einzutreten vermag, während der Platz der Gesamtheit der Einzelnen jedenfalls in diesem Sinne von dem einzigen Einzelnen nicht ausgefüllt wird. So geht denn der Typus „der Einzelne" einen ganz anderen Ordnungsweg als die Gesamtheit der Einzelnen und bedeutet weder eine Gattung noch eine Summe noch den Staat.

Der Einzelne und das wissende Bewußtsein des einzelnen Menschen sind ein und dasselbe. Also nur der Teil des Menschen, der für die Geschichte maßgebend ist, wird von jenem Typus erfaßt. Und wenn ich für die Menschen „der Mensch" sage, etwa in dem Sinne: Der Mensch ist die Krone der Schöpfung —, so ist diese den einzelnen Menschen übersehende Vielheitsordnung von anderer Art, als wenn ich für die Einzelnen „Der Einzelne" sage. Nur wo die Einzelheit eine völlig in sich abgeschlossene und abgerundete Isolierung erfährt, ist die gattungbildende Ordnung nicht möglich, dagegen die typusbildende Ordnung geboten. Die einzelnen Dinge der Natur kann ich gar nicht unter dem Typus „Das Einzelne" ordnend begreifen, weil die eine Einzelheit zu sehr auf die andere angewiesen ist und eine ganz radikale Ablösung wegen des Zusammenhanges, in dem die Gesamtheit der Natureinzelheiten steht, nur in der Phantasie gestattet ist. In Wirklichkeit findet sich in der ganzen Natur keine isolierte Einzelheit, woran selbst eine sehr kühne spekulative Naturforschung, die bis zu den nur vermuteten letzten Ureinzelheiten der Natur, etwa dem Atom oder dem Elektrizitätspartikelchen vorzudringen versucht, nichts zu ändern vermag. Aber selbst dann, wenn solche Atome erwiesen wären, würde man sich nicht mit einem einzigen dieser Wesen begnügen, sondern sie in ihrer Gesamtheit zwar nicht in der Ordnungsform „Das Einzelne", wohl aber durch den ihnen zustehenden allgemeinen Begriff definieren und auf diese Weise deutlich machen, daß die Natur, solange ihre Erkenntnis an dem das Allgemeine habenden und wissenden Einzelbewußtsein hängt, dem Gattungsallgemeinen auf keine Weise zu entgehen vermag und nur das die Einzelheiten mißachtende Allgemeine das geeignete Netz ist, welches den zu ordnenden einzelnen Dingen, selbst wenn sie Atome heißen, übergeworfen wird.

Anders aber steht es mit jenem Einzelbewußtsein selbst, welches in der Gemeinschaft der Menschen nicht die Rolle spielt wie der abstrakte Begriff des Atoms in dem Beieinander der Dinge. Wer dem Einzelbewußtsein keine größere Vereinzelung einräumt als dem Atom, ja wer sogar behauptet, ein solches Einzelbewußtsein sei gar nichts anderes als eine dem Atom nahe verwandte leere Abstraktion, der statuiert die Gleichung von Mensch und Physik und ist völlig befangen in Mathematik und mechanischer Naturgesetzlichkeit, wenn es sich um den denkenden Menschen selbst und seine Leistung handelt, der hat in unhistorischer Denkweise die Heimlichkeit des Wissens und Gewissens der in Einsamkeit versinkenden menschlichen Seele nie erlebt. Nur mühselig lassen sich die letzten Einzelheiten in der Natur auffinden, wenn sie überhaupt vorhanden sind; dagegen vermag jeder Mensch, sei er auch noch so einfach, in sich und seinem Selbstbewußtsein eine wahrhaft abgeschiedene Ureinzelheit zu entdecken, die jeden Zusammenhang mit den anderen Vereinzelungen abzubrechen vermag. Und so verschieden ist das eine Bewußtsein vom anderen, daß es wegen seiner Unterschiedlichkeit eine Gattungseinheit über sich nicht duldet und schon deshalb unmöglich macht, weil diese Gattung kein einziges gemeinsames Merkmal aufweisen würde. Das allgemeine „Bewußtsein überhaupt" würde das Bewußtsein in seiner vereinzelten Wirklichkeit töten, wenn es einen allgemeinen Begriff vom Begriffe habenden Bewußtsein gäbe.

So läßt denn allein der von dem Naturzusammenhang schon in seinen Grundlagen scharf zu trennende historische Zusammenhang solche Einzelheiten zu, die es gestatten, von ihnen mit dem Ordnungswort „Der Einzelne" zu sprechen. Sein Typus erst bürgt für die sichere Grundlage des in dem einzelnen Staat aufgehenden und wachsenden Allgemeinen, mit dem dieser durchsättigt sein muß, wenn er überhaupt gedeihen soll.

Hiermit schließe ich die logische Grundlegung der Lehre vom Einzelnen und seinem Staat.

II. Das Gesetz des Einzelnen.

I. Die logische Untersuchung war nicht zu vermeiden. Sie hat die Möglichkeit einer Wissenschaft vom Einzelnen, insofern er denkendes Bewußtsein ist, erwiesen, so daß also eine Wissenschaft vom Menschen durchaus nicht die allgemeine Gattung Mensch zum Gegenstande zu haben braucht.

Ich darf mich selbst allein also zum Gegenstande der Wissenschaft machen, und vielleicht wird es mir auf diese Weise gelingen, den sichersten Übergang von der Logik in die Ethik zu finden, damit die Lehre von der Erkenntnis in Harmonie trete zu der Lehre von dem Sittlichen. Wer also zum Staate will, beginne bei sich selbst.

Ich bin als denkendes Bewußtsein ein Einzelner. Ich besinne mich auf mich selbst, denke nur an mich und über mich und finde, daß ich mich, je stärker ich mein Selbstbewußtsein anspanne, um so mehr von allem abscheide, was nicht mein Ich ist. Erst sondere ich mich, weil am leichtesten, von allen wahrnehmbaren äußeren Dingen ab, die meinen Leib umgeben und mit ihm durch meine Empfindungen im Zusammenhang stehen, sodann von meinem Leibe selbst, was dadurch möglich wird, weil mein Bewußtsein völlig frei von Empfindung ist. Ich bin ernstlich gewillt, alle Vorstellungen von Dingen fahren zu lassen, weil ich in meinem Denken an mein Ich verharren will. Und da finde ich, daß ich mancherlei weiß und daß mein Wissen und meine Erinnerungen mir geradezu ein Hindernis sind bei meinem Beginnen, in mich einzudringen. Also suche ich sie abzustoßen. Ich verschließe mich vor meinem Gedächtnis. Ich vergesse, und durch mein Vergessen werde ich stark in mir selbst. Ich finde dann keine Leere, sondern eine unsagbare Fülle, die ich nicht beschreiben, sondern nur bezeichnen kann. Ich finde mein Gewissen und bin ganz einsam und einzig. Ich weiß nur von meinem Ich und nichts von einem Du. Da ich alle Zusammenhänge mit den Dingen und auch mit anderen Bewußtseinswesen abgebrochen habe, kann mein einziges Ich von solchen Bedingungen auch nicht abhängig sein, also selbst nicht von einem anderen Ich, welches für mich ein Du wäre und immerhin einen auf mich wirkenden Einfluß haben kann. Bei meiner Selbstbesinnung jedoch ist mein Ich gar nicht von einem Du begleitet, geschweige, daß es für mich irgendwie ein anderes Ich gäbe, welches mit meinem Ich völlig gleich wäre.

Wenn ich nun bei meinem Gewissen verweile, so erkenne ich, über es nachdenkend, deutlich, daß es gleichsam in Richtung auf mich zu, nicht aber in Richtung von mir weg treibt. Es kann nicht von mir gezeugt, sondern nur in mich hineingewirkt sein. Ich kann gar nicht daran zweifeln, daß es sich mir als ein Druck oder als eine Wirkung zu erkennen gibt, deren Ursache ich nicht sein kann. Da ich nun gerade erst, nachdem ich alle Zusammenhänge mit Dingen und Bewußtseinswesen abgebrochen hatte, auf mein Gewissen gestoßen bin, kann dieses also auch nicht von jenen gewirkt sein. Wer ist also seine Ursache? Solange ich nicht gewillt bin, den metaphysischen Schleier zu betasten, kann ich es in seiner unergründlichen, wie durch ein Gesetz auf mir lastenden Gegebenheit nur als metaphysische Tatsache bezeichnen. Doch ich darf wohl sagen, daß gerade das Gewissen zum Zeichen seiner Wirkung mich isolierte und so die Zusammenhänge mit den anderen Wesen abbrach, daß es also schon wirksam war, bevor ich als Erkennender es erfaßte. Es hat mich aus dem natürlichen Zusammenhang, in welchen ich durch meinen Leib hineingestellt bin, herausgelöst.

II. Der natürliche Zusammenhang ist der Zusammenhang der untereinander verknüpften Dinge im Raume, so daß also in bezug auf Dingeinzelwesen im Gegensatz zu den Bewußtseinswesen eine gegenseitige Isolierung, welche den Zusammenhang der Dinge auflösen würde, unmöglich ist. Und doch ist die gesetzliche Einheit der Dinge nicht ohne Bewußtsein denkbar, insofern dieses die Natur erkennt und Voraussetzung des Naturgesetzes ist. In bezug auf die Form eines solchen Naturgesetzes liegt demnach eine wichtige Unterscheidung nahe. Unter seiner unmittelbaren Wirkung stehen die ihm unterworfenen Dinge der Natur, nicht jedoch das erkennende Bewußtsein, für welches das Naturgesetz gilt. So wahr Ding und Bewußtsein völlig verschieden und ganz unvergleichbar sind, kann das Bewußtsein nicht selbst unter Naturgesetz stehen, mag man sich auch noch so sehr bemühen, in den Ablauf der Vorstellungen dieses Bewußtseins durch eine geradezu kümmerlich zu nennende Assoziationsgesetzgebung eine naturgesetzmäßige Ordnung hineinzubringen, die gegenüber der wirklichen das einzelne Bewußtsein treffenden Gewissenswirkung, von der ich sprach, zu völliger Bedeutungslosigkeit herabsinkt. Wäre jedoch Bewußtsein ein Ding, dann könnte es die unmittelbare Wirksamkeit des Naturgesetzes an sich selbst bemerken, so aber bemerkt es dieses Gesetz nur an den fremden Dingen, von denen es durch einen Abgrund, nämlich die Empfindungen, getrennt ist, welche den Grund dafür bilden, daß nichts von der Dingnatur in das Bewußtsein hineingewirkt werden kann.

Die Befangenheit der Wissenschaft in der räumlichen Dingwelt der Natur hat es zustande gebracht, daß man der Unterschiedlichkeit des einen Bewußtseins gegen das andere bisher kaum irgendwelche Beachtung zuteil werden ließ, ja dieser Mangel kann sogar erklärt werden. Die Allgemeingültigkeit des Naturgesetzes, unter dessen Wirkung die Dinge stehen, für das erkennende Bewußtsein läßt nichts darauf ankommen, welches einzelne Bewußtsein gerade die Natur erkennt. Denn das Bewußtsein kann in wissenschaftlicher Absicht gar nicht anders an die Dinge heran als durch Begriff, der sich als Selbstschutz des Bewußtseins gegen die Irrationalität der Empfindungen und als ein sich bei jedem Bewußtsein in gleicher Weise finden könnendes Allgemeines erweist, ohne imstande zu sein, beim einzelnen Ding zu beharren. Die gesetzliche Einheit der Natur beruht auf der eine Ausgleichung und Übersicht über die Mannigfaltigkeit der vielen Dinge schaffenden Vernunft, indem diese

Vernunft in Ansehung der wahrgenommenen sachlichen Äußerlichkeit der Dinge in bezug auf die vielen verschiedenen, vernunftbegabten Bewußtseinswesen stets als die gleiche sich setzt und so die Unterschiedenheit dieser Vernunftwesen gegeneinander mit Rücksicht auf Naturgesetzmäßigkeit ganz ohne Belang ist.

Eine solche Ordnung der Natur ist ein Gelten für das Bewußtsein, ohne ein Wirken auf das Bewußtsein, zumal der sinnliche Eindruck gar kein Wirken auf Bewußtsein sein kann.

III. Stände nun auch Bewußtsein unter Naturgesetz, dann brauchten wir gar nicht darauf bedacht zu sein, das einzelne Bewußtsein gegen das andere so scharf abzuheben. Durch wessen Gesetzes Wirkung erfolgt jedoch diese Abhebung oder was dasselbe sagt, welches Gesetz hat mein Gewissen als eine Wirkung in mein Bewußtsein verursacht? Die Frage liegt nahe. Denn jene Wirkung kann nur das Zeichen der unmittelbaren Wirksamkeit eines Gesetzes sein, welches wie jedes Gesetz überhaupt eine Mannigfaltigkeit von verschiedenen Einzelwesen zu einer Einheit zusammenrafft, und zwar können in dem Gesetz meines Gewissens mit mir nur andere von mir verschiedene Bewußtseinswesen eine gesetzmäßige Einheit bilden, da Dinge völlig ausscheiden und andere Einzelwesen in der Erfahrung nicht anzutreffen sind.

Das Gesetz, in welches mein Gewissen eingereiht ist, und dem ich zugleich die Objektivität meiner Gewissensevidenz verdanke, bewirkt die gegenseitige Verschließung der Bewußtseinswesen, zeigt also nicht die Form des Miteinanderverbundenseins der Einzelwesen durch das verflechtende Band der Ursache und Wirkung, wie es bei dem Naturgesetz der Dinge der Fall ist. Daraus erwachsen Schwierigkeiten in der Darstellung der Form jenes Gesetzes, denen wir uns jetzt unterziehen wollen.

In jeder Gesetzesform findet sich wirkende Ursache und verursachte Wirkung. In dem Grundriß des Gesetzes meines Gewissens, das ich im Unterschiede gegen das Naturgesetz als das Wertgesetz kennzeichne, müssen also Ursache und Wirkung anders verteilt sein wie im Naturgesetz, da ja das eine Gewissen gar nicht Ursache oder Wirkung des anderen ist, wie bei den Dingen das eine Ding das andere verursacht.

Wie ist das Wertgesetz möglich, welches einerseits die ihm unterworfenen Bewußtseinswesen gegeneinander isoliert, anderseits ihre geschlossene Einheit verbürgt?

Diese Frage führt uns nicht nur auf das Wesen des Wertes, sondern zugleich auch durch ihn an den Punkt, in welchem die Logik einen harmonischen Übergang zu der Ethik gestattet. Unter Wert verstehe ich nämlich den Inbegriff aller Gesetzmäßigkeiten, denen Bewußtseinswesen unterworfen sind, und als eine Besonderung des Wertgesetzes überhaupt haben wir nun das Sittengesetz zu erfassen; denn es kann gar nicht zweifelhaft sein, daß mein Gewissen irgendwie mit Sittlichkeit in Beziehung stehe. Insofern das Sittengesetz auf mich wirkt, bezeichne ich seine ursächliche Wirksamkeit als den Urwert Sittlichkeit, von welcher mit demselben Recht gesprochen werden darf wie von der Natur, ohne in Gefahr zu geraten, ein Gesetz zu personifizieren. Auf den einen Urwert Sittlichkeit ist jedes Bewußtsein bezogen, aber auf ganz verschiedene ihm eigentümliche Weise. Der Urwert ist also im Hinblick auf die Ursache des Gesetzes das Mittel der Einheit der Bewußtseinswesen. Nun aber drängt mich mein Gewissen unter dem Eindruck der ursächlichen Sittlichkeit zu staatlicher Gemeinschaft als der von mir zu verwirklichenden Wirkung, und insofern ist die Gemeinschaft im Hinblick auf die Wirkung des Gesetzes das Mittel der Einheit der Bewußtseinswesen. Im Gegensatz zu dem Urwert Sittlichkeit bezeichne ich den Staat als den Lehnwert. Die Einzelnen, nicht unmittelbar miteinander verbunden, besitzen also als das sie zur gesetzlichen Einheit bringende Mittel den Urwert und den Lehnwert oder die Sittlichkeit und den Staat.

Die geschlossene Einheit des Sittengesetzes kommt darin zum Ausdruck, daß der unter dem Gewissensdruck der wirkenden Sittlichkeit stehende Einzelne die Brücke bildet von dem Urwert zu dem vom Einzelnen in der Geschichte zu schaffenden Lehnwert Staat und daß anderseits der Wert das über die Einzelnen übergreifende notwendige Mittel zu ihrer Einheit ist, weil sie untereinander nicht verbunden sind, da das Gewissen des Einen nicht auf das Gewissen des Anderen wirkt.

Mein Gewissen zeigt mir, daß jenes Sittengesetz einen höchst persönlichen Charakter trägt, daß es zugleich das Gesetz meiner Persönlichkeit, ja des Einzelnen überhaupt ist. Während vor dem Naturgesetz Unterschiedlichkeiten der einer Gattung angehörigen Dingeinzelwesen nicht anerkannt werden, drängt der unter dem Sittengesetz stehende Einzelne darauf, daß seine Unterschiedenheit gegenüber den Anderen nicht ausgelöscht werde, so daß also vor dem Gesetz des Einzelnen die Bewußtseinswesen nicht ausgeglichen werden können. Diese Tatsache kennzeichnet den Wert, indem der Anfang alles sittlichen Lebens in dem Bewußtsein der Unvergleichbarkeit des einzelnen Menschen mit dem anderen besteht. Die Sittlichkeit legt in jedes Bewußtsein ihr Senkblei, das in der wissenden Seele schmilzt, um in einer neuen Form zu erstehen, welche ihrerseits keine Stellvertretung oder den Ersatz des einen Bewußtseins durch ein anderes verträgt. Das Sittengesetz wird gleichsam durch persönliche Gestaltung im Gewissen des Einzelnen jeweils neu geschrieben. Und doch kann niemand über dieses sein Gesetz verfügen, ja es hieße auch dann gegen das Gesetz handeln, wollte jemand den Anderen an der Erfüllung des ihm durch sein Gewissen aufgegebenen Gesetzes zu hindern versuchen.

IV. Wert und Natur bezeichnen zwei verschiedene, entgegengesetzte Gebiete, die nichts miteinander gemein haben. Dem Wertgebiet fehlt die Körperlichkeit und dem Naturgebiet die klare Bewußtheit. Beide Gebiete treten zueinander in Spannung. Das Sittengesetz des Einzelnen ist wegen seiner Form naturgesetzwidrig, und das allgemeine Naturgesetz ist moralisch gesetzwidrig. Sittlichkeit geht nicht mit der Natur, sondern steht gegen sie.

Ich bin ein Einzelner und weiß um mein Gewissen, das der Natur und ihrem Gesetze fremd ist. Denn wo klares, denkendes Bewußtsein ist, da ist auch nicht mehr Natur. Wohl aber führt mich mein Gewissen gegen die Natur, und es kommt alles darauf an, die Stelle der Natur zu finden, an welcher die Möglichkeit eines erfolgreichen Angriffs besteht. Es kann nur eine solche Stelle sein, an welcher die Natur aus einem dumpfen, unklaren und unbewußten Triebleben heraus zur wissenden Bewußtheit und zur Fähigkeit einer einheitlichen Gedankenerfassung, also zur Naturfremdheit durch die Gewissensarbeit des Einzelnen überführt zu werden vermag.

Die wissende Seele des Einzelnen kann die Stelle nicht sein; denn wo schon klare Bewußtheit ist, da ist auch nicht mehr Natur, wohl aber kann es die Gesamtheit einer Menschenvielheit oder die naturhaft lebendige Volksseele sein, welche vom Einzelnen von der Natur abzulösen ist.

Das gewissenhafte Bewußtsein des Einzelnen muß imstande sein, zu erreichen, daß in bezug auf eine gesellige Gesellschaft von zueinander gehörigen Menschen, Volk genannt, ein Ende gemacht wird mit der Wirksamkeit des Naturgesetzes, dessen Allgemeinheit so zu verstehen ist, daß ein unter ihm stehendes Volk mit jedem anderen Volk das gemein hat, was in dem das Leben eines Volkes überhaupt zum Ausdruck bringenden Naturgesetz ausgesprochen ist. Mein Gewissen sagt mir, daß es meines Volkes unwürdig ist, nach einem Gesetz zu leben, welches macht, daß sich mein Volk in nichts unterscheidet von dem Leben anderer Völker. Das Gesetz meines Gewissens drängt mich zu dem Gesetz meines Volkes in seiner Einzigkeit, zu meinem Staat.

Die Volksseele wächst in ihrer Ursprünglichkeit aus der Natur. Sie ist eine den wissenden Seelen der zum Volke gehörigen Einzelnen gegenüberstehende andere Seele mit eigenem Wesen. Sie ist der kostbarste Erdgeruch, sie atmet Natur und ist göttlich wie die Natur. Sie dämmert dahin, ohne sich in ihrer natürlichen Glückseligkeit durch Grübeleien über sich selbst und ihre Bestimmung zu stören. Sie offenbart sich ebensosehr in sentimentalen, verschwommenen und gar nicht zielstrebigen Regungen wie in dem vom Instinkt und Gefühl bestimmten Selbsterhaltungstrieb. Aber nur bei außergewöhnlichen Ereignissen, wie etwa bei Ausbruch eines Krieges oder einer Revolution, spannt sie sich für vorübergehende Augenblicke zusammen, ohne selbst etwas zu leisten, da sie fühlt, daß ihr Selbsttun und Selbstleistenwollen ihre Selbstzerstörung ist. Passivität ist ihr eigentlicher Beruf. Sie will geleitet werden.

Die wurzelhafte Bodenständigkeit läßt ein Volk mit der Landschaft verwachsen sein. Das landschaftliche Bild gibt die natürliche Vorbedingung für die Charakterentwicklung eines Menschenschlages. Nur wo Eichen stehen, finden sich blonde Köpfe mit blauen Augen. In der Sehnsucht nach der Heimat sind die Menschen an die Erde gebunden. Das Volk kennt eine Einigkeit von Menschen, die sich von der Einheit des Staates unterscheidet. Diese natürliche Gebundenheit des Volkes zieht den Einzelnen in ihren Bann. Er atmet den Hauch der Lieder, er fühlt sich mit dem Volke eins in Tanz und Brauch, und er spricht die Sprache des Volkes. So liebt er sein Volk, bis er schließlich unter dem Drange seines Gewissens den Kampf beginnt. Er kämpft um die Heimführung der bräutlichen Volksseele.

Das festeste Band, welches ein Volk umschließt, sind Sitte und Familie, welche, weil sie ihren wesenhaften Ursprung aus dem natürlichen Leben der Menschen herleiten, mit dem Staate nichts zu schaffen haben. Volkseinheit und Staatseinheit unterscheiden sich voneinander wie Natur und Kunst.

Die Sitte bindet das Volk, sie ist durch Generationen vererbte Gewohnheit, eine starke, sich selbst erhaltende und vom Volk wohlbehütete Macht, die nur geringen Schwankungen unterliegt. Sie ist eine strenge Regelung der Lebensform des Volkes, ohne einer Niederschrift zu bedürfen. Wird sie verletzt, bedarf sie zur Wiederherstellung ihrer Autorität nicht einer niedergelegten Satzung, weil das Volk selbst ihr den wirksamsten Schutz gewährt, indem es sich nicht eines äußeren Zwanges gegenüber dem Verletzer, sondern einer um so wirksameren stillen Ächtung und Meidung bedient. Der Einzelne selbst vermag keine Sitte zu zeugen, ja nicht einmal sie zu ändern oder ihr eine andere Richtung zu geben. So stark lebt sie in der vorgefundenen Geselligkeit des Volkes und läßt erbarmungslos die Nöte des unter ihr leidenden Einzelnen auf sich beruhen. Seine Sittlichkeit ist etwas ganz anderes als die Sitte, an welche sich nur Schwache klammern, um auf ihrem behaglichen Polster nicht denkend und gewissenlos auszuruhen.

Aufs engste mit der Sitte berührt sich die mit dem Volke verwachsene Familie. Sitte, Familie und Volk stehen wegen ihrer Naturentwachsenheit und Staatsfremdheit nahe beieinander. Sittlichkeit, Einzelner und Staat dagegen stehen auf der anderen Seite. *Die Familie ist nicht, wie der Staat, eine geschichtliche* Leistung des Menschen. Ihr natürlicher Kern ist Menschenzeugung. Sie ist nicht eine sittlichkeitsdurchtränkte, sondern eine unsittlichkeitsfreie Geselligkeitsform von Menschen, da es in der Natur keine Unsittlichkeit gibt. Das Familienleben ist nicht wegen gewissenhafter Sittlichkeit seiner Mitglieder so rein. Ja der von der Sittlichkeit nicht ergriffene Einzelne wird doch nicht leicht die natürliche Reinheit seines Familienlebens trüben. Der Einzelne ist in der Familie ein Anderer wie außer der Familie, wenn er unsittlich ist. In der Familie hilft ihm die Natur, seine Unsittlichkeit nicht merken zu lassen. Aber nicht macht ihn seine reine Familie sittlich, sie hat keine sittliches Leben zeugende Macht; denn wenn der Einzelne von der Sittlichkeit heimgesucht wird, dann trifft sie ihn in seiner von der Familie abgelösten Einzelheit.

Sitte und Gesittung finden in der Familie ihr festes Bollwerk. Weil aber dem Staate jene verknüpfenden Bande nicht zur Verfügung stehen, da er nicht aus der Natur hervorzuwachsen vermag, so drängt der sittliche Mensch nicht zur Familie, sondern zu dem von jeder natürlichen Lebensregung freien Staat. Aber aus der Vielheit von Familien ist noch niemals ein Staat zusammengestellt worden, was nur durch Summierung hätte geschehen können, die ein Staat jedoch nicht verträgt. Auch bedeutet die Familie nicht gleichsam eine Zelle, die im Zusammenwirken mit den anderen Zellen einen staatlichen Organismus bildete. Die Familienverbindung und die ganz anders aufzufassende Staatsgemeinschaft halten sich gegenseitig die Wage. Vor der Familie findet der Staat eine geschlossene Tür, weil sie einen staatlichen Eingriff viel peinlicher empfindet als der Einzelne. Insbesondere hat das Recht in der Familie zu schweigen. Das Familienrecht ist ein für das echte Leben einer Familie höchst unwesentliches Institut. Wo in einer Familie zu ihm gegriffen wird, da liegt die Vermutung einer Trübung natürlicher Liebe nahe.

Wie die Familie zum Volke, so verhält sich der Einzelne zum Staat, und wie die Seele des Einzelnen sich zu seinem Leibe verhält, so soll sich der Staat zum Volke verhalten. Die Seele des Volkes ist gleichsam der Leib des Staates. Zart und flüchtig, wie ein duftig schwebender Schleier ist der Stoff, aus welchem das Staatsgebäude errichtet wird. Die Volksseele ist daseiend vorhanden und das bei der Staatsbildung Vorgefundene. Aber die Seele des das Volk ergreifenden Staates wird erst von dem Einzelnen dem Staate eingehaucht. Die Staatsseele ist also eine ganz andere Seele als die Volksseele, jene ist Form, diese ist Materie; jene ist Leistung des Menschen, diese ist Natur. So verschieden sind Staat und Volk. Und wo der neue Leib mit der neuen Seele eine solch innige Harmonie bildet wie Leib und Seele im einzelnen Menschen, mag er sein, wer er will, da erst findet sich die Bahn zum vollkommenen Staat, in welchem der denkende Mensch mit unerhörter sittlicher Anstrengung ein ganzes nach dem Gesetze der Natur lebendes Volk zu einer naturfremden sittlichen Einheit zusammenschließt. Wie aus der Erde die Blumen hervorsprießen, so soll aus dem Dunstkreise der Masse sich der Sohn des Volkes erheben, um geläutert durch die erhabene Idee der Menschengemeinschaft von der reinen Höhe seines Gewissens dem Schoße, aus dem er wuchs, in Dankbarkeit den staatlichen Segen herniederzubringen. Nur der Einzelne, dessen das Volk bedarf, kann für das Volk wissen und wollen. Das Volk hat nur den Trieb seines Lebens, der Einzelne aber das Wissen, und wo beides im Einzelnen sich zusammenfindet, da ergibt sich der Wille des Volkes.

Die Volksseele vermag niemals der Träger der Sittlichkeit des Staates zu werden, da Sittlichkeit nicht, wie Aristoteles meinte, aus der Sitte und Gewohnheit, dem Niederschlag der Volksseele, hergeleitet werden kann. Die Volksseele ist die Seele von Massen, welche in ihrer Gesamtheit an den sittlichen Prinzipien keine Teilnahme zeigen. Sie hat kein Gefühl für Ehre und Verantwortlichkeit, und sie wird auch gar nicht vor den Richterstuhl der Sittlichkeit geladen. Denn wollte man von ihr Rechenschaft fordern und sie ergreifen, dann würde sie schon längst, wie eine Nebelwolke, verschwunden sein. Die Masse ist eine Summe von Einzelnen, deren jeder sich hinter jedem verschanzt. Verschwindet aber der Einzelne unter den Vielen, dann löst sich sein sittliches Bewußtsein allmählich in der Menge auf, die Sittlichkeit verflacht zur Sitte, und es bleibt übrig ein aus Neid und Güte gemischtes Band der Öffentlichkeit, die Meinung der Leute, die zur Selbstbesinnung völlig unfähig, ausschließlich Meinung über andere ist.

V. Der Einzelne gründet den Staat, indem er sein aus der Sittlichkeit hergeleitetes Recht an die Volksseele fordert, um dem Volk die einzige Ordnung seines sittlichen Lebens und die stärkste Ausprägung seiner Besonderheit im naturfremden Staat zu geben. Das Gesetz des Einzelnen ist der Todfeind des Naturgesetzes und kennt kein Erbarmen. Es fordert gebieterisch die Volksseele für sich und bietet, da die Natur sich den Menschen als versammelte Menge erst im harten Kampf entreißen läßt, das ganze Heer der sittlichen Einzelnen auf, um die Volksseele im Staate von dem natürlichen Triebleben abzulösen. Der Staat existiert nicht vor dem Einzelnen, der in der Überzeugung an das Volk herantritt, es sei besser, daß ein Volk zugrunde gehe, als daß die Sittlichkeit nicht in die Geschichte der Völker hineingetragen würde.

Der Einzelne wünscht für das Volk dasselbe, was er selbst in seinem Gewissen besitzt. Er läßt nicht von der Volksseele ab, er begehrt sie, er will sie in Liebe umfangen. Und dann senkt sie sich auf ihn nieder, um die Mächte auszulösen, welche der Urwert Sittlichkeit mit derber Kraft schon in sein Gewissen hineinlegte. Die Sittlichkeit greift ihn fest an und weckt in ihm das Eigengewissen, die Volksseele aber, die ihn milder umfängt und ihm erquickende Labsal ist, öffnet der angestrengtesten sittlichen Spannung und Überspannung erst das Tor und gibt so der im Einzelnen wirksamen Sittlichkeit den befreienden Ausweg. Und nun vermag er in die Weite zu wirken. Sein enges Eigengewissen kippt um in sein Staatsgewissen, und die Arbeit am Staate kann beginnen. Die Sittlichkeit drängt zur Gemeinschaft, wenn die Volksseele im Einzelnen erwacht, und erst die Volksseele läßt das Staatsgewissen im Einzelnen erstehen.

III. Das Schaffen für den Staat.

Wenn ergründet ist, wie aus dem Eigengewissen des Einzelnen sein Staatsgewissen abfolgt, dann ist die Bahn für eine grenzenlose Arbeit am Staate freigelegt. Der Einzelne weiß um die Seele des Volkes, er weiß aber auch um sich selbst. Und nur diese Selbstbesinnung führt den Menschen zur Besinnung auf seinen Staat, weil der Einzelne nicht an der Gemeinschaft ablesen kann, wie er sich ihr gegenüber zu verhalten hat. Sein einziger Führer ist sein Gewissen. Wo die wissende Seele in sich selbst eindringt, da schlägt sie die Brücke von der Logik in die Ethik. und diese Brücke ist das Gewissen, dessen wesentlichstes Merkmal die Ruhelosigkeit ist. Wer aber sagt, es gäbe ein gutes oder ruhiges Gewissen, der ist so satt und selbstzufrieden, daß er es verlernt hat, sich Rechenschaft zu geben. Das gute Gewissen ist das tote Gewissen. Das unruhige oder böse Gewissen aber ist der kostbarste Besitz des Einzelnen und bedeutet nichts anderes als das Leben seiner Seele. Wer es nicht einsieht, verwechselt böses Gewissen und böse Tat, die sich in bezug auf ihre Bewertung wie Tag und Nacht voneinander scheiden. Es ist ein und dasselbe Gewissen, nämlich der peinigende Stachel des Urwertes Sittlichkeit, der in gleicher Weise den edelen wie den sündhaften Einzelnen beunruhigt. Der Unterschied aber liegt nicht bei dem Gewissen, sondern bei den Einzelnen. Der Edele hat dem Stachel gegenüber eine feinere Empfindlichkeit als der Sündhafte, welcher erst der bösen Tat bedarf, um den Reiz des Stachels zu spüren. Die zarteste Empfindlichkeit jedoch besitzt das Genie, indem es die Ruhelosigkeit überhaupt nicht verliert, trotzdem es gut ist oder vielmehr gerade weil es so gut ist.

Das Gewissen ist von dem Selbstbewußtwerden nicht zu trennen; es ist nicht Leistung und Verdienst des Einzelnen, aber es weiß um das Sittliche; denn sittlich ist alles das, was von dem Gewissen behütet wird, damit es nicht verletzt werde, dessen Verletzung jedoch durch das Gewissen angezeigt wird, und dieses führt zur Selbstbejahung des Einzelnen. Im Eigengewissen bejaht er sich selbst, im Staatsgewissen bejaht er seinen Staat, indem die ungeformte Wucht des ganzen Volkes auf ihm lastet und er über seine eigene Einheit hinaus auf die die vielen begreifende Einheit hingewiesen wird, worin sich die zeugende Macht seines Eigengewissens offenbart. Der Mensch, der an seinen Staat denkt, muß erst an sich selbst denken, sonst vermag er nicht vom Staat ergriffen zu werden. Selbstvergessenheit ist Unmoral. Wer vor lauter Gemeinschaft nicht sich selbst mehr sieht, der erfüllt nicht die sittliche Aufgabe an der Gemeinschaft. Er soll zuvor ein Einzelner werden, weil der Staat dem Einzelnen gegenüber nicht höhere, sondern niedere Sittlichkeit ist. Dafür trifft aber auch den Einzelnen die Verantwortung, daß der Staat noch nicht vollkommen ist, und diese Verantwortung gibt ihm einen unbedingten Anspruch gegen den Staat. Er kann verlangen, daß sein Staat sittlich werde, weil sein Staatsgewissen ihm keine Ruhe läßt und von ihm verlangt, daß dem ganzen Volke ein ebensolcher Sittlichkeitsgrad zuteil werde wie dem Einzelnen. Der Einzelne trägt nicht nur die Last seines eigenen Gewissens, sondern er übernimmt noch dazu das Gewissen des Staates in seinem Staatsgewissen, welches sein Gewissen ist und nicht vom Staate getragen wird. Diese Last nimmt der Einzelne dem Staate ab ohne innere Kämpfe. Sein Eigengewissen braucht nur einen bestimmten Grad von sittlicher Intensität erreicht zu haben, um gleichsam ganz von selbst überzulaufen und die Richtungsbewegung auf die Gemeinschaft einzuschlagen. So eng ist das bejahende Gemeinschaftsbewußtsein an die Selbstbesinnung des Einzelnen geknüpft. Schon mit meinem Bewußtsein, nicht erst mit meiner Handlung, vermag ich den Staat aufzubauen oder zu verletzen. So eindringlich prägt sich mein Denken dem Bestande des Staates ein.

Die Selbstbehauptung des Einzelnen ist die Versuchung des Staates. Der Staat ist derselbe, aber das Staatsgewissen des einen ist ein anderes Gewissen als das des anderen; denn das Gewissen bedeutet die Isolierung des Einzelnen und den einzigen Weg zur Klarheit über die Prinzipien des sittlichen Handelns, die nicht aus der Gemeinschaft herausgeholt, sondern in sie hineingelegt werden, woraus folgt, daß der eine Bürger nicht die dem Staate gegenüber gebotene Pflicht des anderen kennt. Mein Gewissen hält mich in höchster Gewißheit über meine Pflicht und in höchster Unwissenheit über des anderen Pflicht. Es ergibt sich ein Grundsatz: „Ich weiß nicht, was deine Pflicht ist. Ich weiß nur, daß du eine Pflicht hast.“ Wer sittlich handelt, ist ganz auf sich selbst gestellt und darf nicht einmal darnach fragen, ob der andere auch sittlich handelt, geschweige, daß er darauf einen Anspruch hätte, weil ein solcher Anspruch nur auf Eigennützigkeit gegründet wäre.

In bezug auf mein Gewissen wünsche ich keinen unmittelbaren Zusammenhang der Einzelnen untereinander, sondern ich will einzig und allein meinen Staat als Mittel dieses Zusammenhanges, weil ich die Gemeinschaft von der Natur erlösen will, in deren Zusammenhang das Einzelne gleichsam mit beiden Händen an die in der Kausalreihe rechts und links neben ihm stehenden Einzelheiten gebunden ist und ganz blind gegenüber dem Zusammenhang des Ganzen ist. Einen solchen das Einzelne blind machenden Zusammenhang aber gilt es beim Aufbau des Staates gründlich zu zerstören, indem die Verletzung des Naturgesetzes in bezug auf das Beieinander der Menschen die Pflicht des Einzelnen ist.

In meiner Selbstbesinnung zerstöre ich das Naturgesetz, wenn ich mich selbst überwinde, womit ich mich als etwas anderes der Natur gegenüberstelle, und weil ich wünsche, daß auch die Seele meines Volkes sich der Natur gegenüberstelle, so beuge ich mich nicht mehr dem Gesetze, nach welchem die Natur lebt; ich will in mir selbst und zugleich in meinem Staat mein eigenes Gesetz errichten und nach ihm leben. Ich will vernünftig sein, was die Natur nicht nötig hat, da sie gar nicht unvernünftig sein kann. Ich will nicht den anderen Einzelnen zum Zusammenhang ergreifen, sondern ich will über die Einzelnen hinweg gleich auf die Ganzheit, Einheit und Einzelheit meines Staates lossteuern. Ich kann dem Anderen in bezug auf den Staat nicht helfen. Er muß sich selbst helfen. Meinen Zusammenhang mit den Anderen breche ich ab, weil ich den Staat, nicht aber die Natur bejahe.

Wenn ich das eigene Selbst so stark in den beherrschenden Vordergrund stelle, so wird dieses vielleicht gerade den befremden, der die Selbstlosigkeit und alles das, was von Egoismus weit abrückt, besonders hoch einschätzt. Aber vielleicht würde mir jemand helfend beispringen und sagen, der Einzelne könne auf zweierlei Art an sich selbst denken, im guten und im schlechten Sinne. Doch eine solch versöhnende Stimme wäre mir gar nicht recht erwünscht; denn es gibt in dieser Frage nur eine Entscheidung nach je einer Seite hin, sei es nach der richtigen oder aber nach der falschen. Diese letztere wählt sich Rousseau aus, indem er unterstellt, daß das Interesse des Einzelnen in jedem Falle gemeinschaftshemmend sei, und in seinem Gesellschaftsvertrage (Reclam 31) die verschiedenen Interessen der Einzelnen heranzieht, um im Gegensatz zu ihnen das gemeinschaftliche Interesse zu finden, und zwar meint er, soviel Einzelne es gäbe, soviel Gegensätze gegen das Gemeinsamkeitsinteresse seien vorhanden. Aus diesen Gegensätzen springt dann das gemeinschaftliche Interesse erkennbar heraus, sobald das vielfach Gegensätzliche ausgeschieden sei, eine Meinung, die deshalb nicht richtig ist, weil das Gemeinsamkeitsinteresse gar nicht einen Gegensatz gegen die Interessen der Einzelnen bilden darf und durch ein Verlöschen der verschiedenartigen Interessen der Einzelnen auf gar keine Weise ein allen Einzelnen in gleicher Weise gemeinsames Interesse hergestellt werden kann, da eine noch so große Anzahl von Verneinungen noch immer keine Bejahung gibt. Und gerade gegen diese falsche Auffassung Rousseaus tritt die positiv aufbauende Macht des in seiner Unterschiedlichkeit gewürdigten Einzelnen besonders stark hervor. Ein gemeinschaftliches Interesse, welches als Reststück übrig bleibt, wenn die verschiedenen Interessen der Einzelnen gleichsam ausverkauft sind, möchte ich wahrlich der Gemeinschaft, in der ich lebe, nicht anbieten. Das Interesse des Einzelnen ist, wenn er es durch Selbstbesinnung findet, in jedem Falle gemeinschaftsbejahend, ist also auch das Interesse der Gemeinschaft. Die auf sich selbst und seine Berufung gerichtete Besinnung kann dem Einzelnen gar nicht eine die Gemeinschaft auseinanderreißende Kraft geben. Und wer behauptet, der Habgierige, der alles an sich reiße, denke zuerst an sich und dann noch lange nicht an die Gemeinschaft, irrt insofern, als der Habgierige zwar nicht an die Gemeinschaft denkt, wohl aber in bezug auf seine Habgier ganz und gar auf die Gesellschaft angewiesen ist und nur im geselligen Beieinander in enger Verbindung mit seinen Mitmenschen seine Begierde begründet, — besonders aber irrt er insofern, als der

Habgierige in Wirklichkeit gar nicht an sich denkt, sondern allein an das, was er begehrt. Das Ich, von welchem er spricht, ist nur Vorwand. Würde er aber nur über sich selbst nachdenken, dann würde er notwendigerweise das Geld vergessen, über welchem er sich selbst vergaß. Und dann wäre er nicht mehr habgierig. In der Tat hat der bei vielen sich in gleicher Weise findende Egoismus mit der Isolierung des Einzelnen in der Selbstbesinnung nichts zu tun, so daß der Einzelne nur auf eine Weise und ganz eindeutig an sich zu denken vermag und zwar nicht zum Schaden des Staates. Selbstsucht und Geselligkeit jedoch wohnen nahe beieinander, weil der Selbstsüchtige die Menschenmenge notwendig braucht. Rousseau sah dies ein, indem er seinen Naturmenschen in völliger Isoliertheit aufwachsen ließ, damit er in seiner Einsamkeit so gut bleibe, wie er sei. Das Verantwortlichkeitsgefühl des Einzelnen sinkt, wenn seine Einzelheit in der Menge abgeschwächt wird. Deshalb ist es eine besondere Härte, die vielleicht nur aus praktischen Gründen, nicht aber aus gerechten Erwägungen, zu billigen ist, wenn das Strafgesetzbuch (etwa § 243) den Einzelnen, der in Gemeinschaft und unter der Bedeckung mehrerer ein Vergehen begeht, besonders hart anfaßt. Der Einzelne fühlt vor der Tat nicht so sehr seine Schuld, die er auf sich laden wird, dagegen fühlen sich alle schuldig, und jeder Einzelne fühlt nur die Gesamtschuld, was eine Verringerung seines eigenen Schuldbewußtseins zur Folge hat. Seine Verirrung besteht darin, daß er der Gesellschaft oder der Verbrecherbande, in der er lebt, eine höhere Autorität in bezug auf sein Handeln einräumt als sich selbst.

Eine solche Entwertung des Einzelnen durch Zahl und Summe ist dem Staate insofern gefährlich, als die im Staate zusammengehaltene Gemeinschaft wie ein unmündiges Geschöpf in sich keinen Halt hat, dagegen dauernd beschützt und beaufsichtigt werden muß, und nur in dem Sinne kann man von einem ganzen Volke sprechen, es habe mehr sittliche Macht als der Einzelne, weil sich im Volk eine Fülle von einzelnen sittlichen Intensitäten mit geringer Dimension, aber mit starker Kraft zusammenfindet, von denen jede einzelne bereit sein könnte, die Aufsicht über Volk und Staat zu übernehmen. Nur insofern ist der Einzelne zum unbedingten Gehorsam gegen den Staat verpflichtet, als der zu Gehorchende in irgendeiner Weise an den Geboten des Staates einen von ihm selbst geschaffenen Anteil hat. Weil der Staat den im Einzelnen ans Licht tretenden sittlichen Kräften sein Dasein verdankt und ständig in kläglicher Abhängigkeit von jenem bleibt, weil im Kampfe um eine sittliche Persönlichkeit der Einzelne über den Staat spielend den Sieg davonträgt, wie sollte der Staat da von den Einzelnen eine sittliche Leistung verlangen oder gar erwirken können, wie sollte er da die trägen Einzelnen, die hoffen, daß ihr niederer sittlicher Grad durch den höheren Grad des Staates wohl geborgen und gedeckt sei, als besonders liebe Untertanen beschützen dürfen? Es ist wohl richtig, daß den Einzelnen sein Wille zum Staate adelt und daß den Staat der Wille des Einzelnen besser macht. Aber niemals adelt der Wille des Staates den Einzelnen, weil Einzelner und Staat sich nicht gegenseitig verbessern. Dafür ist aber auch der Einzelne an der Unvollkommenheit seines Staates schuld, doch niemals darf dem Staat aus der Unvollkommenheit des Einzelnen ein Vorwurf gemacht werden. Der Staat ist weder eine Besserungsanstalt noch ein Erziehungsinstitut. Der Staat deckt nicht den Rücken des Einzelnen, weil er stets nur vor seinen Augen steht. Er ist niemals mündig, wenn der Einzelne unmündig ist. Und jeder, der im Auftrage des Staates handelt, muß sich bewußt sein, daß den unfertigen Auftraggeber keine Verantwortung trifft, sondern daß diese voll und ganz auf den Schultern des Handelnden liegt.

Es kann nicht zweifelhaft sein, daß die Autorität des Staates unter solchen Erwägungen leidet. Aber es wäre verkehrt, wollte man sich vor dieser Folgerichtigkeit fürchten, wie überhaupt Furcht vor neuen Gedanken menschenunwürdig ist; denn es ist ein Widersinn, sich vor einem Dinge in Ehrfurcht zu beugen, an dessen Vervollkommnung man zu gleicher Zeit herantritt. Ist es eine schon langbewährte Errungenschaft, die autoritative und selbstherrliche Willkür einer im Namen des Staates handelnden Regierung überwunden zu haben, so ist nun auch noch die Autorität des Staates niederzulegen, ohne daß die Ordnung, welche unter dem Zeichen dieser Autorität gewährleistet war, litte. Einen Staat bedrückter Menschen zu errichten, ist Kinderspiel gegen eine solche Aufgabe, weil es dabei nicht so sehr darauf ankommt, daß der Staat die Menschen ordne, als daß freie Menschen einen geordneten Staat herrichten. Und dann ist die Mündigkeit und Freiheit des Einzelnen als ein Verdienst für seine einzig auf die Einheit des Ganzen gerichtete Bemühung zu betrachten, damit die Forderung, daß der Einzelne im Ganzen zu verschwinden habe, erst vollendet werde in der Forderung, daß das Ganze in dem Einzelnen aufgehe; die Würde des Einzelnen ist viel zu erhaben, als daß der Staat ihm auf Grund irgendwelcher sittlichen Berechtigung Gewalt antun dürfe und der Einzelne an dem Verhalten des Staates ein Vorbild für sein eigenes Handeln besäße.

Die Selbstbehauptung des Einzelnen ist für den geboten, welcher den Staat bejaht, weil die Selbstbehauptung des Staates sich niemals auf die Selbstverneinung des Einzelnen gründen wird. Der Staat ist völlig hilflos, wenn der Einzelne ihn im Stiche läßt. Aber gerade deshalb wird er so wohlbehütet und gepflegt, wie wenn man sich eines kleinen Kindes annähme. Der Einzelne setzt sich für ihn ein, gibt alles, selbst sein Leben, für ihn hin, nur damit er lebe. So liebt der Einzelne den Staat, als wäre er sein Eigen, ohne erst auf Gegenliebe und Gegenleistung zu warten. Der Einzelne sagt: „Ich bin der Staat“, ohne daß er die Ansprüche eines königlichen Monarchen zu erheben brauchte. Es schwindet das selbstzufriedene und bequeme Gefühl der Geborgenheit im Staate, und es ist kein Raum mehr für die Anerkennung der Autorität des Staates aus Trägheit und für die Duldung der Arbeit des Staates durch den diese Staatstätigkeit Duldenden.

Jetzt kann die naheliegende Frage, ob der Einzelne oder sein Staat eine größere Freiheit besitze, keine besonderen Schwierigkeiten mehr machen. Sie ist schon zugunsten des Einzelnen entschieden, und es fragt sich nur noch, wie die Freiheit des Einzelnen mit der Freiheit des Staates vereinbar sei. Da der Einzelne dem Staate die Freiheit bringt, so läßt sich an der Freiheit des Staates der Grad der Freiheit des Einzelnen ablesen. Der Einzelne ist nur frei, wenn er im Banne der Urwerte an einem der Lehnwerte schafft und dadurch eine Regel für Gemeinschaftseinheit aufstellt, und der Staat ist nur frei, wenn an ihm eine solche Arbeit geleistet ist, deren Erfolg dann zutage tritt, wenn in ihm auch nur ein ganz geringer Funke sittlichen Gehaltes sich zu regen beginnt. Und dem muß schon eine übermächtige Freiheit des Einzelnen vorweggegangen sein. Je unfreier nun der Staat ist, ein um so schwereres Hemmnis legt er dem Einzelnen in der freiheitlichen Betätigung seines bestimmungsgemäßen Berufes in den Weg. Doch der Einzelne tut gut und ist erst dann frei, wenn er ohne Rücksicht auf die von ihm vorgefundene Staatsgemeinschaft, die gar nicht imstande ist, ihn sittlich zu machen, mag sie auch noch so vollkommen sein, das durchsetzt, was ihm der Urwert Sittlichkeit eingibt; unfrei jedoch ist er dann, wenn er blind die ungeprüfte Autorität des Staates anerkennt oder aber wenn er die Gebote des Staates aus anderen Gründen als denen reiner sittlicher Überzeugung nicht achtet, denn Unfreiheit und Unselbständigkeit liegen ebenso nahe beieinander wie Unfreiheit und Willkür. Nur von Gnaden des Einzelnen ist der Staat frei, der seine eigene Freiheit unmöglich macht, wenn er die Freiheit des Einzelnen beschränkt. So wächst der Einzelne im Staate und überläßt es den schwachen Menschen, das eigene Ich erbärmlich zu nennen und von sich abzustreifen, weil sie eben nichts mit ihrem Ich zu beginnen verstehen, sondern sich lieber einem müßigen Verzicht überlassen. Der Einzelne dient dem Staate nicht durch entsagende Selbstopferung.

Da in jeder Ethik die scharfe Spannung, die zwischen dem Einzelnen und der Gemeinschaft besteht, aufgelöst werden muß, so ist diese Auseinandersetzung vielfach durch eine Auseinanderreißung vollzogen worden, indem sich eine scharfe Unterscheidung zwischen einer Ethik des Einzelnen und einer Ethik der Gemeinschaft herausgebildet hat. Wer nun aber keinen Zweifel daran zu haben glaubt, daß diese Untersuchungen auf eine Ethik des Einzelnen lossteuerten, wird enttäuscht sein, zu hören, daß eine solch einseitige Auflösung nur einer Widersinnigkeit ihr Leben verdankt, weil man unmöglich eine gemeinschaftsbegründende, aber allerdings nur im Einzelnen wurzelnde Ethik als eine Ethik des Einzelnen in dem Sinne bezeichnen kann, daß sie in Gegensatz gestellt wird zu einer Ethik der Gemeinschaft. Es gibt in der Tat nur eine Ethik, und wer von einer Ethik des Einzelnen spricht, kann es nur im Interesse einer die Einheit vieler Menschen störenden Zerrissenheit tun. Deshalb halte ich die von dem so verdienstvollen Rudolf Stammler vorgenommene scharfe Unterscheidung von sittlichem und sozialem Wollen oder von getrenntem und verbindendem Wollen für recht unglücklich; denn wer kann wissen, wann das sittliche Wollen aufhört und das soziale Wollen beginnt, und vor allem liegt doch die Frage nahe, warum denn eigentlich das soziale Wollen bei sorgfältiger Beachtung der Einteilung nicht sittliches Wollen genannt werden dürfe. Wer das Staatsgewissen des Einzelnen als ein Überfließen seines Eigengewissens erkennt, wird leicht einsehen, daß der Einzelne die Trennung von getrenntem und verbindendem Wollen gar nicht zuläßt, es sei denn, daß man dem getrennten Wollen die sehr nahe liegende Deutung von unreinem Wollen gibt, was Stammler jedoch weit von sich weisen würde. Es gibt keine Reinheit des Wollens, die nicht zu dem verbindenden Wollen eine Brücke schlüge, indem selbst schon meine reine Gesinnung, ganz abgesehen von ihrer Tatauslösung, für die Errichtung meines Staates von entscheidender Bedeutung ist und der die Gemeinschaft verbindenden Tat allein gar nicht anzusehen ist, wes Geistes Kind sie ist. Der Grund der Sittlichkeit liegt in der Isolierung des Einzelnen, die aber nur im Lichte der Gemeinschaftsbegründung ihren Sinn hat. Stammler macht die Unterscheidung zwischen sittlichem und sozialem Wollen, weil er das soziale oder das verbindende Wollen für den Staat und sein Rechtsleben in Anspruch nimmt, dagegen das getrennte Wollen für das sittlichkeitsbewußte Innenleben der Einzelnen zurückstellt. Da er nun aber das nach der Idee der Gerechtigkeit zu richtende Recht in den Kreis des sozialen Wollens hineinstellt und dieses von dem sittlichen Wollen begrifflich unterscheidet, so darf nach ihm der Grund der Gerechtigkeit nicht die Sittlichkeit sein, weil die Trennung von sittlichem und sozialem Wollen eine solche Brücke zwischen beiden nicht zuläßt, womit ein Widerspruch in der Lehre Stammlers erwiesen ist.

Gerade der Staat erfordert von dem Einzelnen das getrennte Innenleben des Einzelnen, um folgerichtig genug sein Recht zu reinigen nach der im sittlichen Erleben des Einzelnen ans Licht tretenden Idee der Gerechtigkeit, wie Stammler selbst gern sagt, ohne allerdings zu betonen, daß der Einzelne allein eine solche Idee zu haben vermag, weil Gerechtigkeit und Sittlichkeit eng zusammengehören.

Der Einzelne ist der König im Staate; denn er hat einen stärkeren Anspruch gegen den Staat als der Staat gegen ihn. Er erkennt sich selbst und sein Leistungsvermögen, er weiß, was er will und was er kann. Er verlangt vom Staate, daß er sich durchsetze und daß die bestehende Gesellschaft ihn nicht hindere an der Durchführung seines ihm vorgezeichneten Weges. Der Staat soll ihm die Möglichkeit zur höchsten Entwicklung seiner Kräfte gewährleisten; die Eigenart seiner Wirksamkeit achten und seine eigentümliche Sendung der Vollendung entgegenführen. Über der Wiege eines jeden Neugeborenen soll das höchste, an Hoheit und Heiligkeit nicht zu überbietende Gesetz des Staates stehen: Wenn du nicht alles, was in dir an Möglichkeiten der persönlichen Entwicklung schlummert, auferwecken wirst, wenn du nicht wirst, was du bist, dann bist du allein schuldig, nicht ich, der Staat, zu welchem du erst heranwachsen wirst. Niemals wirst du mich anklagen dürfen, ich oder die in mir geordnete Gemeinschaft habe dich daran gehindert, deine Berufung zu erfüllen. — Das ist der oberste Grundsatz des Staates, hinter welchem alle anderen Staatsrücksichten zurückzutreten haben. Das Recht des Einzelnen auf Schutz des Eigentums, auf die Freiheit des Leibes, ja selbst das Recht auf Arbeit, welches Fichte von dem Staate forderte, wird überboten durch diesen Anspruch auf die eigenbestimmte, alle Fähigkeiten am wirksamsten ausnutzende Arbeit des besonderen Berufes. Denn es ist besser, daß die vorgefundene Gemeinschaft zerbricht, als daß ein einziger Mensch seiner persönlichen Berufung entzogen werde, weil die Persönlichkeit des Staates die Persönlichkeit des Einzelnen als unerläßliche Bedingung voraussetzt. Und da der Staat überhaupt gar keine andere Bestimmung hat wie der Einzelne, so leidet die Gemeinschaft am schwersten, wenn der Einzelne seiner Bestimmung entzogen wird, weil die Persönlichkeitsausprägung des Staates dadurch gehemmt wird.

Die Persönlichkeit des Staates ist auf die Persönlichkeit des Einzelnen so sehr angewiesen, weil der Staat selbst nur sachlicher Gegenstand des Einzelnen ist und sein letzter Zweck geradezu darin besteht, daß er aus dieser sachlichen Gegenständlichkeit heraus den zu einer Persönlichkeit erforderlichen und unerläßlichen Subjektscharakter gewinne. Da nun der sich selbst behauptende Einzelne schon Subjekt ist und der Staat sein sachlicher Gegenstand, so besteht die Persönlichkeit des Einzelnen in der Hingabe seines Subjektes an Sachlichkeit, so daß höchste Persönlichkeit und höchste Sachlichkeit ein und dasselbe sind. Es wäre verfehlt, zu sagen, der Staat sei notwendig, weil jeder Einzelne verschiedene Anlagen hat, die dieser zu seiner Persönlichkeitsausprägung braucht; denn zur Überwindung dieser Unterschiedlichkeiten ist der Staat schon deshalb nicht notwendig, weil er überhaupt völlig unmöglich wäre, wenn alle gleiche Anlagen hätten. Alle sind in dem Sinne gleich, daß sie in gleicher Weise das Recht haben, ungleich zu werden, damit der Staat überhaupt erst möglich werde, womit gesagt ist, daß er dieserhalb nicht notwendig ist; denn das hieße, den Staat geradezu auf den Kopf stellen. Wie das Staatsgewissen sich von selbst herausstellt, wenn das Eigengewissen des Einzelnen überfließt, so springt auch die Persönlichkeit des Staates gleichsam von selbst hervor, sobald der Einzelne sich in seiner Persönlichkeit versachlicht und durch sie gebunden wird, weil der Staat nicht so sehr das ist, was die Bürger aus ihm machen, sondern was sie aus sich selbst machen. Wenn ich Persönlichkeit bin, dann bin nicht ich Selbstzweck, sondern meine Persönlichkeit ist Selbstzweck, um der Sache willen, der ich diene, die aber gar nicht von meiner Persönlichkeit zu trennen ist. Und wenn der Staat Persönlichkeit ist, dann ist er nicht Selbstzweck um des Staates willen, aber auch nicht um das Einzelnen willen, sondern um einer Sache willen, die gar nicht innerhalb seiner Grenzpfähle liegen kann, sondern die über seine Grenzen hinausreicht.

Nicht Selbstverneinung, sondern Selbstversachlichung macht die Persönlichkeit des Einzelnen aus, so daß Sache und Person zusammenstimmen, wenn der Einzelne seine ihm aufs genaueste entsprechende Berufsarbeit gefunden hat, mag er nun besonders tüchtig sein oder nicht. Es kommt nicht so sehr darauf an, daß den wenigen gerade vorgefundenen Tüchtigen die Bahn freigemacht wird, als daß durch Verwirklichung des Anspruchs des Einzelnen auf eine Tätigkeit, in der er seinen Fähigkeiten entsprechend am meisten leistet, eine höchstmögliche Zahl von Tüchtigen überhaupt erst mal erzielt wird, indem nur aus den Wollenden die Tüchtigen hergeleitet werden. Der Einzelne ist, wenn er kann, zur Arbeit verpflichtet, und wenn er will, zu seiner Arbeit berechtigt. Wie verschieden nun auch die Fähigkeiten der Einzelnen ausgebildet sind, so sind doch alle darin gleich, daß sie irgendeinen Beruf haben. Und da in jedem Berufe viele tätig sind, so ist die Zahl der Berufe wesentlich kleiner als die

Zahl der Einzelnen, was für Ordnung und Aufbau des Staates von großer Bedeutung ist, zumal die viel leichter zu übersehenden Berufe untereinander im engen und unmittelbaren Zusammenhang stehen, was ja bei den auf den Staat blickenden Einzelnen nicht der Fall ist. Da der Einzelne nun mit seinem Berufe aufs engste verwachsen ist, so gibt es überhaupt gar kein besseres Ordnungssystem für eine große Fülle von Menschen als den berufsständischen Aufbau des Staates, weil eine solche Gruppierung eine Vielheit überwindet, ohne die Eigenart des Einzelnen im geringsten zu beeinträchtigen.

Dieses ist aber nur möglich, wenn der Einzelne den Beruf beherrscht, nicht aber wenn der Beruf den Einzelnen unfrei macht, was zu betonen notwendig ist, weil der vollkommene Staat Platons in diesem Punkte eine deutliche Schwäche aufweist.

Platon hat schwer mit dem Problem des Einzelnen im Staate gerungen, aber er hat es deshalb nicht in einer die Forderung des Einzelnen restlos befriedigenden Weise lösen können, weil er glaubte, an den großen Buchstaben des Staates könne man das Wesen der Gerechtigkeit leichter und deutlicher ablesen als an den kleinen Buchstaben des Einzelnen. Platon vergleicht die Seele des Einzelnen mit dem Staate und findet, daß sie ähnlich sind, weil sie in bezug auf die Gerechtigkeit gleich sind. Des Einzelnen Gerechtigkeit besteht in seiner besonderen einzigartigen Leistung, so daß es nicht nur bei den Menschen eine solche Tugend gibt, sondern auch beim Ohr und beim Auge, weil sie leisten, was andere Dinge nicht zu leisten vermögen. Soweit geht Platon im ersten Buche seiner Politeia den richtigen Weg, nämlich vom Einzelnen zum Staate, den er aber in seiner weiteren Untersuchung wieder verschüttet, sobald er als Gerechtigkeit des Staates ein berufsständisches System aufstellt, das den Einzelnen völlig verschlingt, so daß also die Frage berechtigt ist, ob Platon in Wirklichkeit dem Staate alles gegeben hat und dem Einzelnen nichts gelassen hat, ob das völlige Aufgehen des Einzelnen im Staate, übrigens eine Grundanschauung der antiken

Welt, von Platon mit scharfer Folgerichtigkeit gefordert werden darf. Er bejaht diese Frage, sobald er den Staat definiert, er bejaht sie jedoch nicht so unerbittlich, sobald er die Gerechtigkeit, die doch den Kern des Staates ausmachen soll, an der ganz besonders eigenartigen Veranlagung des Einzelnen durch schärfste Betonung der eigentümlichen Besonderung seiner Seele erläutert. Da nun Platon eine schlechthinige Verschmelzung von Gerechtigkeit, Staat und Einzelnen vornimmt und stets darauf bedacht sein muß, die beiden entgegenstehenden Prinzipien im Gleichgewicht zu erhalten, so bildet die von ihm infolge seiner schiefen Einstellung nicht ganz auflösbare Polarität dieser mit einem rätselhaften Schleier behafteten, aber doch trotz allem keinen scharfen Widerspruch erzeugenden Spannung im Verlaufe der Darstellung seiner Staatsdichtung den Reiz höchster künstlerischer Schönheit.

Platon will auf der einen Seite dem Einzelnen den ihm gebührenden und seine Fähigkeiten entfaltenden Platz anweisen, auf der anderen Seite duldet er jedoch keinen Beruf, der nicht irgendwie in das Berufssystem hineinpasse, das er in strengem Schematismus aufgestellt hat, indem er allein den Staat ansieht, bevor er die Fülle der möglichen Berufe ansah, die ihrerseits nur dann zu erkennen sind, wenn man die einzelnen Menschen betrachtet, nicht aber den Staat. Mit anderen Worten: Es gibt Berufe, die mit einer staatlichen Betätigung unmittelbar nichts zu tun haben, die aber doch einen Teil all der Berufe ausmachen, welche in ihrer Gesamtheit die Einheit des Staates unter allen Umständen verbürgen, weil es gar keinen Beruf geben kann, der die Einheit des Staates gefährden könnte und dieserhalb aus dem Kreise des Staates zu verweisen wäre. Platon bringt jedoch dem Beruf des Einzelnen ein staatliches Vorurteil entgegen. Er zwängt die Berufe in das Gerippe des Staates ein, als ob dieser überhaupt vorhanden sei, bevor die Einzelnen da sind. Er läßt nur staatsbefangene Berufe zu. Er, der große Künstler, scheut sich nicht, selbst die zarte Dichtkunst mit den schweren Fesseln des Staates zu belasten. Die höchste Stufe, die der Einzelne in seinem Staate nach unsäglichen Mühen erreichen kann, ist der Beruf des philosophisch geschulten, königlichen Staatslenkers, deren geringe Anzahl an eine oben abgeplattete Pyramide erinnert, auf deren Höhe nur wenige zu stehen vermögen. Infolgedessen wird nicht die naheliegende Frage gelöst, wo denn die vielen zu Besserem Berufenen bleiben sollen, die wegen der kleinen Zahl der Staatslenker, um die sich Platons ganze Staatsphilosophie dreht, nicht ans Licht kommen können, dagegen sehr wohl geeignet sind, auf eine andere Weise einen mittelbaren, aber doch nicht minder bestimmenden Einfluß auf die Geschicke des Staates auszuüben. Platons Staat verzehrt auf Kosten der ursprünglichen Definition der die Besonderung des Einzelnen über alles erhebenden Gerechtigkeit diese Eigenart, indem die Berufsgruppen so eng auf den Staat zugeschnitten sind, daß der Beruf der Berufung des Einzelnen Gewalt antut, indem dieser in ihm unterkommen muß, weil es keine anderen Berufe gibt, womit deutlich erwiesen ist, daß der Staat auf keinen Fall ein Maß für das Verhalten des Einzelnen bilden darf, damit nicht, wie es bei Platon der Fall ist, der wissenschaftlichen Betätigung durch Beschränkung auf Regierungskunst die Ausdehnungsmöglichkeit genommen werde, die künstlerisch praktische Arbeit viel zu gering bewertet und überhaupt die Berufsarten der führenden Stände durch Regierung und Militär zu stark beschränkt werden.

Solche Unzulänglichkeiten sind die Folge der zu großen Engigkeit einer Berufsordnung, die auf Kosten des Einzelnen die Einheit des Staates gewaltsam erzwingen will, und der aristotelische Einwand gegen Platon, der Staat sei seinem Wesen nach nicht eine Einheit, sondern eine Vielheit, wird unter dem vorliegenden Gesichtspunkte besonders einleuchten. Aus der Verschiedenartigkeit der einzelnen Charaktere und Veranlagungen erwachsen die mannigfaltigen Berufsstände als die Verwirklichungen dieser Anlagen durch den tätigen Fleiß, die Einheit des Staates jedoch ist nur dann gewährleistet, wenn er sich diesem so entstandenen

System der Berufe beugt, und den hohen Wert gerade der staatsfremden Berufe nicht unterschätzt, deren sachlicher Gehalt und den Einzelnen überdauernde Einrichtung die Stetigkeit in der Einheit des Staates verbürgen. Dagegen bewirkt der vom Staate dem Einzelnen aufgezwungene Beruf, welcher Art er auch sei, zwar eine Uniformierung, aber keineswegs eine wahre Einheit der Gemeinschaft. Deshalb ist die allgemeine Wehrpflicht, die besteht, mag der Verpflichtete auch noch so wenig für den Soldatenberuf geeignet sein, ein ungeeigneter Eingriff des Staates in die Bestimmungsfreiheit des Einzelnen, da nur zu leicht jener Zwangsberuf den Einzelnen seiner besonderen beruflichen Sendung entzieht.

Das berufliche Leben kann nicht vom Staate in Gang gebracht werden; es reguliert sich selbst durch die Kraft seiner eigenen Sachlichkeit. Die Berufe greifen ineinander über, ohne miteinander zu streiten. Der eine Beruf kommt dem anderen zugute, und der Streit besteht nur innerhalb eines Berufes unter den ihn in gleicher Weise ausübenden Menschen. Der zweck- und sinnvolle Beruf erledigt sich nicht, weil sich immer wieder eine in ihn hineinwachsende jüngere Generation finden wird. Es kann gar keinen Beruf geben, der durch Störung des anderen die Harmonie der Gesamtheit der Berufe aufhebt, weil ein überflüssiger Beruf ohne jeden Kampf von einem anderen verdrängt wird und sachlich genug ist, zu verschwinden, wenn seine Zeit gekommen ist, was von den einzelnen Menschen, wenn sie überflüssig geworden sind, nicht so leicht behauptet werden kann. Diejenigen aber, welche dem abgetretenen Berufe oblagen, werden niemals unter dem Mangel an neuer Berufung zu leiden haben. Sachliche Berufsarbeit ist eine gewaltige, versöhnende Macht, und der Staat ist die Stätte für ein jedes sachverständiges Schaffen der Menschen, welcher Art es auch sei.

Der Einzelne hat seinen Beruf, und niemand kann in einem fremden Berufe Sachverständiger sein, womit die Frage erledigt wird, ob es im Staate einen Beruf geben kann, den alle in gleicher Weise gemeinsam haben, nämlich den Staatsbürgerberuf. Alle Staatsbürger müßten also neben ihrem eigentlichen Beruf noch einen gleichsam nebensächlichen Beruf haben. Weil aber niemand zwei Berufe haben darf, so kann es einen solchen Beruf, Staatsbürger zu sein, nicht geben.

Es gibt keinen staatsbürgerlichen Beruf, wohl aber gibt es einen mit Regierungssachkunde ausgestatteten Staatsberuf, um welchen sich die bürgerlichen Berufe scharen. Auf der einen Seite steht die ganze Fülle der Berufe, die in der Sonne des staatlichen Lebens gedeihen, auf der anderen Seite aber steht der eine Beruf, der sich von allen übrigen durch seine einzigartige Stellung unterscheidet, die er im Staate genießt, nämlich der Beruf des Staatsmannes selbst. Daß der Einzelne nicht völlig im Staate sich verliert, daran hindert ihn sein Beruf; der Einzelne kann wohl in seinem Berufe, nicht aber in seinem Staate aufgehen, es sei denn, daß er ein Staatsmann sei, der zugleich in seinem Staatsberufe und im Staate aufgeht, was dem unberufenen Staatsbürger aus Gründen mangelnder Sachkunde versagt ist.

Der Staatsmann widmet seine ganze Kraft unmittelbar dem Staate, während der Anteil des in irgendeinem Bürgerberufe tätigen Einzelnen am Leben des Staates niemals ein Staatsberuf sein kann, weil Staatsberuf und Bürgerberuf zu unterscheiden sind. Der Staatsmann hat den schwersten Beruf, indem schon überhaupt die Einsicht, daß dieser der schwerste Beruf ist, große Mühe macht, welcher diejenigen sich nicht zu unterziehen pflegen, die in so großer Zahl, wie bei keinem anderen Berufe, sich berufen fühlen, an der Staatsleitung beteiligt zu sein. Der Staatsmann soll die Gemeinschaft meistern, und da das Maß der Gemeinschaft die Mäßigkeit ist und Mittelmäßigkeit für eine Staatsformung den sprödesten Stoff abgibt, so machen die ganz Ungebildeten und die ganz Hochgebildeten dem Staatsmanne am wenigsten zu schaffen.

Der Staatsmann versachlicht sich im Staate als sein Werkzeug. Der Staat droht über ihn hinauszuwachsen, in ihm handelt der

Staat selbst, das Wissen des Staates ist sein Wissen. Er ist mit dem Staate völlig verwachsen. Sein Staatsgewissen droht sein Eigengewissen zu erdrücken, damit an dessen Stelle das Gewissen des Staates trete. Seine Größe und Grenze ist die Größe und Grenze des Staates. Ist er gut, ist auch der Staat gut; ist er schlecht, ist auch der Staat schlecht. Während der Staatsbeamte sein Amt im Rahmen des Staates ausübt, sucht der Staatsmann den vorgefundenen Ring des Staates mit seiner Persönlichkeit zu sprengen und einen neuen nach ihm gestalteten Ring zu schmieden; denn er kann gar nicht den bestehenden Zustand erhalten. Das Gebot der Stunde, die Notwendigkeit der tatsächlichen Verhältnisse führen ihn dauernd vor ein unbebautes Feld, mag auch die alternde Verfassung, unter deren Zeichen er handelt, als einziges Zeichen ihrer Veränderung die Spuren des Verfalles an sich tragen. Aber nur des Staatsmannes abwägende Einsicht in die Möglichkeit der Durchführung von Veränderungen bildet die feste Brücke zwischen dem tatsächlichen unvollkommenen und dem besseren wünschenswerten Zustande. Der Staatsmann ist der Führer und soll in sich schon vorher dieselbe Allgemeinheit darstellen, die sein Staat nachher an sich tragen soll, indem er den wahren Willen und die Bedürfnisse der Allgemeinheit erkennt. Seine Seele sei so groß wie die Seele seines Volkes und so klar wie die Seele des Einzelnen.

Der Staatsberuf erfordert die höchste Sachkunde und die reinste Gesinnung, weil in keinem anderen Berufe unreine Gesinnung dem allgemeinen Wohl solchen Schaden zuzufügen vermag. Er ist also nur sehr selten in vollkommener Weise ausgefüllt. Und vielleicht ist gerade deshalb dieser Beruf dauernd der Gefahr ausgesetzt, durch Eingriffe Unberufener oder sich besser berufen Fühlender gestört zu werden, trotzdem doch der Grundsatz maßgebend sein muß, daß kein Beruf störend, ja nicht einmal verbessernd in den Kreis eines anderen Berufes eindringen darf. Denn der Einzelne hat den unbedingten Anspruch gegen den Staat auf die unbeschränkte Erfüllung seiner persönlichen Aufgaben, ganz besonders wenn er Staatsmann ist, was wichtiger ist, als daß jeder im Staate seinen politischen Willen verwirklicht sieht. Der Einzelne hat, soweit die Form der Verfassung nicht seinem Anspruche auf persönliche und berufliche Eigenprägung im Wege steht, wohl in bezug auf die Sittlichkeit des Staates, nicht aber in bezug auf die besondere Art der Gemeinschaftsgestaltung einen unbedingten Anspruch gegen den Staat, es sei denn, daß er selbst der Staatsmann ist, dessen Persönlichkeit im Staate aufgehen soll. In diesem Anspruche des Staatsmannes gegen den Staat, indem er nämlich verlangen kann, daß der Staat nach seinem Bilde gestaltet werde, muß der Grund liegen, wieweit die Einzelnen in ihren Störungen der staatsmännischen Berufsarbeit gehen und welche Grenze sie nicht überschreiten dürfen. Wo der Staatsmann, solange er in seinem Amte ist, von den Bürgern an der Verwirklichung dieses seines Gemeinschaftsgestaltungsanspruches gehindert wird, sind allein die Bürger im Unrecht, weil der Einzelne, wenn er nicht Staatsmann ist, nur in bezug auf sich selbst, nicht aber in bezug auf die Form des Staates einen unbedingten Anspruch gegen den Staat hat. Wenn jeder im Staate das Recht hätte, die Gemeinschaft nach seinem Geschmacke zu bilden und sein eigenes Selbst im Staate verwirklicht zu sehen, dann könnte die Zerrissenheit des Staates nicht überwunden werden, und der Staat vermöchte also nicht auch so ein Einzelner zu werden wie der einzelne Mensch. Daß aber der Anspruch des Einzelnen auf die Sittlichkeit des Staates durch jene Beeinträchtigung nicht zu leiden hat, beruht darauf, weil im wesentlichen sein Anspruch in bezug auf sich selbst die Sittlichkeit des Staates verbürgt und weil die Verfassungsform des Staates für die Sittlichkeit des Staates kaum von Belang ist, da die verschiedensten Verfassungen einem sittlichen Staate genau so gut passen können wie die verschiedensten Anzüge einem einzelnen Menschen.

Und doch kann nicht geleugnet werden, daß das Gestörtsein im Berufe geradezu zum Berufe des gepeinigten Staatsmannes gehört, und es fragt sich, warum denn eigentlich die Bürger in die Arbeit des Staatsmannes hineinreden dürfen. Die Antwort ist leicht gefunden, wenn man fragt, warum denn eigentlich die Erde dem pflügenden Landwirt soviel Schweiß abfordert oder der Marmor dem Bildhauer soviel Mühe macht. Die Bürger sind eben aufs engste mit der Berufsarbeit des Staatsmannes verbunden, weil sie selbst den zu gestaltenden Stoff bilden und in irgendeiner Weise auf seine Tätigkeit reagieren. Und es liegt jetzt nahe, einen höchst wichtigen Grundsatz für das Verhalten des Bürgers zum Staatsmanne aufzustellen. Wie es der Beruf des Landwirtes, nicht aber des Feldes ist, zu säen und zu pflügen, so auch dürfen die von dem regierenden Staatsmanne in Sachen der staatlichen Angelegenheiten Geleiteten nicht selbst die Leitung in die Hand nehmen wollen und zwar schon deshalb nicht, weil sie dann ihrem eigenen Berufe untreu werden. Sich im Staate vom berufenen Lenker regieren zu lassen, erfordert einen höheren Grad von Bildung als Unbildung. Die Einsicht, daß in Sachen des Staates die eigene Überzeugung hinter die Überzeugung des Staatsmannes zurückzutreten habe, an dessen Amtseinsetzung man vielleicht selbst mitgewirkt hat, ist unbedingte Voraussetzung für die Einheit des Staates überhaupt. Wie der zu bildende Gegenstand wohl das Recht hat, durch Sprödigkeit und Widerstreben dem Meister die Tätigkeit zu erschweren, damit er nicht in seiner Tätigkeit die im Stoffe liegenden Gesetze mißachte, so darf der Gegenstand doch niemals den Meister selbst spielen wollen, solange er nicht das Amt des Meisters übernommen hat. Die selbst gegen die eigene Überzeugung vollzogene Unterordnung unter den einen verbindenden Willen des Staatsmannes ist sehr wohl vereinbar mit der Selbständigkeit einer freien Persönlichkeit, zumal die Sachkunde des politischen Führers sich am zweckmäßigsten auf Regierungskunst zu beschränken hat, damit nicht der Staatsmann versucht werde, in das sachliche Gebiet der einzelnen Berufe überzugreifen, soweit es im Interesse des Ganzen nicht unbedingt geboten ist. So wird gerade der einsichtsvollste Staatsmann am meisten Gelegenheit finden können, einen Mangel von Sachverständigkeit bei sich festzustellen und damit die Grenze seines Wirkens klar zu erkennen.

Die Aufgabe des Staatsmannes kann gar nicht bis an die vollkommene Vereinheitlichung der Gemeinschaft heranreichen, schon deshalb nicht, weil sein Instrument, die Rechtszeugung, gar nicht bis in alle Ecken und Winkel des Staates hineinzulangen vermag und die Seelen der Einzelnen zu wenig stille halten; ebenso wie eine kranke Lunge deswegen so schwer ausheilt, weil es ihr Beruf ist, sich zu bewegen, ebenso ist die Einheit des Staates so selten, weil die Bewegung des zu Vereinheitlichenden nicht unterbrochen werden kann. Der Staatsmann hat nie Ruhe bei der Arbeit, er wird dauernd von dem Gegenstande, dem er die Form geben soll, in der Formung gestört, weil das, was er im Staate zusammenfügen soll, selbst schon Leben besitzt. Das Bildnis, welches seine künstlerische Kraft schafft, beginnt schon zu atmen, sobald er überhaupt nur die ersten Züge entworfen hat, und gefährdet selbst die Einheit des Entwurfes, so daß der schöpferische Staatsmann von sich aus diese Einheit gar nicht herzustellen vermag, wenn er eine höhere Einheit als die Rechtsordnung von seinem Staate erwartet. Er müßte verzweifeln, wenn nicht seine Sittlichkeit ihm die Macht gäbe, den Einzelnen zu erwecken, der ein Einsehen hat in die schwere Not des Staatsmannes und zugreift, wo es geboten ist. So wird die in ihm dargestellte ohnmächtige Not des Staates die Grundlage für die Freiheit des Einzelnen und die Einheit des Staates, die erst dann erfüllt ist, wenn der Einzelne seinem Staate sein sittliches Bewußtsein eingehaucht haben wird.

Ohne den Einzelnen und den durch ihn ausgefüllten Beruf ist die Einheit des Staates nicht denkbar. Wie aber ist diese Einheit möglich? Da man in einer Gemeinschaft von Menschen eine Vielheit und viele Einzelheiten deutlich voneinander unterscheiden kann, so kann es nur zwei Wege geben, um zur Einheit des Staates zu kommen, indem man sie entweder auf die Vielheit oder aber auf die Einzelheit gründet. Da es den Anschein hat, als ob man auf dem Standpunkte der Vielheit der Gemeinschaft näher stände, so hat man sich bisher noch stets verleiten lassen, zur Sicherung der Gemeinschaft diese massige Vielheit in ihrer eindrucksvollen Wucht zum Bau des Staates zu verwenden. Man hat gesagt, die Einheit des Staates käme zustande, indem jeder Einzelne der Vielheit ein Opfer brächte, ein Stück von seiner Freiheit aufgäbe und somit der Staat gleichsam der Herd für die Freiheitsopferung der Einzelnen sei. Man hat aber nicht eingesehen, mit welch unwürdiger Rolle man den Staat bei einer solchen Anschauung ausstattete. Der Staat ist keine Stätte, auf der um die Freiheit des Einzelnen geschachert werden dürfte, zumal der Staat gar nichts von der Freiheit mitbekommt, die dem Einzelnen abgehandelt wird. Weder dem Einzelnen noch dem Staate wird dieser Handel zum Segen, da sich die Freiheit überhaupt nicht teilen läßt, ihre Ganzheit in keiner Weise angetastet werden darf und entweder alles oder nichts für sich in Anspruch nimmt. Der Einzelne ist frei, und er soll restlos frei bleiben.

Wie aber ist eine Vielheitseinheit möglich, wenn das Viele nicht durch eine einzige Einheit, die abseits steht von allen Einzelnen, beseitigt werden darf? Weil der Staat niemals als etwas ganz Anderes und von ihm völlig Losgelöstes an die Stelle des Einzelnen zu treten vermag, deshalb darf der Einzelne sich nicht darin vollendet sehen, daß er sich als ein beschränkter Teil des Ganzen weiß, sondern dieses Bewußtsein muß ihm erst der Ausgangspunkt oder ein ganz unvollkommener Zustand sein. Da es nun gar keine auf die Gesellschaft selbst oder das Volk gegründete Vielheitseinheit des Staates geben kann und sich eine solche Einheit nur durch die engste Beziehung auf den Einzelnen herstellen läßt, ja es am Anfang der Begründung überhaupt nur für den Einzelnen eine solche Vielheitseinheit gibt, so darf der Einzelne sich nicht als ein Teil, sondern als ein Ganzes wissen. Seine innere Einheit ist die Voraussetzung für die Einheit der vielen Einzelnen. Das Ganze lebt im Teil, um ihn zu erdrücken. Aber der Einzelne wird dadurch nicht erdrückt, weil er ja selbst ein Ganzes ist. Echte Persönlichkeit führt zwingend zur Einheit der

Persönlichkeiten und zwar nicht nur zerrissenheitsverneinend, sondern einheitsbejahend. Nur wer selbst eine Einheit ist, vermag auch Einheit zu stiften. So ist der Staat ein ganzes System von vielen Einzelheiten, ohne daß diese Einheiten durch einen äußeren Eingriff erst zum Staate zusammengesetzt werden brauchten. Wo ein jeder in Wahrheit den ganzen Staat in sich trägt, kommt es gar nicht mehr darauf an, daß ein jeder eine vom Anderen verschiedene Ganzheit hat. Es gibt so viele Staatseinheitsbewußtheiten, wie es einzelne Seelen im Staate gibt. Und der ganze Staat kann nur durch das die Einheit erzeugende und erzwingende Einheitsgefühl selbst hergestellt werden. Nur wer sich selbst als eine einzige und ganze Einheit versteht, wird den Sinn des Staates verstehen lernen.

Ich glaube schon den Einwand zu vernehmen, einen solchen Staat könne es gar nicht geben, weil die Menschen zu unvollkommen wären, und es sei von weit größerer Bedeutung, die Mittel für einen vollkommenen Staat zu finden, in welchem auch solche Menschen untergebracht werden könnten, die die Einheit des Staates nicht zu begreifen vermöchten, ja in welchem ihre selbstsüchtigen Regungen einen sehr geeigneten Prüfstein für seine Güte darstellen könnten. Und da muß ich gestehen, daß ich gar kein solches Mittel kenne. Es müßte sich schon ein Anderer daran versuchen.

Es bleibt dabei. Der Staat kann nicht gut werden, wenn nicht jeder Einzelne im Staate gut wird. An dem Einzelnen hängt das Schicksal des Staates und der ganzen Menschheit, und man braucht nicht deshalb, weil es keinen vollkommenen Staat gibt, darauf verzichten, die Grundsätze eines solchen Staates nachzuweisen.

Der Einzelne braucht keine andere Sorge zu haben, als daß der Staat auch so ein Einzelner werde, wie er selbst. Dieser Satz gilt für jeden, und es ist gar nicht zu befürchten, daß der Staat auf diese Weise nach einem schlechten Vorbilde geschaffen würde, weil es doch böse Menschen gibt. Denn der Satz schützt wegen seiner Folgerichtigkeit sich selbst und den Staat. Der Satz reguliert die reine Gesinnung des Einzelnen, indem er für die Sittlichkeit des ihn Befolgenden bürgt, weil ein unsittlicher Mensch niemals das Bedürfnis nach einer nach ihm gebildeten Einzelheit des Staates haben kann.

IV. Das Wesen des Staates.

1. Im Staate unterscheidet sich der Einzelne von der Gemeinschaft, aus derem gegenseitigen Spannungsverhältnis sich alle die Schwierigkeiten ergeben, die die zahlreichen Versuche, das Wesen des Staates endgültig und eindeutig zu bestimmen, veranlaßt haben. Darüber jedoch wird wohl kaum eine Meinungsverschiedenheit herrschen, daß die Auflösung jener Spannung zwischen dem Einzelnen und der Gemeinschaft die Grundvoraussetzung für eine glückliche Lösung dieser Frage ist. Ist diese Spannung überwunden, dann ergibt sich der Staat ganz von selbst. Nicht also wird diese Spannung im Rahmen des Staates aufgelöst, sondern die Auflösung begründet überhaupt erst den Staat.

Es ist nun nicht ohne Gewinn zu verfolgen, wie die Staatsphilosophen, welche den Kern unserer Fragestellung richtig erkannten, sich mit der Stellung des Einzelnen im Staate auseinandergesetzt haben, und ich stelle die beiden völlig auseinanderstrebenden Gegner Hegel und Wilhelm von Humboldt voran, um die innerlich nahe verwandten Denker Platon und Fichte folgen zu lassen.

Nach Hegel steht die Gesellschaft dem Staate näher als der Einzelne. Für ihn bedeutet das Einzelne immer nur ein an sich bedeutungsloses, vorübergehendes Moment in der Entwicklung des Ganzen. Diese Grundüberzeugung wendet er nicht nur auf die einzelnen Begriffe, sondern auch in gleicher Weise auf die einzelnen Personen an. Der Einzelne hat nur Wert, wenn er sich als Glied eines umfassenden Organismus der Allgemeinheit und der gemeinschaftlichen Sitte anpaßt (Phaen. 233). Der über die Einzelnen übergreifende Zusammenhang wird zu einer die Einzelnen an Bedeutung weit überragenden Substanz kristallisiert, vor einer Atomisierung des einzelnen Bewußtseins wird nicht zurückgeschreckt (Enzycl. § 523), es wird zum Sklaven des Gesamtbewußtseins der Gemeinschaft. Die staatliche Gemeinschaft ist der Lebenskern aller Geschichte, indem das vorstaatliche und demnach auch außerstaatliche Menschheitstum aus dem Rahmen der Geschichte völlig herausfällt. (Vorles. Recl. 102.) Es fragt sich, warum Hegel in der Auflösung der Spannung zwischen dem Einzelnen und der Gemeinschaft nicht einmal ein beiderseitiges Gleichgewicht anerkennt, sondern den Gegensatz völlig zu Ungunsten des Einzelnen beseitigt. Der Grund liegt darin, weil er die Sittlichkeit mit dem staatlichen Leben völlig gleichstellt und zugleich die aristotelische Degradation der Sittlichkeit zur Gewohnheit und zur Sitte sich zu eigen macht. Der Staat gründet sich nicht auf den Einzelnen, sondern auf die Sitte. „An der Sitte hat er seine unmittelbare, und an dem Selbstbewußtsein des Einzelnen, dem Wissen und Tätigkeit desselben seine vermittelte Existenz." (Rechtsphilos. § 257.) Als ob die Machtlosigkeit des Einzelnen vor der Sitte eine Tatsache sei, die mit dem Wesen des Staates in irgendeinem Zusammenhange stehe, ja als ob in jener Machtlosigkeit geradezu die Sittlichkeit des Einzelnen zur Äußerung käme, sagt Hegel: „Das Individuum selbst hat nur Objektivität, Wahrheit und Sittlichkeit, als es ein Glied des Staates ist", (Rechtsphil. § 258), der seinerseits an der Sitte seine unmittelbare Existenz haben soll. Aber ein solcher Staat kann schon deshalb dem Einzelnen kein Vorbild sein, als die Sitte, nur weil sie Sitte ist, nichts enthält, was einem Menschen zum Leitstern des Handelns dienen könnte.

Man sieht leicht ein, daß Hegels Staatsauffassung zu der hier vorgetragenen in einem nicht zu überbietenden Abstande steht. Nach ihm ist der Lebenszusammenhang vor den Einzelnen vorhanden, da sie ihn ja nicht erzeugen. Aber es ist zu bedenken, daß der Staat kein Baldachin ist, unter welchen die Einzelnen treten könnten, wenn es regnet. Wer den Staat mit vorgefaßter

Meinung als das über dem Einzelnen stehende Höhere ansieht, der versperrt dem Einzelnen mit dem Staate den Ausblick auf die Wirkensweite des Staates selbst, der geht rückwärts anstatt vorwärts.

Immerhin könnte man einwenden, für das sittliche Leben des Einzelnen sei die strenge Zucht eines in sich geschlossenen Staates von der größten Bedeutung. Das zeige sich gerade dann, wenn der Staat gefährdet ist und auseinanderzufallen droht, wenn seine innere Ordnung in der Auflösung begriffen ist. Dann würden auch die Menschen schlecht, und es folge eine Verwilderung der Sitten und moralischen Anschauungen. Ganz abgesehen davon, daß hier Ursache und Wirkung miteinander verwechselt zu sein scheinen, ist es noch sehr die Frage, ob die Sittlichkeit in einem solchen Falle gesunken ist, ob wirklich in dem sich auflösenden Staate weniger sittliche Einzelne sich finden als vor seiner Auflösung. Vielmehr läßt der traurige Staatszustand deutlicher die strenge Scheidung der sittlichen und unsittlichen Einzelnen erkennen, weil in ihm erst klar wird, wer in dem vormals geordneten Staatswesen diese Ordnung aus Sittlichkeit und wer aus dem Zwange einer äußerlichen Staatsgewalt bejahte. Daß aber in dem geordneten Staate die Zahl der sittlichen Einzelnen größer war, ist aus der Ordnung des Staates heraus in keiner Weise zu entnehmen, weil die Autorität dieses Staates die Motive in den Handlungen der Einzelnen verschleierte und die wahre Gesinnung nur schwer erkennen ließ.

So darf der Einzelne auf keine Weise unter seinem Staate Dekkung suchen, aus welchem Grunde wir uns von Hegel abwenden, um die Ansicht Wilhelm von Humboldts kennen zu lernen, die im wesentlichen als eine Verteidigung des Rechtes des Einzelnen gegenüber dem Staate aufzufassen ist und in seinem Buche „Ideen zu einem Versuche, die Grenzen der Wirksamkeit des Staates zu bestimmen“ niedergelegt wurde. Er fordert für jeden Einzelnen die ungebundenste Freiheit, „sich aus sich selbst in seiner Eigentümlichkeit zu entwickeln“, und eine solche „Entwicklung der

Kräfte der einzelnen Bürger in ihrer Individualität" ist ihm oberstes Gesetz einer staatlichen Gemeinschaft. Doch wird diese verheißungsvolle Forderung dadurch getrübt, als er der Forderungen kein Ende zu finden scheint, indem er dem Einzelnen im Staate noch dazu einen solchen Zustand vorbehält, „in welchem auch die physische Natur keine andere Gestalt von Menschenhänden empfängt, als ihn jeder einzelne nach dem Maße seines Bedürfnisses und seiner Neigung, nur beschränkt durch die Grenzen seiner Kraft und seines Rechts, selbst und willkürlich gibt". Man sieht leicht ein, daß durch eine solche haltlose Überspannung der Ansprüche gegen den Staat dem Einzelnen mehr geschadet als genützt wird, und ihre Maßlosigkeit ist nur als eine Abfolge aus den Enttäuschungen zu erklären, welche ein sich mündig fühlender Mensch jener Zeit infolge einer dauernden und unerträglichen Bevormundung von seiten des Staates erleben mußte. Doch wird schließlich nicht weniger gefordert als eine staatliche Anerkennung eines für alle natürlichen Verhältnisse maßgebenden Zustandes selbstsüchtiger Willkür des Einzelnen, welche auch dadurch nicht gemildert werden kann, daß der menschenfreundliche Humboldt überzeugt ist, daß „der Mensch an sich mehr zu wohltätigen als eigennützigen Handlungen geneigt ist".

Humboldt hat seiner Sache sehr geschadet, indem durch die Forderung nach der physischen Willkür des Einzelnen der staatsaufbauenden Anerkennung einer unantastbaren persönlichen Eigenart und Selbständigkeit des Einzelnen die Durchschlagskraft völlig genommen wird und sich schließlich ein Staat herausstellt, der in seiner Kümmerlichkeit ein Bild bejammernswerter Ohnmacht bietet. Dem ersten kräftigen Anlauf Humboldts, als welcher sich die eigenartige Selbstherrlichkeit des Einzelnen erweist, folgt baldiges Erlahmen, weil Humboldt nicht sieht, daß diese Macht des Einzelnen letzlich um der Blüte und der eigenen sittlichen Macht des Staates willen aufgerichtet wird, ganz zu schweigen davon, daß die physischen Neigungen und Bedürfnisse des Einzelnen, von denen Humboldt spricht, nichts anderes sind als die auf das leibliche Wohl gerichteten Sorgen, die mit dem Wohle des Ganzen gar leicht in Unstimmigkeit geraten, aber auf keinen Fall die Einheit des Ganzen zu begründen vermögen. So bleibt schließlich ein Staat übrig, der „keinen anderen Endzweck hat als die Sicherheit der Bürger zu verfolgen". Er ist gleichsam ein gerupfter Vogel, dem man nur das Notwendigste als Futter vorsetzt. Über dem Einzelnen wird er ganz vergessen, er wird zu einem dienstbaren Gesellen, den man ruft, wenn man ihn braucht und sich sonst vom Leibe hält. Einer solchen Auffassung bleibt natürlich die tiefere Bedeutung der Freiheit des Einzelnen verschlossen, die ja gerade darin zum Ausdruck kommt, daß der Staat von der Wärme der im Einzelnen unmittelbar gezeugten sittlichen Freiheit leben soll. Nicht soll der Staat alles für den Einzelnen leisten, sondern der Einzelne soll alles für den Staat leisten, der Staat soll alles für sich selbst leisten, damit er für seine nach außen gerichteten Aufgaben gerüstet sei.

Trotz schärfster Gegensätzlichkeit findet sich bei Hegel und Humboldt insofern eine Gemeinsamkeit, als sie beide in gleicher Weise die Spannung zwischen dem Einzelnen und der Gemeinschaft zugunsten einer Partei entscheiden, ohne der anderen Partei ihr Recht werden zu lassen. Aber die Spannung ist von ihnen, wenn auch in einseitiger Weise, und ohne synthetische Kraft jedenfalls aufgelöst. Dagegen lassen sowohl Platon wie Fichte eine restlose Auflösung vermissen. Sie sind sich ihrer Verantwortung als Richter stärker bewußt. Man erkennt bei ihnen deutlich ein Schwanken. Beide Parteien sollen ihr Recht bekommen, aber die endgültige Entscheidung wird nicht gefällt.

Wir sahen schon, wie scharf die Gegensätze zwischen dem Einzelnen und der Gemeinschaft in Platons Staat sich zuspitzen, daß aber diese Spannung nicht zur endgültigen Auflösung gelangt. Daß Platon die im Staate geeinte Gattung oder Menschheit dem einzelnen Menschen bei weitem vorzieht, ist schon in seiner logischen Begriffslehre begründet, in welcher der allgemeine Begriff vor dem unter ihm begriffenen einzelnen Fall oder Exemplar eine überragende Stellung behauptet. Die Vollkommenheit und Glückseligkeit des Einzelnen wird vom Staate entlehnt und aus seiner Vollendung abgeleitet. Die auf dem Einzelnen ruhende Last des Staates in Sachen der Berufswahl ist einengend und drückend. Die Freiheit des Einzelnen wird auf das äußerste beschränkt, weil Platon überzeugt ist, daß nur auf diese Weise die Einheit des Staates gewährleistet wird. Und doch vermag Platon den Streit nicht restlos zuungunsten des Einzelnen zu entscheiden, weil er seiner zur Durchführung der Staatsidee dringend bedarf. Wenngleich Platon in jedem Falle einen Konflikt zwischen dem Einzelnen und der Gemeinschaft zugunsten der Gemeinschaft entscheiden würde, so besteht doch nach ihm gerade die Gerechtigkeit darin, daß jeder Einzelne (εἷς ὢν) in bezug auf seine Tätigkeit in seiner Eigenart (τὸ τὰ αὑτοῦ πράττειν) beachtet werden muß. Ja die Harmonie der Seele des Einzelnen ist in ihrer Einheit vorbildlich für die Einheit des ganzen Staates, mit welcher Einsicht Platon einen bisher nicht wieder erreichten Höhepunkt in der Auffassung des staatlichen Lebens einnahm. Aber selbst Platon hat seine Grenzen, und es gilt jetzt, diese Grenzen aufzudecken.

Platon sucht die Spannung zwischen dem Einzelnen und der Gemeinschaft in einen Vergleich aufzulösen. In einem Bilde sucht er die Gegensätze zu beseitigen. Er sagt geradezu, derjenige Staat sei am besten verwaltet, der die nächste Verwandtschaft mit einem einzelnen Menschen zeige. (Apelt 196.) Zu welchem Zwecke aber führt Platon dieses Gleichnis durch? Lediglich zu dem Zwecke, um den höchsten Punkt der Einheit des Staates und seine gar nicht mehr zu überbietende Geschlossenheit anschaulich zu machen. Der Staat soll ein Organismus sein, der die geringsten Regungen und Veränderungen seiner Teile spürt. Wie ein verletzter Finger eine Unstimmigkeit des ganzen Körpers zur Folge hat, so soll auch das Leid des einzelnen Bürgers den Staat in Trauer versetzen. So läßt Platons Bild geradezu eine Aufzehrung des Einzelnen durch die Gemeinschaft befürchten, indem das Erlebnis des Einzelnen zu dem Erlebnis des Staates werden soll, indem die Ganzheit, welche in der Harmonie der einzelnen Seele zum Ausdruck kommt, zum Teilstück des Staates heruntergesetzt wird. In diesem Zusammenhange bekommt Platons Forderung nach der eigenartigen Tätigkeit des Einzelnen eine besondere Beleuchtung, indem der Anspruch des Einzelnen, nicht um seiner selbst, sondern um des Staates willen, gefordert, in seiner Bedeutung stark verblaßt. Der Einzelne bleibt ihm doch nur Mittel, nicht aber Selbstzweck in bezug auf sein eigenes Werk. Platon fordert vom Einzelnen Hingabe an den Staat bis zur Austilgung aller seiner Ansprüche an die persönliche selbstbewußte Würde, die er nur dem Staat selbst zuerkennt. Der Einzelne soll das ihm Gemäße nur deshalb tun, damit die Einheit des Staates zustande komme, nicht aber um seiner selbst willen, möchte auch die Gemeinschaft darüber zerbrechen. So vergleicht Platon den Staat mit dem Einzelnen, nicht um dem Staate in bezug auf die höhere Sittlichkeit des Einzelnen ein Vorbild zu geben, sondern nur in bezug auf die Technik der einheitlichen Gestaltung des Staates. In bezug auf die Einheit ist zwar der Einzelne das Vorbild des Staates, in bezug auf die sittliche Qualität aber ist nach Platon unzweifelhaft der Staat das leuchtende Vorbild für den Einzelnen. So ergibt sich insofern eine gewisse Dissonanz, als die Harmonie und die Sittlichkeit, oder um platonisch zu sprechen, die Gerechtigkeit, einerseits von Platon als dasselbe angesprochen werden, anderseits aber in dem Bilde zwischen Staat und Mensch nicht miteinander gehen, sondern sich kreuzen und so eine restlose Auflösung der erwähnten Spannung nicht zulassen, welche ohnehin allein durch ein vergleichendes Bild nicht möglich ist.

Eine ganz ähnliche Unausgeglichenheit findet sich bei J. G. Fichte, indem beide Denker einerseits die völlige Unterordnung des Einzelnen unter die Gattungsgemeinschaft und anderseits die Forderung nach Eigenprägung des Einzelnen gemeinsam haben. Und beide haben verschwiegen, wie diese beiden Gesichtspunkte zusammenzustimmen vermögen. Ja, was bei Platon als ein unruhiges Aufwogen einer starken Wellenbewegung im Gemeinschaftsleben erscheint, droht sich bei dem scharfkantigen gotischen Fichte geradezu zum Widerspruch zuzuspitzen. Fichte spricht in den „Grundzügen des gegenwärtigen Zeitalters" (10. Vorlesung) von dem absoluten, d. h. vollkommenen Staat und sieht dessen Form in den Leitworten „Richtung aller individuellen Kräfte auf den Zweck der Gattung". Der Staat ist ihm eine künstliche Anstalt, ja für die Widerstrebenden eine Zwangsanstalt, um die Zwecke der Gattung, keineswegs aber die Zwecke des Einzelnen zu verwirklichen. „Alle sind als Individuen der Gattung aufgeopfert." Der Zweck des Einzelnen wird überhaupt nur insofern beachtet, als er allein darin besteht, daß jeder Einzelne ein Glied der Gattung sei. Was darüber hinaus Zweck des Einzelnen sein kann, steht im Widerspruch zur Gattung. So ist der Satz zu verstehen: „Der Zweck des isolierten Individuums ist eigener Genuß; der Zweck der Gattung ist Kultur." Ja Fichte geht noch weiter, er überspannt den Bogen, indem er sagt: „Es gibt keine Art der Bildung, die nicht von der Gesellschaft, d. i. vom Staate im strengsten Sinne ausgehe", während doch wohl mit größerem Rechte gesagt werden kann, daß alle überhaupt nur mögliche Bildung von einzelnen Menschen ausgehe. Fichte versucht das Problem des Staates vom Standpunkte der Gattung aus zu lösen, und für den Einzelnen besteht die Gefahr, durch den Egoismus der Gattung zu ihrem Sklaven zu werden. Fichte sieht diese Gefahr, die darin besteht, daß die Gattung sich selbst dabei zugrunde richtet, indem für die Behauptung des Einzelnen nichts getan wird. Aber er löst die Schwierigkeit nicht dadurch, daß er im Charakter des Einzelnen den Typus der Gattung erscheinen läßt. Zwar will er auch dem Einzelnen Souveränität verleihen. Aber wie sieht diese aus? Er sagt: „Jeder ist in Absicht seines notwendigen Zweckes, als Glied der Gattung ganz Souverän, und in Absicht seines individuellen Kraftgebrauches ganz Untertan." Die mit dem Gattungsglied verbundene Souveränität des Einzelnen darf jedoch mit der Souveränität der Gattung nicht in Konflikt geraten, was aber nur möglich ist, wenn sich jene Souveränität dieser beugt, also in Wirklichkeit keine mehr ist.

Es läge nun nahe, Fichte wegen seiner einseitigen Auflösung des Spannungsverhältnisses Hegel und Humboldt nebenzuordnen, indem bei ihm der Egoismus der Gattung nicht geringer ist als der Egoismus des Einzelnen in der Auffassung Wilh. v. Humboldts. Eine solche Nebenordnung würde jedoch eine völlige Verkennung der gesamten Grundlage des Fichteschen Systems zur Voraussetzung haben, welches sich aus der Auseinandersetzung mit der kantischen Philosophie herausgebildet hatte. Fichte übernimmt von Kant den Gedanken, daß der Staat die Einschränkung des Freiheitsgebietes dem Einzelnen zur Bedingung mache, auf der anderen Seite aber geht er über Kant insofern hinaus, als er die strenge und unpersönliche Kälte des ehernen Sittengesetzes Kants, welches vom Einzelnen die Ermöglichung einer allgemeinen Gesetzgebung verlangt, dadurch mit der Wärme persönlichen sittlichen Erlebens erfüllte, indem er einen jeden Einzelnen darauf hinwies, daß er nur dann überhaupt von dem Sittengesetze berührt würde, wenn er es vermöchte, mit eigener ursprünglicher Selbständigkeit den Grund seiner Seele zur Stätte wahrhaftig geistigen Lebens herzurichten; indem er erklärte, daß die Entscheidung darüber, ob sich solches Leben in seiner Seele setze oder nicht setze, einzig und allein bei jedem Einzelnen selbst läge, wies er dem Einzelnen den Weg zu selbsttätiger Persönlichkeitsbildung und verengerte den Kreis des allgemeinen kantischen Sittengesetzes auf die sittliche Forderung an den einzelnen Menschen, welche lautet: „Handle nach deinem Gewissen" oder „Handle stets nach deiner Bestimmung." Um so handeln zu können, bedarf der Einzelne einer eigenen bestimmten ursprünglichen Freiheit, die nirgend anderswoher geleitet werden kann als aus seinem eigenen Ich, — nicht einmal aus seiner Gattung; denn um meine Bestimmung zu erfüllen, brauche ich nicht unbedingt Glied einer Gattung zu sein. Das mit ursprünglicher Tathandlung sich selbst setzende sittliche Ich vermag wohl der Einzelne in sich, nicht aber die Gattung in sich zu erleben. Von solchen Grundlagen aus konstruierte Fichte das zukünftige historische Zeitalter der Vernunftherrschaft als ein Reich der Individualität, in welchem die reiche Mannigfaltigkeit persönlicher Eigenwerte gepflegt wird, dem Einzelnen eine große Bedeutung zuerkannt wird und aus der Einmaligkeit des Einzelnen auch der ganze Ablauf der Geschichte als ein nur einmal sich vollziehender Prozeß verstanden wird, ein Gedanke, der besonders stark in der Staatslehre Fichtes vom Jahre 1813 zum Ausdruck kommt.

So finden wir im Verlaufe der Entwicklung der Fichteschen Philosophie verschiedene Gedankenmotive, die nicht recht zusammenstimmen wollen, was besonders deutlich wird, wenn wir auf die Grundsätze zurückblicken, die Fichte in seinem „Geschlossenen Handelsstaat" 1801 verkündete. Da wird der sozialistische Staat mit seinem ganzen gewalttätigen Zwang errichtet. Da ist die Freiheit des Einzelnen eine reine Illusion und selbst die unantastbaren Vorrechte, wie Eigentum und Persönlichkeit, sowie das Recht auf Arbeit, ja sogar die Bestimmung des Berufes werden von diesem Staate abgeleitet, so daß, wie bei allen sozialistischen Theorien, die unaufgelöste Schwierigkeit bestehen bleibt, daß letzten Endes zur Sicherung der Rechte des Einzelnen der stärkste Staatszwang auf dem Einzelnen lastet.

Während Hegel und Humboldt eine unrichtige Auflösung des Spannungsverhältnisses zwischen dem Einzelnen und der Gemeinschaft gegeben haben, bleibt bei Platon und Fichte die Spannung bestehen, so daß diesen beiden Denkern eine endgültig befriedigende Definition des Staates, die seiner hohen Bedeutung und Berufung gerecht würde, versagt ist.

II. Um nun eine solche Definition zu finden, ist es zweckdienlich, an dem anschaulichen Erleben des Einzelnen zu zeigen, wie stark die Spannung werden kann und wie gebieterisch die Auseinandersetzung zwischen dem Einzelnen und der Gemeinschaft gefordert werden muß. Ein deutscher Soldat steht an der Front in einer hellen Mondscheinnacht hinter einem Baumstumpf mit geladenem Gewehr auf Wache. Plötzlich erblickt er in geringer Entfernung einen keine Gefahr witternden feindlichen Soldaten. Jener bemerkt an sich eine wachsende Erregung, die von der in ihm aufsteigenden Frage verursacht ist, ob er schießen soll oder nicht. In diesem Tatbestand bekundet sich ein schweres Ringen zwischen der Gemeinschaft und dem Einzelnen. Fällt der Schuß, dann hat die Gemeinschaft gesiegt, fällt er nicht, dann siegt der Einzelne über die Gemeinschaft. Mancherlei Gedanken werden durch den Kopf des deutschen Soldaten gehen, die ihm seinen Entschluß recht schwer machen. Er selbst kann die Verantwortung für den Schuß nicht auf sich nehmen. Er wird von der Sittlichkeit befallen, die Stimme seines Gewissens warnt ihn eindringlich vor dem Schuß. Er will dem Gebote des Sittengesetzes gehorchen, das ihm eingibt, den Menschen nicht zu töten, zumal nicht die geringste Notwehr vorliegt und ein Angriff des feindlichen Soldaten, gegen den sich zu wehren, sittlich einwandfrei wäre, gar nicht zu befürchten ist. Der Deutsche will Ruhe haben vor seinem Gewissen und schießt nicht. Doch die Unruhe verläßt ihn nicht. Nun fragt er sich: Ist das denn wirklich die echte und reine Sittlichkeit, die in mir sprach? Ist es möglich, daß dieselbe Sittlichkeit mich nicht denken macht an die Gemeinschaft, die hinter meinem Rücken steht? Ist diese sittliche Regung, welche ich gegenüber dem Feinde verspürte, aus demselben Urgrund erwachsen als die andere sittliche Regung, die in mir den Entschluß reifen ließ, mich für die Gemeinschaft zu opfern und den Feind dieser Gemeinschaft zu töten, wo nur immer ich ihn finde? Kann denn überhaupt dieser eine sittliche Urgrund in zwei solche Gegensätze auseinanderspalten, die sich völlig gegenseitig ausschließen? Ich lasse mich vom Sittengesetz leiten und frage nur: Welches ist das sittliche Gebot? Mein Wille, den Feind nicht zu töten, oder der Wille meiner Gemeinschaft, ihn zu töten? Bin ich nicht feige, wenn ich sage: Ich vermag die Verantwortung für den Schuß nicht zu tragen, aber ich schieße, weil die Gemeinschaft mich deckt und mir jede Verantwortung abnimmt und nicht die geringste Rechenschaft von mir fordert, wenn der Schuß gefallen ist? Kann denn überhaupt die Gemeinschaft mir Verantwortung abnehmen? Ist sie denn überhaupt sittliche Instanz? Wenn ja, nun dann bin ich eben in diesem Falle keine sittliche Instanz, ich verliere mein Bestes, ich lasse die Gemeinschaft mein Gewissen betäuben und zwar durch ein künstliches Mittel. Ich gebe mich selbst auf, ich bin nichts mehr und ohne jede Bedeutung. Wenn ich jetzt schieße, dann bin ich nicht mehr der Einzelne, sondern die Gemeinschaft handelt in mir. Ich dachte, mein Gewehr sei ein toter Körper, den ich als mein Instrument beherrsche und nun muß ich sehen, daß ich, wie mein Gewehr in meiner Hand, genau ebenso in der Hand der Gemeinschaft nichts bin als ein totes Instrument. Ich schieße also, weil ich das Gewehr meiner Gemeinschaft bin. Nein, ich schieße nicht! Ich will nach meinem Sittengesetz handeln, ich habe berechtigte Zweifel, ob die Gemeinschaft, welche da in mir beinahe gehandelt hätte, nach meinem Sittengesetze handelte, vielleicht handelte sie gar nicht einmal nach ihrem eigenen Sittengesetz. Ja, für sie gilt überhaupt gar kein Sittengesetz! Denn dann würde sie genau ebenso gebieterisch von mir fordern, nicht zu schießen, wie ich es von mir forderte. Und doch muß ich zugeben, wenn auch ich selbst in diesem Augenblick gar nicht in Notwehr bin, die Gemeinschaft ist es sicherlich, und ich muß doch die Not meiner Gemeinschaft so erleben wie meine eigene Not. Dann bin ich also doch in Notwehr, und ich darf schießen. Ich schieße und fühle mich in diesem Moment aufs engste mit meiner Gemeinschaft verbunden. Ich hatte ihr ja gelobt, jedes Opfer, das sie verlangte, zu bringen. Und nun habe ich ihr das schwerste gebracht, das nicht mehr überboten werden kann, gegen das meine Entbehrungen und mein Entschluß, das Leben für die Gemeinschaft zu lassen, völlig verblassen. Ich habe der Gemeinschaft das Opfer meiner sittlichen Überzeugung gebracht. Ich habe mich hinter der Not meiner Gemeinschaft ja bloß verschanzt. Und so muß ich erleben, daß die enge Verbindung mit meiner Gemeinschaft nichts als Schein war, denn sobald ich mich vor meiner

Gemeinschaft wieder aufrichte, sehe ich die tiefe Kluft, die uns voneinander trennt. Warum soll meine Gemeinschaft nicht in Not sein dürfen, da ich doch finde, daß meine Not meiner Sittlichkeit nichts anhaben kann? Warum denke ich nur an das leibliche Wohl meiner Gemeinschaft, ohne daß ich mich um ihre Sittlichkeit kümmere? Ich war zu schwach, mir zu sagen: Es kommt gar nicht darauf an, daß die Not meiner Gemeinschaft durch meinen Verzicht auf den Schuß noch größer wird als sie schon ist. Es kommt einzig auf das in mir sich regende sittliche Gebot an, welches klar zu erfassen ist und in seiner Klarheit nicht getrübt werden darf durch künstlich wirkende Mittel einer Überlegung, die nicht bereit ist, den Kern des Sittengesetzes zu verarbeiten. Die Gemeinschaft kann nicht Instanz und Autorität sein in sittlichen Fragen gegenüber dem Einzelnen, weil der Einzelne von vornherein Bewußtsein hat und somit auch sittliches Bewußtsein, es aber nicht ebenso selbstverständlich ist, daß auch die Gemeinschaft Bewußtsein besitze, d. h. Subjekt sei. Wenn ein Gebot der Gemeinschaft an den Einzelnen mit seiner richtigen sittlichen Überzeugung in Widerspruch gerät, dann muß unter allen Umständen die Gemeinschaft im Unrecht sein und nicht der Einzelne. Deshalb hätte ich nicht schießen sollen! Ich hätte meinen Mut nicht nur an den Feinden, sondern auch an meiner Gemeinschaft erproben sollen. Ich hätte der Gemeinschaft zurufen sollen: Ich habe dein Gebot nicht unbedingt zu befolgen, vor allem nicht auf die Gefahr hin, daß ich gegen mein sittliches Gewissen handele, sondern mein in mir sich offenbarendes Sittengesetz ist auch deines und ich bin berufen, dir zu sagen, wie du gebieten sollst, nicht aber bist du berufen, mir zu sagen, wie ich handeln soll. Ich erkenne dein Sittengesetz nicht an, weiß ich doch gar nicht, ob du überhaupt eines habest. Deshalb will ich, daß die Gemeinschaft mein Ebenbild sei; denn dann weiß ich, daß auch sie in sich von der Sittlichkeit ergriffen wird.

III. Die Möglichkeit einer solchen sittlichen Gemeinschaft muß nachgewiesen werden. Ich bin oder mein Bewußtsein ist ein Einzelwesen und als solches bin ich die Bedingung für meine Sittlichkeit. Zwischen mir und meiner staatlichen Gemeinschaft soll nun eine Spannung bestehen, deren Auflösung jedoch nur möglich ist, wenn auch die Gemeinschaft, wie ich selbst, ein Einzelwesen sein kann. Wäre der Staat nicht ein Einzelwesen, dann könnte ich ihm auch nicht sittliches Vorbild sein. Wenn ich dagegen meinen Staat als ein Bewußtseinseinzelwesen erkenne, wie mich selbst, dann wird mein Sittengesetz auch nicht mehr in Widerstreit geraten mit dem sittlichen Gebote des Staates, ebenso wie mein Sittengesetz niemals in Widerstreit geraten kann mit dem Sittengesetz eines anderen Menschen, dann erst gibt es überhaupt den eines sittlichen Gebotes fähigen Staat.

Der Staat setzt Menschen voraus. Wo keine Menschen, da ist auch kein Staat. Wieviel Menschen jedoch einen Staat ausmachen, ist für das Wesen des Staates ohne Belang. Da Mensch und Staat so eng zusammengehören, können wir auch nur an dem einzelnen Menschen ablesen, was ein Staat ist. Am Menschen finden wir je ein Bewußtsein und je einen Leib. Das eine von diesen beiden Einzelwesen ist unräumlich und unsinnlich, das andere dagegen ist im Raume wahrnehmbar.

Setzen wir nun zunächst den Staat in Beziehung zu dem Leibe des Menschen, so können wir fragen, ob auch der Staat wie der Mensch einen Körper besitze. Findet sich am Staate etwas, was räumliche Körperlichkeit ausmacht? Hat der Staat einen Ort? Man wird sagen, gewiß habe der Staat einen Ort. Dieser Ort sei sogar durch farbige Grenzpfähle bestimmt. Das Land sei ihm zugehörig, der Staat sei also ein räumliches Ding. Wenn er aber ein Ding ist, dann muß er auch eine Gestalt haben. Daß er aber keine Gestalt hat, wird jedermann an Hand der tatsächlichen Erfahrung erkennen. Niemand hat je eine Gestalt des Staates gesehen und niemand wird die aus den Grenzlinien bestehende und auf der Landkarte zu sehende Form, etwa den die Grenzen Italiens ausmachenden Stiefel, für die Gestalt des italienischen Staates ansehen. Da ihm diese fehlt, so ist er auch kein Ding, weil Gestalt eine unentbehrliche Bestimmtheit eines jeden Dinges ist. Hat der Staat keine Gestalt, dann hat er notwendig auch keinen Ort oder sonstige räumliche Ausdehnung, wie sich z. B. am deutschen Staat leicht erkennen läßt. Er ist ein Staat ohne Land; denn das Land verteilt sich auf die Bundesstaaten, die ihrerseits unterschieden sind von dem deutschen Staat. Der durch die Landesgrenzen dargestellte und festgelegte Ort ist keine dem Staate zugehörige Bestimmtheit, welche, wenn er sie verlöre, eine Wesensänderung des Staates herbeiführen müßte, sondern das Land gehört bloß mit dem Staate zusammen, ist von seinem Wesen trennbar. Grenzverschiebungen des Gebietes ändern nichts an dem staatlichen Charakter. Die Erdhaftigkeit eines Volksstammes und einer Nation ist von dem Staate, welchen dieses Volk bildet, scharf zu unterscheiden, weil der Staat entgegen der Auffassung von Rudolf Kjellen nicht wie eine Blume aus der Erde organisch herauswächst, sondern ganz andere Grundlagen hat. Wenn nun das Land nicht der Leib des Staates ist, so wird er vielleicht entweder aus dem Staatseigentum, den öffentlichen Gebäuden und Anstalten gebildet, was aber unmöglich ist, weil man sich sehr wohl einen Staat vorstellen kann, der überhaupt keine physischen Dinge als Eigentum, das ohnehin immer nur bloß mit ihm zusammengehörig wäre, besitzt oder aber er wird gar aus den Leibern der einzelnen Menschen gebildet; denn der Leib des Menschen steht dem Staate, wenn er eine Gemeinschaft von Menschen ist, doch offenbar viel näher als das Land, auf dem die Menschen leben oder die Gebäude, in denen der Staat verwaltet wird. Aber auch die Leiber der Menschen sind dem Wesen des Staates nicht zugehörig, weil es nicht einen aus verschiedenen einzelnen Leibern gebildeten Organismus gibt und auch die Wirkenseinheit von solchen Leibern untereinander auf keine Weise als Staat zu verstehen wäre.

Der Staat ist nicht im Raume, er hat weder Ort noch Leib. Und diese Tatsache genügt, um den Vergleich des Staates mit dem Menschen, insofern er einen Leib besitzt, bedenklich erscheinen zu lassen.

Es bleibt uns also nur noch übrig, den Staat mit dem Bewußtsein des Menschen in Beziehung zu bringen und zu fragen, ob er ebenso wie dieses Bewußtsein ein in sich geschlossenes Einzelwesen sei oder aber, ob er vielleicht bloß ein Wirkungszusammenhang der ihm zugehörigen und gegenseitig aufeinander wirkenden Bewußtseinseinzelwesen sei.

Wäre der Staat, wie bei der zweiten Möglichkeit, das Resultat des Aufeinanderwirkens von vielen verschiedenen Bewußtseinswesen, dann könnte er deshalb nicht selbst ein Einzelwesen sein, weil ein Wirkungszusammenhang nur in bezug auf räumlich nebeneinander und aufeinander wirkende Dinge selbst wieder ein Einzelwesen, nämlich ein zusammengesetztes Ding, herzustellen vermag.

Der Staat ist als Wirkungszusammenhang von Bewußtseinswesen jedoch gar nicht zu verstehen. Denn eine solche Wirkenseinheit der Einzelnen untereinander ist unmöglich, da nicht alle an ihr teilnehmen können. Nicht jeder kann auf jeden wirken, sondern jeder vermag nur immer auf einen beschränkten Kreis von Einzelnen zu wirken, und eine Einheit solcher Wirkungskreise begründet nicht den Staat. Zudem ist gar nicht festzustellen, worin denn das Wirken der Einzelnen aufeinander bestehen sollte, damit sich die Einheit des Staates ergibt. Oder sollte gar unter der Einheit des Wirkens der Einzelnen eine Gleichheit ihres Wirkens zu verstehen sein? Das entspricht jedoch nicht der Erfahrung und wäre wohl das Grausamste, was den Menschen zugemutet werden könnte.

Der Staat ist eine Einheit von vielen verschiedenen Bewußtseinseinzelwesen, welche unter Ausschaltung jeder leiblichen Vermittlung und jedes Wirkensverhältnisses überhaupt in ihrer Gesamtheit wieder ein der Wirksamkeit fähiges Einzelwesen ausmachen.

Denn das Wesen des Bewußtseins ist das Wissen. Nur durch das Wissen, nicht aber durch Wirken wird das Beieinander von Bewußtseinseinzelwesen vereinheitlicht in einem Einzelwesen, welches ich die Bewußtseinsgemeinschaft nenne und von jedem Gemeinschaftsbewußtsein des Einzelnen unterscheide. Weil die Bewußtseinsgemeinschaft nicht nebeneinander im Raume zusammengefügt und das Wissen keine Tätigkeit ist, so ist sie auch nicht durch ein wirkendes Tun der einfachen Bewußtseinseinzelwesen gebildet, sondern nur dadurch möglich, daß das einfache Bewußtsein in seiner Gesinnung Gemeinschaftsbewußtsein sein kann, d. h. ein solches Bewußtsein, welches um die Gemeinschaft weiß und sich mit den anderen Bewußtseinseinzelwesen eins weiß. Wenn das Gemeinschaftsbewußtsein des Einzelnen ein Sicheinswissen mit der Gesamtheit der anderen Einzelnen bedeutet, dann ist damit nur das Wesen dieses Bewußtseins in seiner sittlichen Bestimmtheit gekennzeichnet, ohne daß irgendwelche Wirkung von seiten dieses Bewußtseins festgestellt werden könnte. Das Sicheinswissen des einzelnen Gemeinschaftsbewußtseins ist die einzige Bedingung für den Staat. Der Beziehung des Einzelnen zu irgendeinem anderen Einzelnen in seiner Einzelheit steht der Staat, diese Bewußtseinsgemeinschaft vieler sich eins wissender Gemeinschaftsbewußtseinseinzelwesen, in seinem eigentlichen Wesen völlig teilnahmslos gegenüber, womit natürlich nicht abgeleugnet werden soll, daß die vom Staate ausgehende Wirksamkeit in die Beziehungen der Einzelnen zueinander regelnd eingreift. Aber seinem Wesen nach setzt der Staat bloß eine Beziehung des Einzelnen zur Gemeinschaft, nicht jedoch zu anderen Einzelnen, voraus.

Der Staat ist Einzelwesen und Bewußtsein, welches sich von dem Bewußtsein des Einzelnen dadurch unterscheidet, daß es nicht, wie es beim einzelnen Menschen der Fall ist, mit irgendeinem Leibe korrespondiert und daß es auch nicht einfach ist. Es ist nicht richtig, zu meinen, unkörperliches Einzelwesen könne man nur als einfaches Einzelwesen, wie es die Seele des Menschen ist, fassen. In der Staatsbewußtseinsgemeinschaft haben wir ein unräumliches, veränderliches, ja vergängliches Bewußtsein vor uns, welches eine durch das Wissen bestehende Einheit von einfachen Einzelwesen ist, das zerstört wird, sobald die ihm zugehörigen Einzelwesen ihr Gemeinschaftsbewußtsein verlieren, denn der Staat ist kein räumliches Gefüge, welches aufgeteilt werden könnte, auch wenn die es bildenden Teile nichts zur Teilung beitrügen.

Der Einzelne ist ein einfaches Einzelwesen, dessen Wesen das Wissen ist. Er ist Bewußtsein und kann Gemeinschaftsbewußtsein haben. Während das sich eins wissende Bewußtsein ein Einzelwesen und das Wissen sein Wesen ist, ist das Sicheinswissen oder das Sittlichsein eine Eigenschaft oder eine Bestimmtheit seines Wesens, welche sich bei vielen Einzelwesen findet. Des Einzelnen Sicheinswissen mit der Gesamtheit der anderen Einzelnen ist eine Ausprägung seines sittlichen Charakters. Nun könnte man bei der engen Vereinigung des Einzelnen mit dem Staate meinen, jenes Gemeinschaftsbewußtsein selbst sei der Staat, was bedeutet, der Staat sei eine mehrfach sich findende Bestimmtheit des Einzelnen. Das ist aber nicht möglich, weil der Staat bleibt, wenn der Einzelne das Sicheinswissen verliert, solange sich noch andere finden, die es behalten.

Der Staat ist ein Einzelwesen. Er ist, wie jedes Einzelwesen, eine Einheit von Bestimmtheiten. Er ist aber auch im Unterschiede von den Einzelnen, die einfaches Einzelwesen sind, eine Einheit von vielen einfachen Einzelwesen. Der Einzelne ist Gemeinschaftsbewußtsein, welches bedeutet, er ist Bewußtsein mit der ihm zugehörigen Bestimmtheit, Gemeinschaftsbewußtsein zu sein. Der Staat dagegen ist Bewußtseinsgemeinschaft solcher Bewußtseinseinzelwesen, denen die Bestimmtheit, sittlich zu sein, zugehört, aber auch nur diese eine Bestimmtheit des einfachen Bewußtseinseinzelwesens gibt die Möglichkeit, daß es sich mit vielen anderen Einzelnen zu einem einzigen wiederauflösbaren, also nicht einfachen Bewußtseinseinzelwesen, Staat genannt, vereinigt. Hat nun der Einzelne eine solche in Frage kommende Bestimmtheit, dann ist nicht etwa bloß diese Bestimmtheit an dem Zusammen der vielen Einzelnen, die mit derselben Bestimmtheit ausgestattet sind, beteiligt, sondern der Einzelne selbst in seiner Ganzheit und Gesamtheit seiner Bestimmtheiten. Er ist mit ganzer Seele ein Stück der Bewußtseinsgemeinschaft, welcher die Ganzheit und Unteilbarkeit seiner Seele Vorbild bleibt. Indem die in ihrer Ganzheit vollkommene Seele sich als Teil einer weit unvollkommeneren Ganzheit weiß, offenbart sie ihre höchste sittliche Leistung und Berufung überhaupt.

Wie nun der Staat als Einzelwesen möglich sei, sagten wir schon, indem wir auf die Macht des Wissens hinwiesen. Der Staat ist nicht ein einfaches, sondern ein zusammengesetztes Einzelwesen. Daß eine solche Zusammengesetztheit auf völlig anderer Grundlage ruht als die Zusammensetzung von räumlichen Dingeinzelwesen, liegt bei der Verschiedenartigkeit von Ding und Bewußtsein auf der Hand. Zusammengesetztes Dingeinzelwesen muß durch Wirkenseinheit zusammengesetzt sein. Zusammengesetztes Bewußtsein dagegen oder Bewußtseinsgemeinschaft ist nichts anderes als verschiedene Bewußtseinseinzelwesen mit mehrfach gleich sich findender Bestimmtheit des Sicheinswissens. Der Staat ist nicht eine Wirkenseinheit, sondern eine Wissenseinheit, welche für die Dingwelt überhaupt nicht in Frage kommt, weil es keine an verschiedenen Dingen sich mehrfach findende gleiche Eigenschaft gibt, welche sie zusammenzusetzen vermöchte. Trotz der Verschiedenartigkeit der Einzelseelen gibt es mehrfach gleiches Wissen, aber es gibt niemals mehrfach gleiche Körper. Es gibt nicht zwei völlig gleiche Dinge, weil schon allein ihre Unterscheidung durch den verschiedenen Ort, der das letzte, aber ausschlaggebende Hindernis für die Gleichheit zweier Dingeinzelwesen bildet, bestehen bleibt. Da nun der Ort für Bewußtsein nicht in Frage kommt, so ist es verführerisch, zu meinen, daß im Unterschiede von den Dingen sehr wohl zwei völlig gleiche Bewußtseinseinzelwesen möglich seien. Das ist aber nicht der Fall. Das Bewußtsein bleibt ein nur einmal gegebenes Einzelwesen, weil es keine zwei Bewußtseinseinzelwesen mit völlig gleichen Bestimmtheiten gibt. In irgendeiner Bestimmtheit unterscheiden sie sich doch. Aber da das Wissen das Wesen des Bewußtseins ist und das Sicheinswissen eine mehrfach an Bewußtsein sich findende Bestimmtheit, so sind solche Bewußtseinseinzelwesen in dieser Bestimmtheit gleich. Und das genügt für ihr unräumliches Zusammen. Bewußtseinseinzelwesen können immer nur in ihrem Wissen gleich sein. Indem zwei Seelen ein und dasselbe wissen, bilden sie eine Einheit zweier Bewußtseinseinzelwesen. Schon der Volksmund sagt: Zwei Seelen und ein Gedanke! Das Wissen bindet die Seelen und begründet die Bewußtseinsgemeinschaft als überpersönliches Einzelwesen. Hiermit ist der Nachweis, der Staat sei ein Einzelwesen, abgeschlossen.

IV. Ich war von der scharfen Spannung ausgegangen, die zwischen dem Einzelnen und der Gemeinschaft, in welcher er lebt, besteht, und hatte darauf hingewiesen, daß diese Spannung nur dann in endgültig befriedigender Weise aufzulösen sei, wenn die Möglichkeit bestünde, den Einzelnen und die Gemeinschaft insofern auf einen Nenner zu bringen, als die den Einzelnen auszeichnende Ganzheit sich in der Gemeinschaft wiederfinden könnte. Sobald die Gemeinschaft den Charakter „überpersönlicher Ganzheit" (H. Driesch) annimmt, ist eine solche Gemeinschaft das Einzelwesen Staat, so daß sich nun Einzelner und Staat als zwei unterschiedene Bewußtseinseinzelwesen gegenüberstehen, die in eine gegensätzliche Spannung überhaupt nicht mehr treten können, wenn nur das die Harmonie erzeugende sittliche Bewußtsein für sie maßgebend bleibt; denn wo auch immer unter sittlichen Prinzipien stehende Bewußtseinseinzelwesen sind, da ist jeder Gegensatz — nicht natürlich die Unterschiedlichkeit — zwischen ihnen ausgelöscht, wenn sie untereinander in Beziehung treten, da haben der Zwang des Staates und der freie Entschluß des Einzelnen denselben Inhalt.

Nur aus der Beziehung des Einzelnen zum Staate ist das Wesen des Staates zu verstehen, nur aus ihr heraus kann die endgültige Definition des Staates gefunden werden, da der Staat in seiner

Abhängigkeit vom Einzelnen überhaupt nur deshalb besteht, weil der Einzelne zur Gemeinschaft aus sittlichen Erwägungen Stellung nimmt und seine gemeinschaftzersetzende Macht nicht mißbraucht. Wenn jeder Einzelne sich in seiner Isoliertheit der Gemeinschaft gegenüberstellt, dann scheint es nur noch Einzelne zu geben. Die Gemeinschaft scheint eine Illusion zu sein, und doch lebt sie in vollkommener Lebendigkeit, weil sie nun der Ganzheit des Einzelnen ganz nahe ist. Man würde sich hüten, von einer sittlichen Gemeinschaft so leicht und unbedenklich zu sprechen, wenn man die Voraussetzungen kennen würde, unter denen sie allein möglich ist. Nicht möglich ist sie, solange die Menschen verstaatlicht werden. Erst wenn der Staat vermenschlicht ist, bricht die Dämmerung für die Gemeinschaft der Menschen und der Staaten herein. Der Staat ist nicht der Grund, sondern die Erfüllung sittlichen Lebens. Der wahre Staat ist nicht das sittlich hilflose grobschlachtige Ungetüm, das nur die gröbsten sittlichen Umrisse, die Gesetze zu schaffen vermag, dagegen in den Fragen sittlichen Taktes vollkommen versagt und sich, wenn er dem Gesetze einen feineren Gehalt geben will, den guten Sitten anvertraut, über die er selbst nichts zu sagen weiß, geschweige, daß sein Gesetz für die Sitten maßgebend werden könnte (vgl. etwa Bürgerliches Gesetzbuch, § 157 und § 242). Sondern der wahre Staat ist das Mittel zur Persönlichkeitsausprägung eines gesamten Volkes, das Mittel, einer Volksgemeinschaft eine solche Freiheit zu geben, daß über diese immer nur der eigene Staat, nicht aber fremde Staaten, zu entscheiden vermögen. Der Staat ist eine Vereinigung verschiedener, beieinander lebender und zueinander gehöriger Menschen, deren Gemeinschaftseinheit, die Mannigfaltigkeit der ihr angehörigen eigengeprägten Einzelnen zum Vorbild habend, selbst eine von anderen Gemeinschaften unterschiedene eigene Prägung anzunehmen vermag. Der Staat ist das einer sittlichen Regung fähige Bewußtsein, ja Selbstbewußtsein einer Menschengemeinschaft. Der Staat ist das Gewissen der Gemeinschaftspersönlichkeit, ist nach seiner Gestaltung und Aufrichtung nicht Gegenstand des Einzelnen, sondern die Gemeinschaft als Subjekt.

Der Einzelne ist Selbstbewußtsein, dieses ist der Grund seines Eigengewissens, dieses der Grund seines Staatsgewissens und dieses der Grund des Eigengewissens des Staates. Im Bewußtsein des Staates (gen. subj.) schlägt dem Volke das Gewissen, indem der Volkstypus zum Charakter wird. Der Zweck des Einzelnen ist die Sittlichkeit seines Staates, nicht aber ist der Zweck des Staates die Sittlichkeit des Einzelnen. Der Zweck des Staates ist auch nicht die Einheit der Gemeinschaft, weil diese überhaupt schon der Grund des Staates ist, indem die Bewußtseinsgemeinschaft oder der Staat die erfüllte Gemeinschaftseinheit ist.

Der Staat ist im letzten Grunde auf das sittliche Selbstbewußtsein des Einzelnen aufgebaut, und der Einzelne hat eine schwere Last zu tragen, indem er verantwortlich ist für den Zweck des Staates, der über die Grenzen des Staates hinausweist, nicht aber innerhalb ihrer seine Erfüllung findet, wie auch der Zweck des Einzelnen über diesen hinausstrebt. Der Einzelne wiegt vor dem Forum der Sittlichkeit schwerer als der Staat. Seine sittliche Gewissensregung ist eindringlicher, indem das sittliche Gesetz unmittelbar auf ihn eindringt, welches Gesetz wir bisher nur in seiner formalen Regelung der Beziehungen der Einzelnen untereinander kennen gelernt haben. Der Inhalt dieses Gesetzes dagegen mußte uns solange verschlossen bleiben, wie uns das Wesen des Staates unbekannt war, und wie wir noch nicht wußten, daß eine gegensätzliche Spannung zwischen dem Einzelnen und dem Staate in Fragen der Sittlichkeit unmöglich sein müsse, weil der Staat nicht minder ein Bewußtseinseinzelwesen ist als der Einzelne. Weil der Einzelne der Grund des Staates ist, kann das Gebot des Sittengesetzes auch nur an ihn gerichtet sein. Es lautet aber: „Handle aus einer solchen Gesinnung heraus, daß die Gemeinschaft, in der du lebst, im Staate ihr Selbstbewußtsein zu finden vermag, damit dein Staat so handeln könne wie du selbst.“ Wer so handelt, ist einerseits sittlich und anderseits macht er die Gemeinschaft sittlich, er stellt eine vollendete Harmonie zwischen sich und der Gemeinschaft her, indem er den höchsten und letzten Anspruch, den die Gemeinschaft an ihn stellen kann, erfüllt und sie für eine sittliche Aufgabe reif macht. Wer dagegen vom Einzelnen fordern würde, so zu handeln, wie sein Staat handele, der würde in Sachen der Sittlichkeit des Staates und des Einzelnen auf Irrwegen gehen und die völlige Umkehrung des Standpunktes, welche unsere Zeit von der Staatsauffassung fordert, gründlich verkennen. Nicht einmal das Glück und Wohlergehen der Gemeinschaft kann oberstes Richtungsprinzip für das Handeln des Einzelnen sein; denn da sein eigenes Glück oder Unglück nicht irgendeine Beziehung zu seiner Sittlichkeit haben kann und auf einem ganz anderen Felde liegt, so hat auch die Sittlichkeit der Gemeinschaft nichts mit ihrem Glück und Wohlergehen oder ihrem Unglück und ihrer Not zu schaffen.

V. Die Möglichkeit des Staates.

I. Den Inhalt des Sittengesetzes rechtfertigen heißt zugleich den Nachweis der Möglichkeit des Staates führen. Trotzdem die verschiedensten Zeiten und Völker eine bunte Fülle von Auffassungen über Sittlichkeit hervorgebracht haben und ich die Geschichte der Ethik als das unruhige rastlos tätige Gewissen der Menschengeschichte bezeichnen möchte, ist der starre und feststehende Grundsatz dauernd maßgebend geblieben, daß die sittliche Forderung eine Bejahung der Staatsgemeinschaft von Menschen mit sich führte. Es kann nur die eine mit der auf den Staat hinweisenden Zielrichtung ausgestattete Ethik geben. Alle Ethik ist letzten Endes Staatsethik. Aber diese Staatsethik spaltet sich in zwei nicht miteinander zu vereinbarende Grundvoraussetzungen. Die eine gründet den Staat auf der Selbsterhaltung und Selbstliebe des Menschen zu sich und seiner Menschenart, die andere aber auf der selbstlosen Liebe, deren nur ein Mensch fähig, sein kann. Die eine läßt die Sittlichkeit aus der Natur und ihrem in der Selbsterhaltung zum Ausdruck kommenden Grundwesenstrieb erwachsen, die andere stellt die Sittlichkeit der Natur als eine gegen die Natur gerichtete selbstlose und zugleich selbständige Macht gegenüber.

Daß der Staat es irgendwie mit Sittlichkeit zu tun habe, ist also selbst von denen nie bestritten worden, die ihn aus der Natur erwachsen ließen. Der Streit, ob der Staat naturgeworden sei oder nicht, entspricht dem Zweifel, ob sich Sittlichkeit mit der Natur verträgt oder nicht. Gibt es Sittlichkeit in der Natur oder, was dasselbe sagt, hat die Natur überhaupt staatsbildende Kraft? Wer diese Frage bejaht, darf den Menschen nicht mit der Natur brechen lassen. Die nur bei Menschen sich findende etwas anrüchige Selbstliebe, die offenbar mit dem natürlichen Selbsterhaltungstriebe zusammenhängt, müßte vorsichtig von der Liebe des Einzelnen zu sich selbst in die Liebe zu seiner Art und Gattung hinübergeleitet werden, damit die im Egoismus zum Ausdruck kommende Entartung wieder zu ihrer natürlichen Wurzelhaftigkeit zurückgebildet werde. Die Selbstliebe des Einzelnen zu sich wäre dann nur soweit mit der naturhaften Sittlichkeit zu vereinigen, als sie mit seiner Hingabe an seine Art sich vertragen könnte und soweit das nicht der Fall wäre, sei eine solche Selbstliebe eben die Selbstsucht. Unter diesem Gesichtspunkte ist leicht einzusehen, warum es unter den Tieren keine Selbstsucht gibt. Es gibt nämlich kein Tier, das in Gefahr geriete, seinen eigenen Vorteil gegen das Leben seiner Art zu mißbrauchen. Diese Möglichkeit soll nur dem Menschen vorbehalten sein. Es ist nun auffallend, daß gerade die, welche den Staat zur Rettung der Menschengattung mitten in die Natur hineinstellen, strenge an dem Dogma festhalten, die menschliche Gattung gehe bei Selbstsucht des Einzelnen zugrunde. Wenn ich nun eine solche Annahme bestreite, dann muß ein ganz anderer Grund dafür gesucht werden, daß sich der Mensch von den Tieren durch seine Selbstsucht unterscheiden kann.

Alle Tiere verhalten sich so, daß man von ihnen, wenn sie vernunftbegabte Menschen wären, sagen könnte, sie seien selbstsüchtig. Aber trotz der gewaltigen Kämpfe im Tierreich rotten sich die Tiere einer Art niemals gegenseitig aus. Zwei Hirsche kämpfen miteinander nur aus Liebe oder Hunger, also letzten Endes nur zugunsten ihrer Art. Ob ich nun aus Anlaß eines ähnlichen Kampfes unter Menschen den Einzelnen selbstsüchtig nenne oder nicht, ist für die Tatsache völlig belanglos, daß Selbstsucht des Menschen der Menschengattung nicht das geringste schadet, ja Tierart und Menschenart werden gemeinsam haben, daß eine rücksichtslose Selbsterhaltungssucht des Einzelwesens der Gattung zugute kommt. Warum dieses bei den Menschen anders sein soll wie bei den Tieren, ist auf keine Weise einzusehen.

Ohne Zweifel hat Hobbes den von ihm behaupteten Kampf aller gegen alle, der weder eine historische Tatsache, noch überhaupt logisch möglich sein kann, an den im Naturleben sich abspielenden Daseinskämpfen abgelesen. Aber diese Kämpfe wirken auf uns Menschen doch besonders deshalb so eindringlich, weil Vögel Würmer oder Löwen Lämmer fressen, nicht aber deshalb, weil eine Art der Tiere sich selbst zerfleischt. Solange sich also Löwen noch nicht untereinander auffressen, ist zu hoffen, daß auch Menschen, die zu einer Vereinigung in einem Staate bestimmt sind, sich nicht gegenseitig aufreiben. Unter diesem Eindruck kann man es verstehen, daß sich aus Anlaß der Kriege der Völker und Staaten der Wunsch regt, es möge keine verschiedenen Menschenarten mehr geben, es möge vielmehr nur noch die eine Art Mensch geben, welche dann die Gleichheit aller Menschen mit sich brächte. Daß eine solche Begründung der Friedenssehnsucht — zwar der Löwen, aber nicht der Menschen würdig ist, wird sich später herausstellen. Die Summe aller Tierarten, die sich untereinander auszurotten suchen — immer zum Besten der eigenen Art — entspricht nicht der Summe aller nur einer Rasse und Art angehörigen und in einem Staate zu vereinigenden Menschen, welche, wenn sie nicht aus Selbstsucht, sondern um des Staates willen miteinander hadern, aus ganz anderen Gründen kämpfen wie die Tiere. Solche politischen Kämpfe sind in der Tat der Menschengattung höchst gefährlich und liefern sie leicht der Beute der äußeren Feinde aus; sie sind unnatürlich, weil sie gegen den für die Natur geltenden Satz von der Arterhaltung verstoßen. Und doch sind sie Zeugnis für die Lebendigkeit des sich entwickelnden Staates, dem die Arterhaltung kein Gesetz ist, ja unter dessen Zeichen eine die Arterhaltung fördernde Selbstsucht Sünde wird.

Auf Grund des in der Natur waltenden Selbsterhaltungstriebes liegt der rücksichtslos selbst unter Schädigung der Mitmenschen sich betätigende Eigennutz, soweit er nicht über das Maß des vermeintlichen Nutzens hinausliegt, auch in der Natur des Menschen. Wenngleich es Unsinn wäre, wollte man eine solche Selbstsucht tadeln, falls der Staat Naturordnung wäre, so könnte man immerhin meinen, auch für die Menschen sei nichts als persönlicher Vorteil für ihr anderes, von den Tieren ohne Zweifel abweichendes Verhalten der Staatsbildung maßgebend. Der Mensch sei einer vernünftigen Überlegung fähig, er wüßte, daß der Selbsterhaltungstrieb durch staatsbejahenden Verzicht auf die so viel Schaden bringende Selbstsucht weit sichereren Gewinn für die Erhaltung der gemeinschaftlichen Art verspräche. Der gewalttätige Machtkampf der Einzelnen untereinander ließe die Gefahren für den Einzelnen zu sehr anschwellen, und das ständige Auf-der-Hut-sein ließe die Kräfte mit der Zeit erlahmen. Um dies einzusehen, bedürfe man gar nicht erst der naturfremden Sittlichkeit, sondern es genüge eine natürliche Sittlichkeit, die sich ergäbe, wenn sich die Vernunft der Naturordnung bediene. Eine solche Erwägung jedoch ist nicht frei von Widersprüchen. Denn einmal ist in der Natur zu beobachten, daß gerade der Kampf ums Dasein die Waffen der Tiere zur Abwehr und zum Angriff durch ihre häufige Benutzung ständig verbessert, andrerseits würde damit höchstens erklärt werden können, daß dem Schwächeren eine solche vernünftige, die Machtaufgabe zur Folge habende Überlegung sehr einleuchtend wäre, nicht aber den Starken, die doch auf ihre größeren Vorteile zugunsten anderer verzichten müssen und niemals einzusehen vermöchten, daß ihr Verzicht vorteilhaft wäre, zumal auch der Gedanke, nun nicht mehr ständig in Furcht vor Schaden oder gar Tod leben zu brauchen, kein durchschlagender Beweggrund ist, solange sich Furcht und Stärke nur schwer zusammenreimen lassen. Warum verzichtet denn nun eigentlich der Stärkere auf den Überschuß seiner Kraft, welche besonders von den Geschädigten Selbstsucht genannt wird? Seine oder seiner Art Selbsterhaltung, diese natürliche Triebkraft, kann nicht der Grund sein, solange in der Natur von einem Verzicht auf das Recht des Stärkeren, welches unbedingt eine für die gesamte Natur maßgebende und jedem Rechtsurteil entzogene sowie die eigene Art niemals gefährdende Tatsache ist, nicht die Rede sein kann und solange die Menschen nach solchen Regeln der Natur ihre Gemeinschaft ordnen würden. Aber der Starke verzichtet trotz allem, ohne daß er an der Natur irgendein Vorbild für sein Verhalten hätte. Und wenn er nicht verzichtete, würde er selbstsüchtig genannt werden, was man einem Tiere niemals zumuten könnte, weil es töricht wäre, an die Natur einen sittlichen Maßstab über gut und böse anzulegen.

Der Staat kann nicht aus der Natur erwachsen, weil die zum Staate drängende Sittlichkeit zum mindesten naturfremd ist. Wollten die einzelnen Menschen ihre Lebensführung den Naturwesen nachmachen, so würde nur allzuoft sittliche Entrüstung die Folge sein. Man könnte nun einwenden, gerade weil sich die Menschen allzusehr von den natürlichen Grundlagen entfernt hätten, seien sie in Unsittlichkeit verfallen, die Verfeinerung der Sitten treibe sie dem Abgrunde zu, und es bedarf nicht einer weiteren Ausführung dessen, was Rousseau unübertrefflich schilderte. Und doch widerlegt dieser Einwand nicht die Behauptung, daß die Quelle der Sittlichkeit und des Staates auf keine Weise der Natur entspringe, weil der Einwand nur insofern zu Recht besteht, als man der Natur nicht ließ, was ihr gebührte, als man es unternahm, den durchaus der Natur angehörigen Leib des Menschen künstlich zu versittlichen oder natürliche Triebe mit dem Prädikate der Sündhaftigkeit ausstattete. Darin allein kann der Grund liegen, weswegen die Forderung nach Rückkehr zur Natur stets ihre Anhänger finden wird.

Machen wir doch einmal Ernst mit der Rückkehr zur Natur. Unser Vernunftleben müßte dann, soweit es nur ginge, bis zum Instinkt abgedämpft werden. Unsere Selbstsucht verblaßte, trotzdem wir unsere Stärke schrankenlos gebrauchen würden. Unsere Unvernunft wäre aus der Welt geschafft. Der Selbsterhaltungstrieb allein bestimme unser Handeln, die Menschengattung würde köstlich gedeihen in der Vollkraft einer natürlichen Gesundheit. Kranke wären nicht vorhanden, da ihre Beseitigung gerade zum Segen der Art eine Selbstverständlichkeit wäre. Ein solches von jeder Sittlichkeit freies Menschenbeieinander wäre durchaus kein Chaos. Das Zusammenleben der Menschen würde sich zum mindesten in derselben geordneten Weise vollziehen wie sie auch in der übrigen Natur vor sich geht.

Einen solchen Menschenzustand gibt es nicht. Deshalb kann aber auch nicht aus dem Leben der Natur irgendein Grundsatz für eine Regelung des Beieinander der Menschen, welches man Gemeinschaft nennt, hergeleitet werden. Es ist eine Erfahrungstatsache, daß in einer solchen Gemeinschaft, welche mit arterhaltendem Gattungsbeieinander nichts zu tun hat, die Stärke und Schlauheit des Einzelnen nicht unbeschränkt zum persönlichen Vorteil — also auch zum Vorteil der Art — ausgenutzt werden kann, daß dagegen bei vielen Menschen sich der verhaltene, aber nicht ganz zu unterdrückende Wunsch regt, es möchte ein solcher Zustand herrschen, der ihnen allein auf Grund ihrer Überlegenheit dieser angemessene Vorteile brächte. Und dieser Wunsch ist entscheidend für die mögliche Denkbarkeit eines solchen Naturzustandes unter Menschen, indem sich ein Widerspruch nicht finden läßt. Daß sich aber ein solcher sittlichkeitsfreier Zustand in der Erfahrung nicht findet, darf wohl mit Recht einem naturfremden

Prinzip zugeschrieben werden, welches man als die Sittlichkeit zu bezeichnen pflegt, und welches das Prinzip eines rücksichtslosen Stärkegebrauches durch eine gewisse gegenseitige Achtung und Schonung ablöst.

Es ist wesentlich, zu betonen, daß Selbstliebe der Gattung nichts schadet, sondern ihr nur nützen kann. Also braucht nicht um der Gattung willen eine andere, sich von der Natur scharf abhebende Ordnung einzusetzen, welche die Selbstliebe zur Selbstsucht färbt. Die Ordnung zur Gemeinschaft läßt alle leibliche Vegetation hinter sich. Da es gar kein leibliches Wohlergehen der Gemeinschaft geben kann, so kann die Sorge um sie auch nicht mit der Selbstliebe des Einzelnen in Einklang gebracht werden. Selbstliebe nützt nur der Gattung, nicht aber der Gemeinschaft, Selbstlosigkeit dagegen nützt nur der Gemeinschaft, nicht aber der Gattung Mensch. Bei den Tieren ist Selbstliebe zu sich und zu der Art eins. Wäre der Mensch bloß Natur, dann wüßte auch er nichts von einem Konflikt zwischen sich und dem geselligen Beieinander, in dem er lebt. Seine Selbstsucht aber verhindert die Gemeinschaft dieses Beieinander, die es bei den Tieren nicht gibt, indem bei ihnen sich dieses Beieinander nicht über das Gattungsleben zu erheben vermag. Bei den Tieren ist der Schaden, den ein Tier aus Selbstliebe dem anderen zufügt, nicht ein Schaden der Gattung. Bei den Menschen soll aber ein solcher Schaden des anderen, selbst auf Kosten der Gattung, um der Gemeinschaft willen vermieden werden. Es ist nicht richtig, zu meinen, wenn die Menschen unter Zurückhaltung ihrer Selbstliebe im Staate die Gemeinschaft fänden, so geschehe dies notwendig zum Wohle ihrer Gattung. Gemeinschaft und Gattung sind nicht dasselbe.

Es wird nun einleuchten, daß der Mensch, der sich selbst bezwingt und deshalb gut ist, nicht von Natur gut sein kann. Ebensowenig ist ein Mensch von Natur selbstsüchtig oder böse. Weil das Gute und das Böse nur an dem sittlichen Maßstabe abzulesen ist, und dieser Maßstab unmöglich an die Natur angelegt werden kann, ist in der Natur weder Gutes noch Böses zu finden. Der

Mensch ist, insoweit er nicht Natur ist, selbstsüchtig, weil er im Hinblick auf seine Gemeinschaft selbstlos sein kann. Würde man den Menschen aber von Natur gut sein lassen, dann müßte alles Böse Unnatur sein, ja eine der Natur gegenüberstehende selbständige Macht, deren Zweck völlig unerkennbar bleiben müßte, während der Zweck des unnatürlich Sittlichen in der Staatsbildung zu erkennen ist, also auch die Tatsache, daß es besteht. Wenn man also an die Natur überhaupt nicht einen *sittlichen* Maßstab legen kann, dann sollte man auch die Natur des Menschen nicht damit belasten.

Man könnte nun einwenden, von der Natur des Menschen sprechen heiße nicht, ihn dem Tiere gleichzusetzen. Die Natur des Löwen sei eine andere als die des Vogels und die Natur des Menschen eine andere als die der sämtlichen Tiere überhaupt. In diesem Sinne bedeutet das Wort Natur allerdings nicht dasselbe, was vorher gemeint war. Wenn ich von der Natur des Menschen spreche, so kann ich einmal darunter verstehen, er sei zur Natur gehörig, und er habe mit allen Lebewesen gemein, von der Natur umfangen zu sein, sodann aber auch, die Natur des Menschen sei das ihn von allen anderen Lebewesen Auszeichnende, sei seine Charakterisierung, sein Wesen und seine Bestimmung. Diese Auszeichnung stellt ihn beiseite, neben die Natur, ja seine Natur ist nun die Naturfremdheit, ja schließlich Unnatur, was nicht anders zu deuten ist als sein vernünftiges Bewußtsein. Seine ihn vor allen anderen Lebewesen kennzeichnende Wesensart besteht nun in der Sittlichkeit. Da aber ein sittlicher Maßstab nicht an die Natur angelegt werden kann, weil sich Sittlichkeit nicht in ihr findet, nur der Mensch dagegen gut und böse sein kann, so ist es folgerichtig, von der Natur des Menschen nur soweit zu sprechen, wie er selbst tatsächlich noch mitten in der Natur steckt, ohne auf die ihn auszeichnende Naturfremdheit zu verzichten.

Weil die Gattung des Menschen in die Natur gehört, kann die Liebe des Einzelnen zu seiner Gattung zwar nicht selbstsüchtig, aber auch nicht selbstlos sein, weil in der Natur die Liebe zur Gattung durchaus mit der Selbstliebe in Einstimmigkeit steht. Wer dies beherzigt und Staat und Gattung aufs schärfste trennt, wird einsehen, daß ein Mensch, selbst wenn er durch Selbstliebe das Leben seiner Gattung fördert, unter dem Zeichen einer Staatsgemeinschaft als selbstsüchtig angesehen werden muß. Von Natur, d. h. aus Selbsterhaltungstrieb, kann der Mensch nicht staatsbejahend sein. Wenn Selbstliebe der Grund des Staates sein soll, kann er nur als das Mittel zur Sicherung des Wohlergehens und der Glückseligkeit des Einzelnen auf dem Umwege über die Gesamtheit verstanden werden. Das Wohl der Allgemeinheit soll dann der Maßstab sein für die sittlichen Handlungen des Einzelnen, während doch jenes allgemeine Wohl selbst wieder in bezug auf seinen Gehalt, worin es denn eigentlich besteht, eines Maßstabes bedarf. Ein Maßstab sollte aber nicht des Krückstockes bedürfen, zumal in unserem Falle der Einzelne das Wohl der Gesamtheit nur an seinem eigenen Wohl ablesen könnte, da ja das eigene Wohl und das Wohl der Gemeinschaft sich nicht gegenseitig auszuschließen brauchen. Ein solcher gesellschaftlich verfeinerter Egoismus, der solange unter der Fahne der Sittlichkeit segelte, muß vom Staate ferngehalten bleiben. Es ist des Einzelnen unwürdig, sich seiner natürlichen, sittlich ganz belanglosen, wohlwollenden Neigungen gegen seine Mitmenschen zu bedienen, um mit ihrer willkommenen Hilfe eine möglichst große Zahl glücklicher Mitmenschen herbeizuführen und so auf diese Weise dauernd die Wahrscheinlichkeit zu vergrößern, daß auch er selbst sich unter dieser Zahl befinde. Zudem wird ihm noch gutgeschrieben, daß er für anderer Wohlergehen gesorgt habe, während es stillschweigend übergangen wird, daß Selbstliebe die Triebfeder war.

So ausgerüstet erreicht man nicht den Staat, indem sich die Selbstliebe als ein zu unzuverlässiger Führer herausstellt. Sie muß aufgegeben werden, selbst auf die Gefahr hin, daß die Gattung darunter leidet. Selbstliebe ist die in der Natur waltende

Liebe, selbstlose Liebe aber gebührt der Vernunft des Menschen, und da fragt es sich, was unter Vaterlandsliebe zu verstehen sei. Wenn wir uns darüber klar sind, daß Liebe zu einem anderen sich nicht mit Selbstliebe verträgt, wird es nicht schwer fallen, zu sagen, was Liebe sei. Die Liebe setzt stets eine Beziehung zwischen dem Liebenden und dem Geliebten voraus und erfordert, daß in dieser Beziehung auch der Rest von Selbstliebe beseitigt sei und zwar die Selbstliebe des Geliebten nicht minder wie die des Liebenden. Dem Geliebten genau dasselbe wünschen, was jenes sich wünscht, wenn es Selbstliebe hat, kann niemals Inhalt einer wahrhaftigen Liebe sein. Des Geliebten selbstsüchtige Regungen nicht erfüllen, gehört zur Liebe. Aber auch nicht minder, des Liebenden sich regende Selbstliebe überwinden, was die Arbeit am eigenen Selbst des Liebenden erfordert, welche überhaupt erst die Selbstsucht von der Selbstlosigkeit aus der Liebesbeziehung verbannen läßt. Ich darf und kann mich nicht vergessen, wenn ich liebe, weil ich sonst nicht würdig liebe. Die Beziehung auf den Liebenden ist für den Begriff der Liebe ebenso wichtig wie die Beziehung auf den Geliebten. Und jetzt ergibt sich die Bestimmung der Liebe mit Leichtigkeit. Lieben heißt, das Geliebte mit einschließen in die Sorge um die eigene wahrhaftige und schöne Vollkommenheit. Dies ist die einzige Erklärung einer von jeder möglichen Selbstsucht völlig freien Liebe.

Die lebendige Liebe muß ihrem Wesen nach dieselbe sein, ob ich einen anderen Menschen oder mein Vaterland liebe. Nur in bezug auf die Sittlichkeit unterscheidet sich die Liebe zu einem Menschen von der Liebe zu Staat und Vaterland. Alles, was ich einem einzelnen Menschen zuliebe tue, hat mit Sittlichkeit nichts zu tun, weil ich ihn durch eine noch so große Liebe nicht sittlicher machen kann, als er ist, indem ich nicht in seine Selbsttätigkeit einzugreifen vermag und nicht meine Beziehung zu meinem Staat auf ihn übertragen kann. Aber was ich dem Staat zuliebe tue, ist der Inhalt meines auf die Versittlichung der Gemeinschaft gerichteten sittlichen Handelns. Mein Staat soll so vollkommen werden, wie ich mir meine Vollkommenheit wünsche. Seine machtvolle Stärke soll mir nicht Selbstzweck sein, vor allem aber nicht ein auf mein Wohl gerichteter Zweck, sondern nicht mehr bedeuten wie mein Leib, ein notwendiges Mittel zum Leben und zur Existenz. Ich darf mir nicht verhehlen, daß die Liebe zum Vaterlande im Sinne des blühenden Wohlergehens des Staates niemals ganz rein von Selbstliebe sein kann. Worin besteht aber die selbstlos-sittliche Liebesarbeit an der Gemeinschaft? Indem man von ihr denselben Zustand verlangt wie von sich selbst, wenn man sittlich ist: Lebensfähigkeit, um überhaupt sittlich sein zu können, dann aber auch das Schwerste, das in der Geschichte der Staaten und Völker noch nie ein Staat erreicht hat, die Selbstlosigkeit selbst. Selbstlosigkeit — selbstverständlich nicht Selbstaufgabe — gegenüber anderen Gemeinschaften von seinem eigenen Staate zu verlangen, erfordert eine ungewöhnlich starke Überwindung des Einzelnen, erfordert die Auslöschung auch der letzten Spur von Selbstliebe in ihm. Und hier offenbart das sittliche Bewußtsein eine Tragik, die an Größe von keiner anderen der Geschichte übertroffen werden kann. Denn nun droht auf den selbstlosen Staat die ganze Macht der Staaten hereinzubrechen, denen die Selbstlosigkeit ihres eigenen Staates als ein Verbrechen erscheint. Aber wie ich selbst mich behaupte und jeden fremden Eingriff gegen mein Leben abwehre, so darf sich auch mein Staat behaupten, und ganz besonders stark solange die sittliche Morgendämmerung noch nicht über die Staaten hereingebrochen ist. Ich kann zu keines Menschen Sittlichkeit beitragen, wohl aber ist meines Staates Sittlichkeit meine einzige nur auf eine Menge und Anzahl von Menschen gerichtet sein könnende sittliche Leistung, die mit meiner Vaterlandsliebe in Einklang steht, weil diese um den Nutzen der Gemeinschaft sich nur insoweit kümmert, als er eine mögliche und notwendige Grundlage für ein sittliches Handeln des Staates darbietet.

II. Der vollkommene Staat ist der einer selbstlosen Handlung fähige Staat, und diese seine Vollkommenheit muß maßgebend bleiben für die Beantwortung der Frage nach seiner Möglichkeit.

Kann ein solcher Staat aus der Natur erwachsen? Man könnte es meinen, wenn man bedenkt, daß er ohne eine vollkommene Einheit und umgrenzte Ganzheit nicht bestehen kann und sich gerade in der Natur solche Wunder der Geschlossenheit in verschwenderischer Fülle finden. Aber der Staat ist kein organisches naturentwachsenes Einzelwesen, trotzdem ihm dieses als musterhaftes Vorbild für seine eigene Einheit, aber auch nicht weiter, jederzeit dienen kann, da zweifellos das sich in der Erfahrung findende Staatsganze an Geschlossenheit hinter jedem organischen Lebewesen zurücksteht. Die Natur schafft solche Lebewesen. Aber es geht über Menschenkraft hinaus, daß er es vermöchte, durch die Leistung seines Bewußtseins ein organisches Einzelwesen, Staat genannt, zu schaffen, ebenso wie er nicht imstande ist, einen einzelnen Menschen, Homunkulus genannt, durch Scharfsinn hervorzubringen. Was der Mensch nicht leisten kann, hat die Natur — aus welchen Gründen, ist nicht einzusehen — nicht geleistet. Daß sie es nicht geleistet hat, erkennt man vielleicht am besten, wenn man den Menschenstaat mit dem Bienenstaat vergleicht. Dieser ist naturgeworden und jenem in der Technik der einheitlichen Geschlossenheit weit überlegen. Da nun das bestmögliche Erzeugnis der Natur nicht die Biene, sondern der Mensch ist, so wäre auf keine Weise einzusehen, warum der Menschenstaat ein geringeres Kunstwerk der Natur sein sollte als der Bienenstaat, woraus zu schließen ist, daß bei der Errichtung des Menschenstaates der Mensch sich selbst überlassen ist und auf eine gütige Mitwirkung der Natur nicht zu rechnen hat. Und deshalb bedarf er naturfremder Mittel, welche sich ihm in der Sittlichkeit anbieten.

Die Natur hat die einzelnen Bienen nicht sich selbst überlassen, sondern sie sorgt auch für den Bienenstaat, welcher uns Menschen wohl Vorbild in der Einheitlichkeit, nicht aber in dem Verfahren, diese zu erreichen, sein kann. Die einzelne Biene ist von Natur gezwungen, zum Ganzen beizutragen, sie nimmt gar nicht von sich aus Stellung zu der Einheit. Aber sie spürt gar nicht den Zwang der Natur, weil sie in ihr lebt und mit ihr sich ganz eins fühlt. Der Bienenstaat ist ein Organismus, welcher sich von dem Organismus der einzelnen Biene dadurch unterscheidet, daß seine Teile jeweilig mit Ganzheit ausgestattete organische Einzelwesen sind. Trotzdem ist die einzelne Biene im Staat nur Teil, indem ihre Ganzheit vollkommen bedeutungslos ist, vielmehr die den organischen Staat zusammenhaltende Seelenkraft des Ganzen an Intensität weit stärker ist als die seelische Lebenskraft der einzelnen Biene. Diese macht nicht den Staat, sondern sie wird in den Staat hineingemacht und eingereiht, ohne eine eigene staatsbejahende Kraft zu besitzen. Sie fügt sich dem Ganzen ebenso ein wie die Teile ihres eigenen organischen Leibes der Ganzheit des Einzelwesens. Sie hält ihre Teile ebenso zusammen, wie der Bienenstock die Bienen.

Diese Einsicht gibt mir Anlaß, mit einer bedeutsamen Vermutung über das Seelenleben in der Natur überhaupt nicht zurückzuhalten. Es scheint die seelische Kraft sich im Einzelwesen nicht am stärksten zu konzentrieren, sondern jeweils in einer geschlossenen Anzahl von ein und derselben Gattung angehörigen Lebewesen. Die Gattung beherrscht das Einzelwesen. Ein auf der Wanderschaft befindlicher, geschlossener Zug wilder Gänse scheint eine feiner gestimmte Seele zu haben. als eine einzelne Gans. Und so scheint denn auch die Naturseele in ihrer höchst gesteigerten Macht und Klarheit sich in der Weltseele, die den unendlichen Umfang alles dessen, was Natur überhaupt heißt, zusammenhält, zu offenbaren. Bei den Menschen dagegen verhält sich das Seelische offenbar ganz anders. Die Klarheit und Reinheit der seelischen Belebung wächst bei Abnahme des Umfanges ihrer Zahl; hier beherrscht nicht die Gattung das Einzelwesen, nicht weist die ganze Menschheit die größte seelische Macht auf, sondern nur im Einzelnen vermag die Seele ins Grenzenlose auszuwachsen und die reinste Klarheit im Bewußtsein zu erreichen. Weil nun der Einzelne in diesem, seinem Bewußtsein mit der Natur gebrochen hat und ihn dasselbe Bewußtsein auf den Staat hinweist, so würde es eine Rückbildung zur Natur bedeuten, wenn der Staat sich so organisch entwickeln würde, wie sich der Leib des Menschen oder auch der das Ganze ausmachende im Raume befindliche Leib des Bienenstaates organisch entwickelt hat. Mag auch eine ausdehnungslose Lebenskraft das organische Lebewesen zweckentsprechend leiten und zusammenhalten, so gibt es doch keinen Organismus, dessen Glieder nicht im Raume wären. Da nun nicht die menschlichen Leiber, sondern nur ihr unräumliches Bewußtsein am Staate beteiligt ist, so kann ein solcher Staat nicht ein Organismus sein.

Der Staat hat keinen großen aus einzelnen Leibern hervorgezauberten und zusammengesetzten Leib. Mit Rücksicht auf sein Wirtschaftssystem könnte man es meinen, zumal ich versucht bin, die Wirtschaft als die Körperpflege der Gemeinschaft zu bezeichnen. Daß die Volkswirtschaft und die durch sie in Fluß kommende Regelung des Güteraustausches ein lediglich für leibliche Bedürfnisse erforderliches Ordnungssystem ist, ist wohl klar. Aber die Körperpflege der Gemeinschaft kann nicht als eine Pflege der Gemeinschaft für ihren Körper, sondern nur als eine gemeinschaftliche Körperpflege der Einzelnen verstanden werden. Ja gerade das Wirtschaftssystem spricht gegen die leiblich-organische Staatsauffassung. Wäre der Staat ein organisches Lebewesen, dann bedürfte er weder des Rechtes noch der Wirtschaft. Die Möglichkeit und Gefahr der durch diese Institute gebannten Anarchie, besonders groß bei getrennter Körperpflege der Einzelnen inmitten der Gesellschaft würde der organische Staat gar nicht kennen, weil in ihm die Fürsorge des Einzelnen für seinen Leib nicht in Widerspruch zu der einheitlichen Ganzheit des Organismus des Staates treten könnte. Die Möglichkeit eines solchen Widerspruches nun und die Unmöglichkeit eines organischen Staates erfordert notwendig das Wirtschaftssystem.

Trotzdem der Ganzheitszug in einer Menschenvielheit derselbe ist wie im einzelnen organischen Lebewesen, ist der Staat kein Organismus. Die Triebkraft zu der Ganzheit bedarf im Staate des sittlichen Prinzips, ohne welches die Natur so gut auskommt, da sie nur für leibliche Ganzheit zu sorgen hat. So bedarf auch nicht der einzelne Mensch der Sittlichkeit, um in bezug auf seinen Leib Naturorganismus zu sein. Ebenso wäre die Ganzheitsordnung eines Volkes im Sinne eines Organismus sehr wohl denkbar, ohne daß irgendwie sittliches Leben zur Herstellung des Ganzen einzugreifen brauchte, wenn nur die Leiber der Einzelnen als Teile an dem Ganzen beteiligt wären. Nun aber hat Gemeinschaft überhaupt gar keinen Leib, für welchen auf die Gemeinschaft gerichtetes sittliches Bewußtsein sorgen könnte. Es gibt gar keine leibliche Wohlfahrt der Gemeinschaft. Ja um der Gemeinschaft willen brauche ich nicht einmal aus Sittlichkeit für das leibliche Wohlergehen meiner Mitmenschen zu sorgen. Der Rest bleibt Neigung, Sympathie, Mitleid, Liebe, seelische Zustände aller Art, nur nicht das auf die Sittlichkeit der Gemeinschaft hindrängende sittliche Bewußtsein. Wollte man das leibliche Wohlergehen der Gesellschaft zum Richtungsprinzip für Ethik aufstellen, so hieße das, der Wirtschaft einen sittlichen Charakter geben. Aber ebenso wie die Fürsorge des Einzelnen für seinen Leib eine in sittlicher Hinsicht ganz belanglose Tatsache ist, so hat auch die gemeinschaftliche Körperpflege der Einzelnen nur insofern sittliche Bedeutung, als das Wirtschaftssystem nicht in der Bahn des Sittlichen, wohl aber als sein willkommener Pionier für die Überwindung der die Anderen störenden Selbstsucht des Einzelnen tätig ist, indem man nicht erst darauf warten kann, bis die Selbstsucht eines jeden durch die Sittlichkeit ausgerottet ist. Ungeachtet der in der Entwicklung des Staatslebens vorwärtsschreitenden Naturentfremdung eines ganzen Volkes bleibt das Wirtschaftssystem der Versuch, durch eine künstliche Medizin unter Zurückdämmung der natürlichen Selbstliebe des Einzelnen die Vegetation der Volkskraft zu erhalten und soweit wie möglich den organischen Lebewesen, welche die Natur ohne alle sittliche

Prinzipien herstellt, die geheimnisvolle Lebenskraft abzulauschen.

Die immer nur an einem Leibe darzustellende vollendete Geschlossenheit eines organischen Lebewesens kann nur in bezug auf das Resultat der Einheit, nicht aber in bezug auf das Verfahren, diese Einheit zu erreichen, dem Staate ein Vorbild sein, da nicht die Einheit des Leibes, sondern die Einheit des Bewußtseins maßgebend Gemeinschaft begründet. Weil nun die Natur für die Erreichung einer solchen Bewußtseinsgemeinschaft keine Anweisung an die Hand gibt, setzt hier das sittliche Prinzip ein, das die über den Einzelnen übergreifende Ganzheit der Gemeinschaft anstrebt. Also nicht jene Ganzheit überhaupt, insbesondere nicht die in der Natur sich findenden Ganzheiten, geht die Sittlichkeit an. Denn wenn Sittlichkeit „über unerfüllte oder erfüllte Forderungen mit Rücksicht auf geordnete Ganzheiten" (Hans Driesch) überhaupt entscheiden sollte, dann müßte in der höchst vollkommen erfüllten Ganzheit eines organischen Naturlebewesens mehr Sittlichkeit stecken als in dem auf Ganzheit erst hinzielenden Staatsleben, welches so dringend einer höchstmöglichen Energie sittlicher Gestaltung bedarf. Wenn nun die Natur für die Ganzheit des Staates verantwortlich wäre, müßte der Mensch ihr ein recht schlechtes Zeugnis darüber ausstellen, daß sie das vollkommenste Lebewesen gegenüber weit unvollkommeneren, wie den Bienen oder Ameisen, benachteiligt habe.

Der Staat ist kein Organismus; denn es fehlt ihm das wichtigste Merkmal eines solchen, die Fortpflanzungsfähigkeit oder die Zeugungskraft. Gewiß wird der Staat von der älteren Generation der jüngeren gleichsam hinübergereicht, aber das bedeutet nur die im Ablauf der Zeit sich bewährende Dauerhaftigkeit des einen Staates selbst. Dieser ist jedoch nicht fähig, einen anderen, jüngeren Staat zu erzeugen, er kennt keine Vater- oder Mutterschaft. Selbst Kolonialstaaten sind nicht im strengen Sinne Sprößlinge des Mutterstaates, sondern entweder seine Glieder oder aber Neugründungen von einzelnen, die dem Mutterstaate nicht mehr angehören. Es liegt im Wesen einer Bewußtseinsgemeinschaft, in sich zu verharren und sich auf sich selbst zu beschränken, nicht aber andere, fremde Bewußtseinsgemeinschaften hervorzubringen.

Der Staat ist kein Organismus; denn er ist nicht früher als seine Teile. Der Einwand, der Staat sei doch schon vorhanden, wenn der Einzelne geboren wird, schlägt nicht durch. Ist der Staat eine Bewußtseinsgemeinschaft, dann ist noch nie ein Mensch in den Staat hineingeboren, weil die Geburt nicht zur Teilhaberschaft ausreicht, sondern nur das um die Gemeinschaft wissende Bewußtsein.

Der Staat und das organische Lebewesen haben gemeinsam, daß in ihnen das Ganze und die Teile unterschieden werden können. Sie unterscheiden sich jedoch durch das Verhalten des Ganzen und der Teile zueinander. Die Teile des Organismus sind gegenüber dem Ganzen unselbständig, sie können nicht bestehen, wenn sie nicht durch das Ganze gestützt werden und sind niemals imstande, das Ganze zu übernehmen und zu repräsentieren, indem stets ihre räumliche Körperhaftigkeit sie daran hindert. Dem Ganzen gegenüber sind sie niemals selbst ein Ganzes. Der Zweck des Ganzen ist auf die Einstimmigkeit, ja auf die dem Ganzen dienende Zweckmäßigkeit der Glieder gerichtet. Aber die Verwirklichung des Ganzen ist den Teilen unbewußt, wie das Ganze selbst unbewußt ist. Das gilt auch vom menschlichen Leibe. Mensch und Pflanze unterscheiden sich in bezug auf das Wesen des Organismus durch nichts voneinander, wohl aber in bezug auf den Staat.

III. Der Staat ist das Ganze, der Einzelne ist sein Teil, aber ein Teil, der selbst ein Ganzes ist. Doch es handelt sich nicht um die Ganzheit seines Leibes, sondern um die Einheit seines Bewußtseins. Ob der Einzelne ein Teil des Staates ist oder nicht, ist für die Ganzheit seines Bewußtseins ohne Belang. Deshalb kann aber auch der Zweck des ganzen Staates nicht die auf ihn und seine Ganzheit gerichtete Zweckmäßigkeit des Einzelnen sein. Der

Zweck des Einzelnen ist nicht er selbst, sondern der Staat. Der Zweck des Staates liegt nicht in ihm, sondern außer ihm. Die Ganzheit des Staates verblaßt vor der Ganzheit des Einzelnen. Der Einzelne als Teil übernimmt die Leitung des Staates als des Ganzen. Der Teil bestimmt den Zweck des Ganzen, das sich unmöglich verwirklichen läßt, wenn nicht der Teil das klare Bewußtsein von der Ganzheit des Staates ist. Ein Organismus würde eine solche sich dem Ganzen gegenüber so bemerkbar machende Intensität eines seiner Teile nicht dulden.

Stellen wir uns einmal einen hohen, auf mächtigen Säulen ruhenden Dom vor. Menschen gehen aus und ein. Und nun wollen wir vergleichen. Auf der einen Seite unterscheiden wir dreierlei, den Dom, die Säulen und die Menschen; auf der anderen Seite bloß zweierlei: den Staat und die Menschen. Es kommt jetzt darauf an, die einzelnen Teile in diesem Bilde richtig zueinander passend zu ordnen. Der Dom ist der Staat, daran ist wohl nicht zu zweifeln. Aber sind die Menschen im Dom die Menschen im Staat? Ich meine, die Frage stellen, heißt sie verneinen. Also sind die Menschen im Staate nicht die Menschen, sondern die Säulen im Dom.

Der Einzelne ist der Träger des Staates, aber der Staat ist nicht das Schutzdach des Einzelnen, und nun bleibt noch die Frage zu beantworten, ob der Staat dem Einzelnen oder der Einzelne dem Staate vorangeht. Schon Aristoteles hat darüber nachgesonnen und in seiner Politik gesagt: „Darum ist denn auch der Staat der Natur (d. i. seinem Wesen) nach früher als die Familie und der einzelne Mensch, weil das Ganze früher sein muß als der Teil." Diese auf eine organische Staatsauffassung sich gründende Ansicht übersieht die Bedeutung der Ganzheit des Einzelnen. Wäre der Staat bloß die Ganzheit eines Rechtssystems, dessen Teil der Einzelne ist, könnte man immerhin anerkennen, er sei früher als der Einzelne. Aber was bedeutet die Rechtsganzheit des Staates vor der Sittlichkeitsganzheit des Einzelnen? Weil diese vor jener den unbedingten Vorrang hat, stelle ich dem Satz des Aristoteles den Satz entgegen: „Das maßgebend vollkommenere Ganze muß seinem Wesen nach früher sein als das nach jenem zu richtende unvollkommene Ganze." Der Einzelne ist früher als der Staat. Daß er ein das Ganze voraussetzender Teil des Staates ist, hat zurückzutreten hinter der Tatsache, daß ohne seine Ganzheit die Ganzheit des Staates logisch unmöglich ist.

Diese auf den Einzelnen gegründete Staatsordnung ist eine Ordnung zu der vereinzelten Einheit des einzigen Staates. Ein solcher Staat ist dauernd in Gefahr und sein Aufbau starken Hemmungen und Rückschlägen ausgesetzt. Dafür winkt ihm aber auch der Preis der ganz besonderen und unersetzbaren Eigenprägung gegenüber allen anderen Staaten. Eine solche Entwicklung vermöchte die durch eine allgemeine Einheit ausgezeichnete Naturordnung niemals zu leisten. Gewiß zeigt der Bienenstaat eine größere Sicherheit und Stetigkeit in der geschlossenen Ganzheit, aber dafür ist auch der eine genau wie der andere, sowohl in bezug auf Zweck und Leistung wie besonders in bezug auf die Regelung des gemeinschaftlichen Verkehrs und Zusammenlebens der Bienen. Weder das einzelne Tier noch der einzelne Bienenstaat vermag auf Grund der Naturordnung seine Besonderheit hervorzuheben und zu steigern, weil die Ausgleichung der Einzelheiten vor der Gattung zu stark ist. Infolgedessen bleibt in ethischer Hinsicht die Beziehung zwischen Gattung und Einzelwesen völlig farblos. Und da die Gattung des Menschen die Menschheit ist, so kann ein um Sittlichkeit ringender Mensch nicht genug vor der Menschheit gewarnt werden. Die Menschheit ist in dem gleichen Sinne zu überwinden, wie der Einzelne sich selbst überwinden muß. Da Fichte es als die höchste sittliche Forderung aufstellte, in der Gattung und für die Gattung zu leben, so wird man unter diesem Gesichtspunkte leicht einsehen, warum es ihm nicht gelingen konnte, den Widerspruch in seiner Ethik, stärkste sittliche Selbstbehauptung einerseits und völlige Selbstaufgabe und Hingabe an die Gattung anderseits zu überwinden. Fichte hat nicht gesehen, daß die Beziehung von Gattung zu Einzelwesen von der

Beziehung von Gemeinschaft zu Einzelwesen grundverschieden ist, indem die Gemeinschaft dem Einzelnen nicht wie die Gattung die starke Zumutung der Persönlichkeitsaufgabe zu machen wagt. Das Bewußtsein des Einzelnen zersprengt den Ring der Gattung, welche nur natürliche Unterschiede ausgleichend zu verwischen vermag, nicht aber die Unterschiedlichkeit der naturfremden Bewußtseinseinzelwesen. Es gibt keine in allen gleiche allgemeine sittliche Würde, sondern ein jeder hat eine von allen anderen völlig verschiedene Würde, deren der Staat dringend bedarf. Deshalb kann auch nicht das Ideal der Menschlichkeit der Grund der Sittlichkeit und des Staates sein, weil das allen Menschen Gemeinsame kein Bestimmungsgrund für das sittliche Handeln des Einzelnen sein kann, indem ein solcher Grund mit dessen unantastbaren Isolierung in Widerspruch stehen würde.

Weil der Einzelne so maßgebend bleibt für die Begründung der Möglichkeit des Staates und die Einheit des Bewußtseins der Menschenvereinigung „Staat" nicht etwa die in allen Menschen sich in gleicher Weise findende Vernunft im Sinne eines allgemeinen Bewußtseins bedeutet, das übrig bleibt, wenn von jedem einzelnen Bewußtsein das es von den anderen Unterscheidende zurückgestellt wird, so kann die Entwicklung und sittliche Vervollkommnung des Staates nicht etwa eine Vervollkommnung der Gattung Mensch nach dem Muster der Entwicklungsvorgänge in der Natur sein, wie etwa die Gattung „Reh" sich allmählich durch die Lebensbedingungen der Rehe zum schlanken Bau des Körpers und zur schnellen Beweglichkeit der Glieder entwickelt hat. Durch Gewöhnung und Anpassung oder gar durch Gymnastik wird kein Staat gebessert, sondern nur durch eine stets frische Erneuerung des im Einzelnen lebenden sittlichen Bewußtseins.

Das sittliche Bewußtsein zeigt seine machtvolle Stärke in der Selbstlosigkeit des Einzelnen, welche durch seine gesteigerte Persönlichkeitsbehauptung in keiner Weise beeinträchtigt wird, sondern mit ihr im Einklang steht. Dagegen gerät unter dem Zeichen der Sittlichkeit der Selbsterhaltungstrieb des Einzelnen sehr leicht mit seiner Selbstlosigkeit in Widerspruch, weil jener der Selbstsucht so nahe steht; welche ihrerseits anrüchig ist, da das Sittengesetz sich nicht um die Menschengattung und ihre natürliche vegetative Lebenskraft kümmert. Läge jedoch die Sittlichkeit in der Natur des Menschen, dann könnte ihm Selbstsucht nicht zum Vorwurf gemacht werden, da diese die Ordnung der Natur niemals zu stören imstande ist. Weil Natur und Selbsterhaltungstrieb, in der sittlichen Beleuchtung zur Selbstsucht gefärbt, aufs engste zusammengehören, kann der Staat nicht aus Natur, sondern nur gegen die Natur errichtet werden, was aber nicht so zu verstehen ist, als sei der Staat deshalb gegründet worden, weil vorher Egoismus bestand, der ja vor der Begründung des Staates gar nicht den aus sittlicher Entrüstung stammenden üblen Ruf besitzen kann. Anderseits geht Sittlichkeit nicht in blinder Zerstörungswut gegen alle Natur überhaupt, sondern nur insofern, als in der Beziehung von Bewußtseinseinzelwesen untereinander sich noch Natur und ihre Ordnung findet.

IV. Um so mehr ist darauf zu achten, was der Mensch von Natur an Voraussetzungen für den Staat mit sich bringt, wenngleich er von Natur nicht zum Staate getrieben wird. Es besteht nämlich ein natürlicher, gar nicht ausrottbarer Trieb im Menschen, der für die Frage nach der Möglichkeit des Staates von großer Bedeutung ist, und das ist der Hang zur Geselligkeit, eine Veranlagung, die durch die Hilflosigkeit und die notwendigen Lebensbedürfnisse des Einzelnen nur noch verstärkt wird, während sie durch den bei allen Lebewesen zu beobachtenden starken Trieb den eigenen Vorteil zu wahren in keiner Weise beeinträchtigt zu werden braucht. Jene Veranlagung ist für die Staatsbegründung von entscheidender Bedeutung, indem alles darauf ankommt, wie der Staat sich mit ihr auseinandersetzt. Es führt keine stetige, glatte Bahn von der Geselligkeit zum Staat, wie etwa Hugo Grotius annahm. Dieser Staatsphilosoph sagte, die menschliche Natur dränge zur Gemeinschaft und zum geordneten Zusammenleben, also zum Staat auf Grund eines appetitus societatis. Dem ist zu entgegnen, daß allerdings die natürliche Anlage des Menschen zum geselligen Beieinander auf Grund einfacher Beobachtung des Volkslebens feststeht, daß aber noch nicht eine solche Geselligkeit den Staat unmittelbar zur Folge hat, weil es auch staatsverneinende gesellige Elemente gibt, wie etwa ein Verbrecher trotz seines starken auf die Gesellschaft gerichteten Triebes keinen Stein zum Bau des Staates beiträgt. Auf der anderen Seite ist die Behauptung des Hobbes, der Mensch sei von Natur kein geselliges Lebewesen, noch weit verkehrter. Selbstsucht und krasser Egoismus stehen der Geselligkeit in keiner Weise entgegen, sondern fordern sie geradezu heraus. Deshalb kann auch nicht auf die Abwehr gegen Geselligkeitsgefährdung durch Selbstsucht ein Staat zum Zwecke der Überwindung der Ungeselligkeit gegründet werden. Nicht die Befreiung von einem zerfleischenden Kampf aller gegen alle und als deren Anstoß der Selbsterhaltungstrieb, können der Grund zur Staatsbildung sein, weil es solch einen Naturzustand gar nicht gibt; denn es bleibt Unsinn, aus einer durch die Ungeselligkeit bedingten Isolierung der Einzelnen untereinander einen solchen die Art zerstörenden Kampf ableiten zu wollen. Gibt es schon in der Natur keine Schlechtigkeit, so hat es keinen Zweck, den Menschen unnötigerweise schlechter zu machen als er ist. Ja wäre er von Natur tatsächlich eine wilde Bestie, so würde er weder ungesellig zu sein brauchen noch seine Art ausrotten, noch auch jemals durch irgendwelche Staatsaktionen sich in ein mildes unschuldiges Lamm verwandeln können.

Der Staat gründet sich nicht auf Geselligkeit, nicht auf Ungeselligkeit, nicht auf Selbsterhaltung oder Selbstsucht, überhaupt nicht auf die Natur des Menschen, trotzdem diese ihn mit Geselligkeitsbedürfnis ausstattete. Aber was bleibt dann noch übrig? Wilhelm Wundt hat auch noch die Pietät, die der Einzelne seiner Familie und seinem Stamme entgegenbringe, angeführt. Diese Pietät reiche aus, um auch noch den Staat zu nähren. Wenn man jedoch erwägt, worin gerade die Pietät sich äußert, wird man einsehen, daß auch dieser Staatsgrund nicht die erforderliche grundlegende Kraft besitzt. Wer etwa Pietät gegen ein Familienoberhaupt besitzt, wird alle Gedanken, die diese Pietät gefährden könnten, unterdrücken. Unvollkommene Schwächen, Mängel im Charakter wird er verschleiern oder beschönigen. Kann es aber Pflicht eines Staatsbürgers sein, die Schwächen seines Staates und der Obrigkeit aus Furcht vor dem Verlust der Pietät gegen sie zu übersehen? Kann ein Gefühl der Pietät überhaupt als Grund einer Staatsbildung, also gegen etwas, was noch gar nicht vorhanden ist, in Frage kommen? Kann ich aus meiner lebendig wachen Pietät gegen meine Familie und meinen Stamm hinüberschlafen in die Pietät gegen den zu errichtenden Staat? Diese Möglichkeit ist auf keine Weise einzusehen.

Schließlich bleibt nur noch der letzte Rettungsanker, der Vertrag, übrig. Wenn auch er versagt, müssen wir uns nach einem völlig neuen, noch nicht besprochenen Grunde für die Möglichkeit des Staates umsehen. Der Vertrag versagt, weil er Recht ist und Recht nicht sein kann, wo kein Staat ist. Er ist ein Recht, welches mindestens zwei Personen gegenseitig im Hinblick auf den Inhalt bindet und verpflichtet. Und jene Verpflichtung erfordert eine für ihre Einhaltung bürgende Instanz, nämlich den Staat, über welchen niemals der Inhalt eines Vertrages der ihm angehörigen Bürger entscheiden kann. Wäre der Vertrag eine historische Tatsache, dann könnte er nur aus dem allgemeinen freiwilligen, vereinigten Volkswillen aller entsprungen sein, weil zum Abschluß eines Vertrages niemand gezwungen werden kann. Da nun zu einem Vertrage das klare Bewußtsein der Beteiligten über seine Tragweite sowie völlige Einstimmigkeit über seinen Inhalt gehört, so kann der Abschluß des Vertrages, der Staatsgründung sein soll, gar nicht möglich sein ohne die Bewußtseinsgemeinschaft, die ihm notwendig vorausgehen muß und schon den Wesenskern einer Staatsgemeinschaft ausmacht. Sie erst stattet das gezeugte Recht mit dem verpflichtenden Zwange aus. So geht der Staat dem Recht und der Verfassung voran und kann nicht aus ihnen entstehen. Überhaupt bedarf die Behauptung von einem tatsächlich in der Geschichte vollzogenen Vertrag, vor welchem der Staat nicht vorhanden war, nach welchem aber der Staat durch eine ganz unerklärbare freie Entschließung der Beteiligten wie ein Kind geboren und ins Dasein getreten sein soll, wohl kaum der Widerlegung. Erzeugung und Daseinssicherung des Staates gehören viel zu eng zusammen, als daß die Erzeugung durch Jahrhunderte von den inneren Kämpfen um seinen Bestand getrennt werden könnte. Zudem würde die Vertragsgründung eine Verabredung von Menschen untereinander sein. Für das Leben des Staates ist aber nicht der Blick des Einzelnen auf die anderen, sondern eben auf den Staat maßgebend, mit welchem man aus Gründungsabsichten keinen Vertrag schließt, sondern lediglich durch Gesinnung ins Reine zu kommen sucht, indem man für ihn und nicht für die Anderen lebt. Wer aber mit den Menschen ins Reine zu kommen sucht, kann vielerlei Zwecke verfolgen, die mit dem Staate gar nichts zu tun haben, Da denkt der Selbstloseste vielfach auch an sein eigenes Interesse, von dem er sich nicht ganz freizumachen versteht, wenn er seinen Neigungen nachgeht. Und wegen dieser Befangenheit vermag die Rücksicht des Einzelnen auf die Anderen den zur Gründung notwendigen Staatsgedanken nicht in seiner ganzen Reinheit zu fassen.

Da ein Vertrag die Menschen nicht trennen, sondern verbinden soll, so hätte er zum Zwecke einer Staatsbegründung nur dann Sinn, wenn die Menschen vorher getrennt wären. Ein Vertrag bezweckt die Überwindung einer Isolierung. Wenn wir nun einsehen, daß die Isolierung nicht ein Mittel zur Staatsverneinung, sondern zur Staatserrichtung ist, wird der Staatsvertrag immer hinfälliger. Die Menschen brauchen sich nicht erst im Staate zu vereinigen. Das gesellige Beieinanderleben ist ihnen von Natur eingepflanzt. Und je näher sie sich räumlich kommen, je mehr sie aufeinander angewiesen sind, um so drohender steigt das Gewitter auf. Die Geselligkeit bringt große Schäden mit sich, indem mancherlei Bedürfnisse für Leib und Leben das gesellige Beieinander höchst unerfreulich machen. Diese Beschwerden zu überwinden und in einem ständigen Kampf gegen die aus der Geselligkeit erwachsenden Schwächen der Menschen anzugehen, bedürfen die Menschen des Staates. Und der Grund des Staates ist dann entdeckt, wenn die Frage beantwortet ist, wie eine Überwindung der Schäden der Geselligkeit möglich sei.

Der Mensch ist von Natur nicht zur Staatsgemeinschaft veranlagt, wohl aber ist er ein soziales Wesen, eine Tatsache, mit der er sich abzufinden hat durch das Sittengesetz. Die Geselligkeit ist nicht durch die Sittlichkeit bedingt. Es heißt also, einen Weg zu finden, der die Schäden der Geselligkeit beseitigt, ohne daß das gesellige Beieinander dadurch zerstört und beseitigt würde. Die Sittlichkeit hat sich nur mit der Tatsache der Geselligkeit auseinanderzusetzen, welche sie nicht etwa der Natur zum Trotz abgewinnen will. Nur wie sie sich mit der Tatsache durch Staatsgründung abfindet, ist ihr Geheimnis, und darin zeigt sie nicht nur ihre Selbständigkeit, sondern auch ihre Überlegenheit über die Natur. Durch eine räumliche Isolierung der Menschen voneinander, die zwar vorstellbar, aber schlechterdings unausführbar ist, würden natürlich mit der Geselligkeit auch ihre Schäden gründlich aufgeräumt. Aber die Sittlichkeit bedarf gar nicht dieses Mittels, sondern sie bedient sich eines Kunstgriffes, der die räumliche Trennung zu ersetzen vermag, und das ist das Gewissen des Einzelnen. Mit dem Gewissen ist auch der Staat gegeben. Und die Frage, welcher Zustand dem Staate voranging, könnte überhaupt nur dann beantwortet werden, wenn man wüßte, ob es einen Zustand des Menschen gegeben hat, wo er kein Gewissen hatte. Jetzt ist vielleicht einzusehen, daß man nicht, um den möglichen Grund oder vielmehr die geschichtliche Entstehung des Staates zu erforschen, zu diesem Zwecke den ganz unbrauchbaren Weg in die historische Vergangenheit zu machen braucht. Weil das Gewissen des Einzelnen vor tausend Jahren dasselbe war wie heute, ist die Staatserzeugung dauernd ein Akt der Gegenwart und hat die vor tausend Jahren erfolgte Staatsgründung überhaupt gar keine Bedeutung mehr für den im Jetzt zu erfolgenden Staatsgründungsakt, indem der Staat täglich neu geboren wird. Der Einzelne gründet nie den Staat, um ihn sodann sich selbst zu überlassen. Der Staat ist zu keiner Zeit ein gegründeter, sondern stets ein zu begründender. Daran kann selbst der Abschluß einer Verfassung nichts ändern, weil sie nur Recht, aber nicht der Staat ist.

Bezweckt ein Vertrag die Überwindung der Isoliertheit derer, die ihn schließen, so ist das Gewissen die größte Isolierungsmacht, die es gibt, indem es die einzige Bürgschaft für die Sicherheit des Staates leistet, da es den Einzelnen mitten in der Menge von ihr abscheidet. So reißt nicht die Begierde, sondern das Gewissen die Menschen auseinander. Vereinzelung tut not. Ich isoliere mich um der Staatseinheit willen, weil nur Sittlichkeit eine solche Einheit begründet und Sittlichkeit nur durch die enge Pforte des Einzelnen in die Geschichte eintritt. Der radikale Irrtum der Absonderung zum Zwecke des Selbstgenusses muß gründlich überwunden werden. Die Sittlichkeit löst die Menschen voneinander, damit der Einzelne sich die Gemeinschaft selber baue und die natürliche Geselligkeit, die nur für die übrigen gewissenlosen Lebewesen maßgebend sein kann, zersetzt werde. Der bestehende Zusammenhang der Menschen untereinander ist wert, daß er durch das Gewissen zugrunde gerichtet werde, und der Beginn des Staates bedeutet die Auflösung jener durch die natürliche Geselligkeit entstandenen und so viele Mißhelligkeiten mit sich führenden Verbindung durch den Einzelnen mit Hilfe seines naturfremden Bewußtseins. Deshalb dauert die Gründung des Staates bis zu seinem Ende, weil immer wieder der Einzelne inmitten einer Anzahl Menschen und im Verkehr mit ihnen solche Gesinnung haben muß, welche er hätte, wenn er auch räumlich von ihnen getrennt wäre. So vermag das unräumliche Gewissen den Raum (das Beieinander) zu überwinden, und da es in die Gemeinschaft einmündet, den Staat zu begründen, wozu es mindestens einer ebenso großen sittlichen Anstrengung bedarf, als ihn zu vollenden. Wenn nun der Staat sich auf das Gewissen des Einzelnen gründet, so wird dieses Gewissen in seiner fortschreitenden Bahn keinen anderen Zweck, der nicht notwendig der bewußte Zweck des sittlichen Einzelnen zu sein braucht, haben können, als sich auch in der Gemeinschaft, die es (Subjekt) verursacht hat, festzusetzen. Die Gemeinschaft, ohne welche die Sittlichkeit bloß in latenter Ruhe im Einzelnen lebte, ist nicht Voraussetzung, sondern die Mündung des sittlichen Tuns, die erreicht wird, auch wenn der sittlich Tätige nicht weiß, wohin die Bahn geht. Er tut nichts um eines Erfolges willen. Deshalb kann aber auch nur dieser Erfolg, nämlich die einer Gewissensregung fähige Gemeinschaft in ihrer einheitlichen und überpersönlichen Ganzheit, durch sittliches Tun gewirkt sein, indem das Gewissen über den Einzelnen hinwegstreift, ohne daß dieser es beherrschen oder gar ihm die Bahn anweisen könnte. Wenn ich als Wissender um die Bahn und den Erfolg weiß, dann ist das Wahrheit aber keine Sittlichkeit. Deshalb besitze ich den Maßstab für die Erkenntnis, ob ein Tun sittlich ist oder nicht, indem ich an dem möglichen Erfolg, ob die Gemeinschaft durch das Tun des Einzelnen sittlich zu werden vermag oder nicht, den sittlichen Gehalt der Handlung ablesen kann. Ob der Erfolg tatsächlich eingetroffen ist oder nicht, ist insofern ohne Belang, als Umstände, die von jeder sittlichen Eigenschaft völlig losgelöst sind, ihn verhindern können, jedoch eine jede den Erfolg ermöglichen könnende Handlung unter allen Umständen sittlich bleibt.

V. Wir berühren hier eine recht kritische Stelle, da eine Untersuchung über die Zweckerkenntnis des Sittengesetzes nicht irgendwie die scharfe Abweisung einer jeden Erfolgsethik beeinträchtigen darf. Der Zweck des Sittengesetzes wird erfüllt, auch ohne daß der sittlich Handelnde um den Zweck, zu dessen Erfüllung seine Handlung geschieht, weiß oder gar mit Rücksicht auf diesen Zweck handelt. Dieser Zweck erschließt sich nur dem Erkennenden und um den Inhalt des Sittengesetzes Wissenden.

Und nur um der Erkenntnis willen, nicht aber der lebendigen praktisch sittlichen Betätigung willen bedarf es einer Untersuchung über die Richtung der Bahn des Sittengesetzes.

Halten wir uns an die Tatsachen und besinnen wir uns über unseren Gewissensschlag, ohne daß wir die geringsten Zweifel zu hegen brauchen, daß das Gewissen es irgendwie mit Sittlichkeit zu tun haben muß. Das Gewissen kann nur als eine in das vorausgesetzte Bewußtsein des Einzelnen hineingeratene Wirkung aufgefaßt werden. Im Gewissen kommt zum Ausdruck, daß das geschlagene Bewußtsein ein Glied in dem Gefüge eines Gesetzes ist, ohne daß das Gewissen sich über die Form und den Inhalt dieses Gesetzes klar zu werden brauchte. Dazu reicht es nicht aus, es ist kein Erkenntnisvermögen, es ist da und gewirkt, weiß aber nicht weswegen und wozu, wohl aber weiß es ganz genau, aus welchem Anlaß oder wegen welchen Geschehnisses es schlägt. Mehr braucht es auch gar nicht zu wissen, weil das Gesetz es des Vernünftelns über seine Richtigkeit enthebt. Und so kennt es auch gar nicht in actu eine Reflexion über sich selbst, weil es ganz von seiner Gelegenheit befangen ist. Seine Blindheit über seinen Sinn und Zweck hat viele meinen lassen, der sittliche Quell sei Gefühl, wobei sie allerdings wohl auf jene Unklarheit des Bewußtseins, insofern es Gewissen ist, Rücksicht nehmen, aber die Klarheit des Gewissens über den Anlaß nicht genügend würdigen.

Das Bewußtsein ist nicht Herr über sein Gewissen, dessen Blindheit an die mechanischen Wirkungen in der Natur erinnert. Das Gewissen scheint das Bewußtsein in eine geheime Abgeschiedenheit einspinnen und ihm seinen Zweck verschleiern zu wollen. So führt denn auch nicht eine vernünftige, den Erfolg abwägende Überlegung das isolierte Bewußtsein zu sittlichen Handlungen, sondern eine es einreihende und blind wirkende Gesetzesbahn, deren Richtung durch die auf die Gemeinschaft überströmende Gewissensintensität gekennzeichnet ist. Das Gewissen allein weiß nichts von seiner Teilhaberschaft am Sittengesetz. Nun aber ist das einen größeren Kreis als das Gewissen darstellende Bewußtsein nicht nur Gewissen, sondern es ist auch noch erkennend und zwar besonders deshalb, weil es wissen kann, weswegen das Gewissen in allen Fällen, ohne Rücksicht auf die besonderen Gelegenheiten, schlägt. Wenn also der sittlich Handelnde auch noch um den Erfolg seiner Handlung weiß, so kann dieser Erfolg immer nur von der Art sein, daß er auch eintreten kann, falls der Sittliche nicht um ihn weiß, sondern sich nur in die Abhängigkeit von seinem gleichsam für ihn blind wirkenden Gewissensdruck begibt. Deshalb kann das Bewußtsein immer nur dann mit Rücksicht auf einen Erfolg sittlich handeln, wenn der Erfolg in Einstimmigkeit steht mit der Richtung der Bahn des Sittengesetzes. Diese Einstimmigkeit läßt sich aber nur in bezug auf einen einzigen ganz bestimmten Erfolg, nämlich die einer Gewissensregung fähige Gemeinschaft erzielen.

Das Gewissen ist Zeichen und Ausdrucksform der Wirksamkeit eines Gesetzes, wie das Licht den elektrischen Strom anzeigt. Der Strom der Sittlichkeit reißt das Gewissen des Einzelnen mit sich fort, um auch die Gemeinschaft damit zu überfluten. Daß Sittlichkeit besteht, ist eine Tatsache. Während es über den Rahmen einer Untersuchung über den Staat hinausliegen würde, ihren metaphysischen Gründen weiter nachzugehen, so drängt sich ihr Zweck, nämlich der Staat und seine Erfüllung, dem Einzelnen unmittelbar auf, weil ja der Einzelne Mittel zu ihrem Zweck ist. Seine sittliche Selbständigkeit kann nicht Selbstzweck sein. Sein Zweck liegt außer ihm in der Richtung des Gesetzes. Und wenn sein Ziel in die notwendige Bahn des Gesetzes hineinfällt, ist er sittlich. Im Gegensatz zu dem unerkennbaren Zweck des Naturgesetzes ist der Zweck des Sittengesetzes erkennbar, weil er nichts anderes ist, als das Ziel des in seine Bahn eingereihten Einzelnen, welcher überhaupt erst die Richtung des Gesetzes zum Zweck erhebt. Dasselbe Bewußtsein ist zu gleicher Zeit dem Gesetze unterworfen und es erkennend. Der Zweck des Naturgesetzes dagegen ist nicht erkennbar, weil das erkennende Bewußtsein niemals dem Naturgesetze unterliegt, also ein dem Naturgesetz unterliegendes Einzelwesen stets etwas anderes als Bewußtsein sein muß. Zudem ist in der Natur das Gesetz stets erfüllt, weil es die Erfahrung begründet und ausmacht. Zweck jedoch hat nur Sinn in bezug auf etwas, das noch nicht erfüllt ist; er kann niemals in der Erfahrung liegen. Es wäre geradezu absonderlich, wollte man den Zweck des Sittlichen schon in der Erfahrung verwirklicht sehen; denn dann hätte sittliches Handeln keinen Zweck mehr. Ein verwirklichter Zweck ist für einen sittlichen Menschen völlig bedeutungslos, — ebenso die Frage: Was habe ich schon erreicht?

Der Zweck des Sittengesetzes, der in seinem Inhalt ausgedrückt ist, ist zu erkennen, ohne daß der Sittliche dieser Erkenntnis bedürfte. Denn wer möchte behaupten,. es habe bisher noch keine sittlichen Menschen gegeben, weil der Zweck des Sittengesetzes bis auf unsere Tage noch nicht erkannt wurde und erst in diesem Buche seine klare Formulierung gefunden hat? Gleichwohl haben sich die Menschen zu allen Zeiten in einem dunklen und unbewußten Drange an den anderen Felsen aller Sittlichkeit (der Eine ist der Einzelne), nämlich an die Gemeinschaft fest angeklammert. Wohl niemals hat es eine Auffassung von Sittlichkeit gegeben, welche die Gemeinschaft verneinte. Nur war man sich nicht klar, wozu eigentlich die Gemeinschaft unerläßliche Bedingung sein müsse. Diese Klarheit war aber auch gar nicht unbedingt notwendig, solange das Gewissen den rechten Weg weist und solange es niemals eine sittliche Handlung irgendeines Menschen geben kann, welche nicht, wenn auch nur in kleinstem Maße, dazu beitrüge, den Zweck des Sittengesetzes auch ohne ihn zu erkennen, zu erfüllen. Weil das Gewissen, wenn es zum sittlichen Handeln treibt, nicht unbedingt die richtige Einsicht in den Zweck des Sittengesetzes zu haben braucht, scheint die Geschichte der Ethik ein Labyrinth zu sein, in welchem man vor der Fülle von verschiedensten Gängen und Ansichten in Verwirrung gerät, so daß man zweifeln könnte, ob es überhaupt einen ganz eindeutigen und zwingenden Grundsatz über die Sittlichkeit gibt. Ich hätte mir eine mühsame Arbeit sparen können, wenn ich nicht davon überzeugt wäre, daß mein Satz vom Sittengesetz jene Zweifel zerstreut. Er allein erklärt, daß die verschiedensten Menschen in der Geschichte in gleicher Weise sittlich handelten, die von ihrem Standpunkte aus gar nicht miteinander zu vereinbarende Handlungen für sittlich hielten. Entgegengesetzte Handlungen brauchen sich vor dem Forum der Sittlichkeit nicht zu widersprechen.

Die Auswirkungen des Sittengesetzes liegen nicht in der Macht des Menschen. Wenn Sittlichkeit stärker ist als der Mensch, so kann dessen Gegenwirkung und Sträuben niemals den ehernen Gang des Gesetzes unwirksam machen. Weil er also schließlich den Folgen machtlos gegenübersteht, ist es für ihn insofern von Bedeutung, den Werdegang der sittlichen Ordnung zu erkennen, damit er möglicherweise noch ein Stück der Erfüllung selbst erlebe, deren er sich ohne Erkenntnis nicht bewußt sein kann, ja damit der Eintritt der Erfüllung dadurch beschleunigt werde, daß der Einzelne die Zwecklosigkeit aller seiner Handlungen, die nicht mit dem Sittengesetz in Einklang stehen, einsehe und so der sittlichen Bahn möglichst viele Reibungen und Hemmungen erspart bleiben.

So bleibt schließlich das Gewissen des Einzelnen einzige Möglichkeit und sicherer Grund des Staates, und so gibt es gar keine andere Gemeinschaft, als eine sittliche. Das Staatsgewissen des Einzelnen zeugt das Eigengewissen des Staates, während eine Masse von Menschen dies niemals vermöchte. Ihre Geschlossenheit vermag jederzeit in die verschiedenen Einzelnen zu zerbröckeln, deshalb gibt sie keinen festen Grund des Staates, sondern nur das gegenständliche und zu gestaltende Feld sittlicher Arbeit des sich um den Staat bemühenden Einzelnen.

VI. Wenn man bloß bis zum Grunde des Staates, nicht aber weiter bis zum Grunde der Sittlichkeit vordringt, dann stößt man auf den durch sein Gewissen von den Anderen isolierten Einzelnen. Je stärker das Gewissen isoliert, um so mehr schwindet die Selbstliebe und um so wirksamer werden die Brücken zu den

Anderen abgebrochen. Und nur wer ohne jede Selbstliebe einen Anderen liebt, der läßt ihn nicht jenseits der Brücke, sondern reißt ihn mit sich in den Strudel seines Gewissens. Wer aber zu den Anderen hinneigt, in dem wachsen wieder. der natürliche Selbsterhaltungstrieb und die Selbstliebe heran, ohne welche wohlwollende Neigungen, Sympathie, ja sogar Mitleid nicht bestehen können. Die Sympathie ist nichts anderes als ein natürliches, triebhaftes Bekenntnis zu der Gattung, sie ist nicht weniger natürliche Anlage als die Antipathie und hat vor ihr vor dem Forum der Sittlichkeit nichts voraus. Besonders aber bleiben alle wohlwollenden Neigungen gegen Andere im Rahmen der Selbstliebe, d. h. sie gehen nur so weit, wie das, worauf unsere Selbstliebe geht, nicht gefährdet ist. Aus diesem Grunde ist die Meinung des Shaftesbury, das Sittliche stecke als natürliches Wohlwollen im Wesen des Menschen, nicht zu halten. Mit dem Wachsen solcher Neigung nimmt zwar die Selbstliebe an Stärke ab und gibt jener nach, aber es kann niemals zu einem Kampf zwischen beiden kommen, weil es keine heterogenen Vermögen sind. Das Abwägen beider gegeneinander geschieht notwendig in Harmonie, nicht im Widerstreit. Wie weit ich mich von meinen wohlwollenden Neigungen treiben lasse, wie weit ich mit dem Wohltun gehen darf, wird geradezu durch meine Selbstliebe bestimmt, die, wenn auch niedergehalten, sich doch stets den Neigungen überlegen weiß. Wohltaten aus Neigung zu erweisen, ist gewiß ein recht erfreulicher Trieb des Menschen, der viel Elend bannt und großen Nutzen stiftet. Aber daß wir solche Handlungen eines Wohltäters billigen, bürgt nicht für ihre Sittlichkeit, da wir vielfach auch, ohne uns über den wahren Grund einer fälschlicherweise als besonders sittlich angesehenen Handlung zu irren, sittlich ganz Gleichgültiges billigen.

Der Blick auf die Anderen ist nur geeignet, den Einzelnen zu trügen. Wie mag es wohl kommen, daß das unbeteiligte Urteil über das Handeln Anderer scheinbar zur stärkeren und sichereren Einsicht über das Sittliche führt, als der Versuch, es an der eigenen Seele abzulesen? Weil man sich mit größerer Unbefangenheit besser gerüstet glaubt, wenn man, dem unbequemen, eigenen Gewissensdruck aus dem Wege gehend, diese Tatsache verleugnend, den Gewissenszwang des Anderen nicht spürend, gleichsam aus der Bahn des Sittengesetzes als Beteiligter austritt. Weil man in der Beurteilung fremder Handlungen viel schärfer ins Gericht zu gehen pflegt, als bei den eigenen, weil man, frei von Gewissensdruck, der in der eigenen Seele als Zeichen dafür, daß das Gewissen arbeitet und als Zeichen eines nutzlosen und ohnmächtigen Widerstandes gegen das Gewissen allerlei Entschuldigungsgründe hervorzaubert, die Entschuldigungen, die man für eigenes unsittliches Handeln hat, den Anderen nicht einräumt.

Und doch trügt dieser Schein; denn die Billigung fremder Handlungen im sittlichen Werturteil auf Grund eines Vermögens der Seele, das man den moralischen Sinn genannt hat, kann nur auf das eigene Gewissen *zurückgeführt* werden. Die schärfere Mißbilligung fremden als eigenen Tuns folgt daraus, weil bei Selbstbesinnung über eigenes Tun der Gewissensschlag von der Selbstliebe gedämpft wird, während bei der Verurteilung fremden Tuns das Urteil die bei eigenem Tun in gleichem Falle eintretende Gewissensregung wiederspiegelt, die dazu den Vorzug hat, durch Selbstliebe nicht gehemmt zu sein. Stimmen wir jedoch den Handlungen anderer aus sittlicher Überzeugung zu, indem wir etwa eine brave Tat anerkennen, was gibt uns da die Gewißheit über die Richtigkeit und den Grund unseres Urteils? Doch nur weil wir wissen, daß im gleichen *Fall*, wenn wir vor die Entscheidung gestellt worden wären, uns unser Gewissen das Gleiche zu tun geboten hätte und wir nicht ganz sicher sind, ob wir dieser Stimme gefolgt zu sein die Stärke gehabt hätten. Aus diesem Schwächegefühl der Unsicherheit über die eigene sittliche Leistungsfähigkeit wird die Bewunderung der fremden Tat erzeugt. Der Täter erscheint größer als der, welcher ihn aus Gewissensregung, des einzigen Rüstzeuges zur sittlichen Beurteilung fremden Tuns, heraus bewundert.

Wenn ich nun umgekehrt meine eigene Handlung einer Prüfung unterziehe, dann kann erst recht nicht die Beobachtung meiner selbst, also mein Gewissen gleichsam ein mit unnachsichtiger Strenge waltender unparteiischer Zuschauer und Richter in meiner Brust sein und zwar deshalb nicht, weil dieses schöne, durch Adam Smith veranlaßte Bild hergeleitet ist aus dem Vorgang der Beobachtung Anderer und des durch diese Beobachtung veranlaßten und mit vermeintlich größerer Objektivität und Strenge ausgestatteten Reflexes auf sich selbst. Eine gleichsam fremde Kritik unserer selbst, in welcher sich der Einzelne mit dem Auge eines Anderen ansieht, um sich bei einer sittlichen Handlung gleichsam selbst sympathisch zu werden, führt entweder zur Überhebung oder zum Kleinmut und verkünstelt viel zu sehr den ganz einfachen Tatbestand der Gewissensregung, welche den Einzelnen ohne irgendwelche Rücksicht auf Andere und auf sich selbst an seiner eigenen Seele ablesen läßt, was er zu tun hat, und nicht irgendwie den ganz ursprünglichen Bruch des Einzelnen mit den Anderen antastet, damit alle Nachahmungen und gymnastischen Übungen nach Vorbildern aus dem sittlichen Leben entfernt bleiben.

VII. Bei der Feststellung der schärfsten, bruchartigen Abhebung des Einzelnen von den Anderen ist es besonders geboten, die Frage, wie eigentlich eine Staatsgemeinschaft möglich sei, nicht aus den Augen zu verlieren. Wenn ich in meinem Gewissen völlig vereinsamt bin, wie finde ich die Gemeinschaft? Weil ich mich nur gegen die einzelnen Anderen isoliere, nicht aber gegen die Gemeinschaft. Zu einer Einheit zwischen mir und den Anderen in ihrer Gesamtheit bedarf ich nicht der Anderen. Meine Selbstbesinnung zeigt mir die Einheit meines Bewußtseins. Nun aber treibt mich mein brennendes Gewissen zum Wirken, das mir sittliches Gebot ist. Ich will und muß wirken. Aber was soll ich wirken? Da ich in mir nur Einheit finde, so treibt mich mein Gewissen, auch nur Einheit zu wirken. Nach dem Vorbilde der sich in mir findenden Einheit will auch ich eine Einheit wirken, in welchem Tun ich die sittliche Kraft, die mir gegeben ist, auslösen werde. Ich bin ganz bei mir selbst, weiß nur um Einheit und will auch selbst Einheit wirken. Aber welche Mannigfaltigkeit von Verschiedenheiten soll ich in der Einheit überwinden? Wessen Einheit soll ich finden? Da ich nur bei mir selbst bin, muß ich erst diese Mannigfaltigkeit setzen. Und bei dieser Arbeit lassen mich die Anderen büßen, daß ich mit ihnen gebrochen habe. Aber trotz allem werde ich in mir allein finden, daß es Andere gibt, und wird mich mein Selbstbewußtsein um die Anderen wissen lassen, ohne daß ich sie als neben mir seiende und wirkende Einzelwesen zu bemerken brauche. Denn mein auf eine zu wirkende Einheit gerichteter Wille hat sich nur im Kampfe mit meiner Selbstliebe herausgebildet. Wenn mein Gewissen gegen meine Selbstliebe angeht, dann weiß ich, daß es den Zusammenhang zerstört, um dessentwillen ich mich in Selbstliebe zu erhalten suche. Weil ich erkenne, daß in meinem Gewissen die den Naturzusammenhang zum Ausdruck bringende Gattung, zu der ich als Mensch ohne meine abgeschiedene Isolierung gehöre, zerstört wird, und zur Gattung stets eine Vielheit von Einzelwesen gehört, deshalb kann nur eine Vielheit von Wesen meiner Art, die sich um der Art willen selbst lieben, an der Einheit teilhaben, welche zu wirken mir mein Gewissen im Kampfe gegen meine Selbstliebe gebietet. Diese Einheit ist die Gemeinschaft, für welche die sich mir in der Selbstbesinnung erschließende Einheit Vorbild sein muß und der ich selbst und die Anderen angehöre. Erst ich als Einzelner, dann die Gemeinschaft und dann erst die Anderen in der Gemeinschaft. Die Gemeinschaft ist möglich, ohne einer Berührung des Einzelnen mit den Anderen zu bedürfen.

Ich vermag durch reine Selbstbesinnung Wesen meiner Art zu setzen, die wie ich sind, nicht aber mein Ich selbst sind. Und das können nur andere, ebenso wie ich, selbstbewußte und isolierte Einzelwesen sein. Das andere Ich hat für mich nur Sinn in der sittlichen Anspannung seines Gewissens. Nichtabgeschiedene und

Gebundene, die nicht durch Selbsttätigkeit die Einheit wirken, wird mein Ich niemals zur Einheit mit fortreißen können. Nur die selbst erarbeitete Isoliertheit des Einzelnen wird mit mir jener Gemeinschaftseinheit teilhaftig sein. Sonst würde die Isoliertheit nicht restlos und folgerichtig ausgedeutet. Die von mir gewirkte Einheit und die von Anderen gewirkte Einheit sind wohl zu unterscheiden, aber sie widerstreiten unmöglich einander, sondern sie sind ihrem Wesen entsprechend notwendige Voraussetzungen für die Staatseinheit in ihrer Einzigkeit.

Um seiner Sittlichkeit willen ist der Einzelne gut und kann er böse sein. Sittlich handelt er, wenn er die Grundsätze seines Handelns auch auf Gemeinschaft übertragen wissen will. Eine solche mit den ihr vom Einzelnen übertragenen Grundsätzen ausgestattete Gemeinschaft ist so eng an den Einzelnen gebunden, daß sie durch die Pflege des den Einzelnen Gemeinsamen gar nicht möglich ist. Deshalb ist das allgemein Menschliche für den Staat verloren. Dagegen ist der Staat möglich, weil sich der Wille des Einzelnen mit dem der Allgemeinheit zu decken vermag. Diese Tatsache ist maßgebend dafür, daß das allgemein Menschliche in der Weise, daß jeder Einzelne wie „der Mensch" handelt, den Einzelnen niemals sittlich zu machen vermag, indem das gemeinsame Allgemeine nur eine unzulängliche sittlich farblose und nur für Erkenntnis der Natur taugliche Einheit schafft, sondern daß es die höchste sittliche Erfüllung ist, wenn eine Anzahl von Menschen wie ein einzelner Mensch handelt, was voraussetzt, daß die Gemeinschaft dieser Anzahl einer Gewissensregung fähig ist und des Einzelnen Sittlichkeit nicht in seiner Gattung, sondern bei ihm selbst liegt.

Nur der Einzelne ermöglicht den Staat und gibt der Gemeinschaft ein eigenes Gepräge. Nur der Einzelne erlebt die Einheit des Staates, an ihm hängt sie und in ihm erst hat sie Leben, weil ihr über ihre Grenzen weisender Zweck ein bloßer Abglanz des Zweckes einer sittlichen Persönlichkeit ist. Wird der Staat in seiner Ganzheit von dem Einzelnen begriffen, dann können sich die Bürger nicht mehr um ihn streiten und ist seine Einheit also verbürgt. Denn je stärker die Eigenprägung des Einzelnen, um so umfassender vermag er die Gemeinschaftseinheit der Eigengeprägten in sich zu erleben. Der Einzelne ist ganz bei seiner Sache und stört nicht den Anderen; daß jeder das Ganze anders hat, zerreißt nicht, sondern bindet die Gemeinschaft, da Eigentümlichkeiten gegeneinander einen Streitfall nicht zulassen und Streit nur entsteht um das, was mehreren gemeinsam sein kann. Der Einzelne kämpft nicht mit andern, sondern mit sich um seine Persönlichkeit, um aus ihr die Anerkennung für die besondere Person des Anderen herzuleiten. Und so ergibt sich die Staatseinheit als ein System von Persönlichkeiten und als ein Zeichen für die folgerichtige Wirksamkeit des Sittengesetzes.

Nicht nur nicht, daß die Eigenprägung des Ganzen darunter litte, sondern sie wird dadurch überhaupt erst möglich. Schon Kant (Anthrop. O. P. 311) nahm mit vollem Recht an der Meinung Humes Anstoß, der behauptete, „daß, wenn in einer Nation jeder Einzelne seinen besonderen Charakter anzunehmen beflissen ist, die Nation selbst keinen Charakter habe". Weil jeder von diesen beiden Männern für die Seele seines Volkes eintrat, mußten sie in dieser Frage Gegner sein. In der Tat tritt im einzelnen Engländer der Typus seiner Nation auf Kosten seines besonderen Charakters sehr stark in den Vordergrund, während es bei dem Deutschen umgekehrt zu sein pflegt. Deshalb vermag aber auch entgegen der Meinung Humes die englische Nation weit schwerer einen Charakter anzunehmen, indem der Engländer bloß für seine Gattung, in die er sich völlig einreiht, lebt und es für sittlich hält, seiner Selbstliebe soweit nachzugeben, wie sie seiner Gattung nützt. Die deutsche Nation dagegen nimmt leichter einen Charakter an, weil in ihr der Einzelne den deutschen Typus zugunsten seiner ganz besonderen Individualität, welche die Gattung (obj.) in sich verzehrt, zurückdrängt, indem er ahnt, daß die unergründliche Tiefe einer Nation sich nicht offenbart, es sei denn in der Seele des Einzelnen aus ihrem Schoße gewachsenen Menschen, indem er nicht in einer ebenen Fläche das allen Gemeinsame bebaut und pflegt, sondern in dem aus ihr herausragenden scharf umrissenen Gipfel das Symbol seiner Sendung und Berufung zu erblicken versteht.

Die Staatseinheit erwächst dem Deutschen allein aus der einheitschaffenden Vereinzelung des Einzelnen selbst. Das, was den Einzelnen von den Anderen aufs schärfste unterscheidet, fällt zwar aus dem Typus, nicht aber aus dem *Charakter der Nation* heraus; denn wenn er durch *Abstammung, Rasse und Sprache* der Nation, die durch ihn den besonderen Charakter gewinnen soll, angehört, wird er auch niemals durch die Pflege seiner vor den Anderen ausgezeichneten Eigentümlichkeit aus seiner Nation herausfallen, sondern seine ganze Nation wird in ihn gleichsam hineingepreßt, um aus ihm mit seiner Prägung, wie aus einem Brennspiegel, wieder hervorzuleuchten. Der Einzelne vermag jederzeit das Ganze zu vertreten und sich an seine Stelle zu setzen. Deshalb irrte Rousseau, wenn er in seinem Gesellschaftsvertrag (Recl. 45) meinte, „jedes Individuum, das für sich ein vollendetes und einzeln bestehendes Ganze ist, sei zu einem Teile eines größeren Ganzen umzuschaffen". Die. Ganzheit des Einzelnen wird nicht umgeschaffen, sondern gerade aufs stärkste betont und gesteigert, indem die Ganzheit des Staates von ihr abhängt und zwar ohne Zwischenglieder ganz unvermittelt. Eine sittliche Beziehung besteht immer nur zwischen dem Einzelnen und der Staatsgemeinschaft, nicht aber anderer Teilgemeinschaften innerhalb des Staates. Bildet sich innerhalb des bestehenden, aber noch ganz unvollkommenen Staates eine sittliche Vereinigung Weniger, so kann sie nur als eine vorläufige Gemeinschaft verstanden werden, die mit behutsamer sittlicher Festigung ihre Kreise weiter zieht, bis sie, ihr Ziel erreichend, die ganze Staatsbürgerschaft zu ihrer sittlichen Höhe emporgehoben hat. Eine innerhalb des Staates sich vor der größeren Zahl der Bürger abschließende sittliche Gemeinschaft ist auf die Dauer nicht möglich, weil die sittliche Bahn nur eine Mündung, nämlich den Staat in seiner

Ganzheit, hat. So wird denn der Staat kleinere Teilgemeinschaften immer dann aufsaugen, wenn sie einen sittlichen Charakter haben, während Künstlervereinigungen, wissenschaftliche Vereine oder Wirtschaftsverbände nicht an der von dem Einzelnen auf den Staat gerichteten Strömung liegen.

VI. Erziehung und Recht.

Der Staat ist eine Bewußtseinsgemeinschaft, die ohne den Einzelnen nicht begründet werden kann. Der Einzelne und sein Staat gehören aufs engste zusammen. Sie sind eine Einheit, in welcher allein sich die maßgebende und richtungweisende Idee für alle Staatseinheit zu bilden vermag. Aber eine Idee trägt nur dann eine lebendige und gestaltende Kraft in sich, wenn sie hindrängt auf die tatsächliche Lebenserfahrung, um durch Verwirklichung diese zu bezwingen, um den Abgrund zwischen sich und den tatsächlichen Verhältnissen zu überbrücken. Daran erprobt sie ihren sittlichen Gehalt, um zu erfahren, daß ihre Arbeit ihre Kraft nicht lähmend abnutzt, sondern ihrer Energie dauernd frische Kraft zum Wirken zuführt. Und wer nicht an die Macht der sittlichen Idee glaubt, vermag auch nicht ihre zarten und feinen Töne aus den groben und schrillen Tönen des alltäglichen nüchternen Lebens herauszuhören.

Weil der Einzelne sich abgeschieden hat, ist er dem Einzelnen niemals feind. Aber seine Sittlichkeit läßt ihn nichts tun, um des Anderen willen, sondern einzig um des Staates willen. Meine Unterschiedenheit vom Staate ist von ganz anderer Art, wie die vom Anderen. Nicht gegen den Staat, sondern gegen den Anderen habe ich mich in meinem Gewissen isoliert, weil die Sittlichkeit nicht dadurch zur Einheit bindet, indem der Einzelne zum Anderen übergreift, um ihn mit aufzunehmen in die sittliche Staatsgemeinschaft. Die Sittlichkeit bindet nur solche, die sich selbständig erarbeiten, was sie ihnen gab, ohne Rücksicht auf den Anderen. Doch der Einzelne ist selten, was er weiß, sobald er die vollkommene Einheit mit seinem Staate gefunden hat und diese mit der unzulänglichen Staatseinheit der Vielen untereinander vergleicht. Er sieht auf die heranwachsende zukünftige Generation, um zu erkennen, daß sie noch nicht von der Sittlichkeit geschlagen wird. Er nimmt sich ihrer an, um sie reif zu machen für den Augenblick, in welchem die Sittlichkeit ihm seine Arbeit an der Jugend aus der Hand nimmt und diese in die Richtung des Sittengesetzes einreiht.

Er sieht auf die herangewachsene gegenwärtige Generation, um zu erkennen, daß das gesellige Beieinander die Gestaltung des Einzelnen immer wieder hemmt und daß er im Dienste der Sittlichkeit nur durch das grobe Instrument des Rechtes nicht den Anderen, wohl aber die Gesamtheit der Anderen zu bezwingen vermag.

A. Die Erziehung ist das die aufeinanderfolgenden Generationen miteinander verknüpfende Band zu dem Zwecke, daß der Einzelne im Staate nicht ausstirbt, und das Resultat der Erziehung ist Eintritt des Erzogenen in die Bewußtseinsgemeinschaft des Staates. Der Staat des Kindes aber ist unmündig wie es selbst.

Die jeweils herrschende und lebende Generation ist nur ein Glied in der Kette der Generationen, und die zu gleicher Zeit zusammen lebende jüngere und ältere Generation ist das Zeichen für die sich über viele Zeitalter hinziehenden Generationen, und gerade die Erziehung zum Staate macht bewußt, wie wenig die jeweils lebende Generation für den ganzen Staat bedeutet. Die vergangene und die künftige Generation fordern ihre Rechte von der gegenwärtigen. Es erzieht immer nur die ältere Generation aus einem Standpunkt gewisser Überlegenheit heraus, aber immer nur die jüngere Generation wird schließlich der älteren aus dem jüngeren Geist der neuen Zeit heraus überlegen bleiben. Die ältere Generation züchtet sich selbst ein Geschlecht, das sie überwindet. Damit nun die Erziehung nicht der stärkste Hemmschuh geschichtlicher Entwicklung werde, ist die rechtzeitige Entsagung und das Zurücktreten des Erziehers zugunsten seiner eigenen jugendlichen Überwinder ein den Meister der Erziehungskunst erprobendes wesentliches Erfordernis; denn die Staatsaufgabe der jüngeren Generation kann nur von ihr selbst gefunden werden.

Gäbe es keine Jugend im Staate, würde wohl schwer selbstlose Arbeit für den Staat geleistet. Und da in bezug auf die Lebenden das Interesse zum Staat niemals ganz rein von Selbstliebe ist, so wird die Liebe zu den Menschen besonders rein erfaßt in dem Gedanken an die noch nicht Geborenen. Die seltsame Begeisterung und Unruhe, in welche die Menschen geraten, wenn ihr Staat in einer kritischen Lage oder in einem gärenden Zustande spruchreif ist, kann nur aus einer starken und wirksamen Liebe zu den kommenden Generationen erklärt werden, welche Liebe in der Erziehung der lebenden Jugend im Hinblick auf die erfahrungsfreie Zukunft zum Ausdruck kommt.

Weil es in Sachen der Sittlichkeit keine Einwirkung des einen Menschen auf den anderen geben kann, so liegt die stärkste Triebkraft einer jeden Erziehung nur in der Liebe. Und da der Staat auf keine Weise zu lieben vermag, so ist er auch kein Erzieher, sondern es wird zum Staate erzogen. Deshalb ist eine staatsfreie Erziehung eindringlicher und dem Staate förderlicher als eine Erziehung von seiten des Staates, welche im günstigsten Falle immer nur äußerlich Anerzogenes erzwingt. Die Autorität des Staates verträgt sich nicht mit dem Erziehungsziele, der sittlichen Selbständigkeit des Einzelnen. Der Staat ist nur der Rahmen, nicht jedoch der innere Gehalt der Staatserziehungsschule. Er hat in der Erziehung höchstens die Aufgabe einer äußerlichen Ordnung zum Zwecke der Regelmäßigkeit des Erziehungsbetriebes, der nicht verhindern darf, daß der erzogene Mensch seinen vermeintlichen Erzieher Staat bessert, wo er nur kann. Der Staat erwartet gleichsam das Heranwachsen und das über ihn Hinauswachsen des Zöglings. Weil die Verantwortung für seine Vervollkommnung nicht bei ihm, sondern bei dem Einzelnen liegt, kann nicht der strenge und lastende Rahmen des bestehenden Staates der Maßstab für die Erziehung der zum Staate Berufenen sein.

Der Staat ist dem Einzelnen nicht sittliche Norm, sondern sittliche Aufgabe, weswegen es verfehlt ist, zu meinen, daß nur die durch den Staat in größeren Mengen nach streng geregelten einheitlichen Grundsätzen gemeinschaftlich Erzogenen dem Staate dankbare und gute Staatsbürger werden könnten, zumal das gemeinschaftliche Zusammenleben und Erzogenwerden nicht schon die Pflanzstätte für Gemeinschaftsbewußtsein ist. Dagegen ist hohe Bildung die mächtigste Fürsprecherin für den Staat. Da ihre Mehrung die beste Gewähr bietet für die Erreichung einer höchstmöglichen Anzahl von Menschen mit Staatsgewissen, so hat der Staat ernste Bildungsbestrebungen, wo sie sich auch finden, zu fördern und das ganze Schwergewicht der Erziehung von sich auf den Lehrer und Erzieher zu übertragen. Die Tatsache, daß der Erzieher vom Staate auf seinen Posten gestellt ist, ist für den Kerngehalt seiner Erziehung völlig belanglos. So kann auch gute Privaterziehung dem Staate nur nützen und freie Schulgemeinden können ihm nicht schaden.

Erziehung zur Persönlichkeit bedingt notwendig Erziehung durch Persönlichkeit. Deshalb ist der wichtigste Gegenstand aller Erziehungslehre nicht das Kind, sondern der Erzieher. Die wesentlichste Erziehungsmacht ist das gute, musterhafte Vorbild und seine Einprägung in die Seele des Kindes durch unmittelbare Einwirkung von Person auf Person, welche eine zarte, leicht brüchige und schwierige Beziehung voraussetzt. Erst nachdem der Erzieher die höchsten Anforderungen an sich selbst gestellt hat, kann er diese auch auf das Kind übertragen, weil ihn sonst die Unwahrhaftigkeit der gesprochenen Worte um den Erfolg der Erziehung bringt und auch die systematische Härte streng feststehender Erziehungsregeln die lebendige Gegenwart einer vorbildlichen Persönlichkeit nicht zu ersetzen vermag. Ein solcher Erzieher wird nicht verlangen, daß der Zögling seine Art annehme, er wird die sich aus dessen Eigenart ergebenden Konflikte selbstlos tragen. Er wird das Sachliche übermitteln, aber Persönliches niemals zerstören. Er wird selbstlos verstehen, wenn ihm der Schüler entwächst, aber helfen, wenn er fühlt, daß dieser seiner Hilfe bedarf. Der Schüler wird ihm dankbar sein für seine Zurückhaltung gegenüber stetig zunehmender Selbständigkeit, während er Erstaunen und Unwilligkeit darüber nur schwer zu tragen vermag, sobald seine erwachte Selbständigkeit in ihm das Gefühl erregt, der Erzieher sei beim Schießen über sein Ziel hinaus ein Blinder, der einen Sehenden führen wolle.

Da an dem Verhalten des Lehrers alle Erziehung hängt, so treten alle Methoden hinter dem Unwägbaren seiner Person zurück, indem diese sich ihre eigenen Grundsätze ausbildet. Die Erziehungsbegabung wird sich stets gegen angelernte Erziehungsregeln sträuben und besonders wird sich das Kind einem fein ausgeklügelten Erziehungssystem zu entwinden suchen, wo es nur kann.

Die Erziehung ist eine Leistung, die ohne berufsgemäße Fachausbildung ausgeübt werden kann. Sonst hätten die Eltern kein Erziehungsrecht. Jeder erzieht seine Kinder anders, aber die Liebe zu dem Kinde ist allen gemein und hilft immer wieder über Erziehungsmängel hinweg, wie auch die enge Beziehung zu dem Kinde und der Eigentümlichkeit seiner Seele die Erziehungskunstfertigkeit ersetzt, solange echte Liebe den elterlichen Erzieher nicht schwach und gleichgültig macht. Gleichgültigkeit aber liegt in jeder Gewöhnung und Anpassung an die Schwächen des Kindes, die niemals die Oberhand gewinnen dürfen über die Liebe der Eltern, weil sonst die Rollen in der Beherrschung vertauscht werden.

Die Erziehung des Elternhauses inmitten der Familie findet in der Schule nicht ihren vollwertigen Ersatz. Dagegen hält diese die große Menge der Kinder wesentlich durch äußeren Zwang, sowie durch ein strenges und folgerichtig einzuhaltendes System des Unterrichts zusammen, welches den Mangel beseitigen hilft, der darin besteht, daß der eine Erzieher einer zu gleicher Zeit versammelten großen Zahl von Kindern gegenübersteht und dadurch den Einfluß von Person zu Person verliert, so daß in der

Schule nicht so sehr der Einzelne zur Gemeinschaft, sondern vielmehr eine ganze Gemeinde zur Einheit und Selbständigkeit erzogen wird, woraus es erklärlich ist, daß sich in der Schule eine gewisse auf Äußerlichkeiten beruhende geregelte Erziehungsmethode herausbildet, die von der Methode des Unterrichts ganz beherrscht ist. Im strengen Sinne jedoch gibt es bei Wahrung des einzigen Verhältnisses von Person zu Person gar keine Erziehungsmethode in bezug auf den die Person des Kindes beachtenden inneren Erziehungsgehalt, während eine Methode des Unterrichts möglich und notwendig ist, weil er nur das Wissen betrifft und dieses, wenn es übermittelt wird, dem zu unterrichtenden Kinde ein fremdes ist und beim Unterricht das Schwergewicht auf dem Wissen, nicht auf dem Kinde, ruht. Die Tatsache jedoch, daß das Wissen dem Kinde ein eigenes wird, fällt aus dem Kreise des Unterrichts insofern heraus, als eigenes Wissen nur eigen erarbeitetes Wissen sein kann und geschöpft wird, wenn gar kein Unterricht besteht oder aber der Unterricht schon vorbei ist.

Was man nicht als Eigenes weiß, darin kann man auch nicht unterrichten, aber die Wissensübermittelung des Unterrichts allein bürgt noch nicht für das eigene Wissen des Unterrichteten. Das Wissen des Fremden zeigt die Grenzen des Unterrichts und beweist die Notwendigkeit der über diese Grenzen hinausweisenden Erziehung zur Selbsttätigkeit der Wissensschöpfung durch den zu Erziehenden. Deshalb gibt es aber auch einen Unterricht ohne Erziehung, sobald jene Selbsttätigkeit vorausgesetzt werden darf.

Dagegen gibt es, wie Herbart mit Recht sagt, keine Erziehung ohne Unterricht. Nur bedarf es einer besonderen Erklärung, inwiefern sich die Erziehung der Wissensübermittelung zu bedienen hat; jedenfalls nicht um des Wissens willen, welches als Drittes und Fremdes zwischen Erzieher und Kind steht, sondern um dessen willen, welches dem Kinde fehlt zur Sittlichkeit. Nur dieses mangelnde Wissen rechtfertigt die Erziehung des Erziehers — und zwar durch Unterricht. Da Sittlichkeit und Persönlichkeit unübertragbar sind und auch dem Kinde gegenüber der Satz: „Ich weiß nicht, was deine Pflicht ist, ich weiß nur, daß du eine Pflicht hast" wenn nicht für die oberflächliche praktische Handhabung, so doch in der tieferen Anlage eine ideelle Bedeutung hat, welche mit dem Heranwachsen des Kindes eine immer stärkere Betonung bekommt, so ist die Wissensübermittlung in Sachen der Erziehung solange die Brücke zwischen Erzieher und Kind, wie das Kind noch nicht weiß, was seine Pflicht ist. Der Erzieher hilft dem Kinde bei dem Erwerb des Wissens um seine Pflicht insbesondere dadurch, daß er es das Wissen vom Guten und Bösen lehrt — soweit er es selber weiß.

Die Erziehung kann nicht durch irgendeinen beliebigen Sachunterricht erfolgen, sondern nur durch eine lediglich die Person des Kindes angehende Belehrung, welche das Kind über sich selbst nachdenken zu machen geeignet ist. Hierbei geht von Erzieher auf Kind eine Wirkung aus, die den Schein erwecken soll, als ob nicht der Erzieher, sondern die Sittlichkeit selbst in das Bewußtsein des Kindes mit derselben Sicherheit unmittelbar hineinwirkte, wie es beim Erwachsenen tatsächlich der Fall ist. Nur eine Wirkung in das Bewußtsein hinein vermag das Gewissen zu regen, und auch im Kinde sind solche Gewissensregungen als Wirkungen von seiten der Sittlichkeit vielfach deutlich spürbar, nur verfehlen sie in ihm oft das Ziel, weswegen die Arbeit des Erziehers einzusetzen hat. Das Gewissen des Kindes tappt infolge seines mangelnden Wissens gleichsam noch im Dunkeln, eine Tatsache, die man deutlich daran erkennen kann, daß der Erzieher das Kind mißbrauchen kann, indem er veranlaßt, daß das Gewissen des Kindes aus Anlaß ganz nichtiger Vorgänge schlägt, ja sogar die Seele des Kindes nach einer ganz reinen und guten Handlung so sehr in Unruhe versetzt wird, wie nach einer bösen Handlung. Nicht die eigentliche Gewissensregung des Kindes, die anderen als menschlichen Einflüssen unterliegt, ruft der Erzieher hervor, sondern nur das Wissen von der Gelegenheit, bei welcher das Gewissen im Erwachsenen schlägt, während das noch unreife Gewissen des Kindes infolge seiner Unselbständigkeit bei allen möglichen Gelegenheiten zu schlagen vermag. Erziehen heißt, einem Unmündigen bei der Gewissensarbeit helfen. Erziehung ist Schärfung des Gewissens durch Bereicherung solchen Wissens, welches für den richtigen und falschen Gewissensschlag in Frage kommt. Nur solches Wissen ist Inhalt eines Erziehungsunterrichtes, der sich jenem Erziehungsprinzip vollständig einzuordnen hat und der Eigenseitigkeit des Kindes am weitesten entgegenkommt.

Weil Sittlichkeit nicht von einem Menschen auf den anderen übertragbar ist, bedarf der Erziehungseinfluß auf das Kind noch besonderer Rechtfertigung. Wenn Erziehung zur Persönlichkeit nur durch Persönlichkeit möglich ist, ist die innere Entwicklung zur Persönlichkeit erfreulicherweise nicht davon abhängig, ob Persönlichkeit erzieht oder nicht, ob durch gutes oder schlechtes Vorbild erzogen wird. Das Kind trägt in sich eine Versicherung gegen schlechte Erziehung und einen Keim zur Selbständigkeit, an dessen Entwicklung der Erzieher überhaupt keinen Teil hat. Dieser Kern zeigt sich bei Nichterziehung und besonders stark bei sehr schlechter Erziehung, etwa in einer verkommenen Familie. Solche Tatsachen lassen die Grenzen der Erziehung erkennen. Was würde aus dem Kinde, wenn es überhaupt nicht erzogen wäre? Sicherlich würde es nicht schlechter, als wenn es schlecht erzogen wäre. Der unerzogene Mensch ist noch kein ungezogener Mensch. Und wird der schlecht Erzogene gut, dann hat gerade das schlechte Vorbild den im Kinde selbst vorhandenen Erzieher, nämlich sein Gewissen schneller reifen lassen und die Selbständigkeit des Kindes um so stärker entwickelt. Anderseits bürgt gute Erziehung noch nicht für eine gute Entwicklung, indem das Anerzogene nur zu leicht bloß an Äußerlichkeiten haften bleibt. Weil jener Keim im Menschen durch Nichterziehung schärfer bloß gelegt wird, als durch Erziehung, ist der Satz berechtigt: Erziehung macht keinen Menschen, und der Erzieher kann dem Kinde um so weniger geben, je mehr er von ihm für die Zukunft erhofft und erwartet. Nur schwache Menschen, deren Veranlagungskeim nicht genügend fest und gesund war, bedauern, in ihrer Jugend nicht die richtige Erziehung gehabt zu haben, ohne sich darüber klar zu sein, daß die beste Erziehung ihren Kern nicht hätte ändern können.

Und doch wird ein guter Erzieher sich immer wieder an diesen Kern im Kinde heranzumachen versuchen und die Spannungen, welche ihm zwischen sich und dem Kinde daraus erwachsen, nicht scheuen, vor allem jedoch wird er sich hüten, die Erziehung bloß als ein einseitiges Geben von sich aus und im Gefolge als ein nur einseitiges Empfangen auf seiten des Kindes anzusehen. Eine solche Erziehung ist nicht gerechtfertigt, weil sie niemals den Weg des Kindes zur sittlichen Persönlichkeit, also zu seiner Isolierung, zu weisen vermag. Während der Unterricht im wesentlichen Fremdes in das Kind hineinlegt, hat die Erziehung im wesentlichen aus ihm herauszuholen, zur Pflege des Keimes zur Selbsttätigkeit. Und jetzt werden wir die Tätigkeit des Erziehers rechtfertigen können. Ich kann von niemandem verlangen, daß er sittlich handele, weil ich keine Macht zum Eingriff in die sittliche Persönlichkeit des Anderen besitze. Wohl aber darf ich das Kind zur Sittlichkeit erziehen, weil es auch mir Etwas entgegenbringt, worin es mir überlegen ist und was ich nicht besitze. Im Kinde steckt eine Kraft, die einen abgewogenen Austausch gegen das ermöglicht, was ich ihm gebe, wenn ich es erziehe. Und diese Kraft ist seine Unschuld, die dem Erzieher fehlt. In ihrer Unschuld gestattet gleichsam die Person des Kindes den Eingriff des Erziehers. Die Unschuld ist eine Vollkommenheit, die durch Erziehung nicht irgendwie gesteigert werden kann. Es wäre geradezu widersinnig, wollte man ein Kind zur Unschuld erziehen. Nicht vor dem Kinde, wohl aber vor der Unschuld im Kinde habe der Erzieher Ehrfurcht, ja es ergibt sich ein wichtiger Erziehungsgrundsatz, der lautet: „Reinige dich an der Unschuld des Kindes, bevor du an seine Erziehung herantrittst." Erst diese Reinigung sühnt den Verstoß des Erziehers, daß er auf einen Anderen in Sachen der Sittlichkeit einwirkt.

Nicht etwa die Pflichtversäumnis, sondern die unwissende Unschuld des Kindes ist der letzte Grund, weswegen der Erzieher ihm sagen kann, was es zu tun hat. Die Klärung des Wissens aber ist Trübung der Unschuld. So zerstört die Erziehung die Unschuld des Kindes, eine Notwendigkeit, um der Sittlichkeit die Bahn frei zu machen. Dann schwindet wieder mit der Unschuld die Erziehung. Da nun das tote Wissen den unschuldigen Menschen zu ersticken droht und die Erziehung sich für ihre eigene durch das Schwinden der Unschuld gefährdete Erhaltung einsetzt, so wird eine gute Erziehung stets eine gütige Täuschung des Kindes über die Erziehung sein. Der Erzieher wird das Kind nicht merken lassen, daß er ihm das Wissen von dem Guten und Bösen gegeben hat, er wird es bei der Wissensübermittlung über seine Unselbständigkeit, die es im Interesse seiner erwachenden eigenen sittlichen Selbständigkeit, nicht spüren darf, hinwegzutäuschen suchen und das Schulmäßige niemals aufdringlich werden lassen. Dann wird das herangezogene Kind sich auch wieder leicht von dem Erzieher, dessen Berufung die Entsagung ist, abzulösen vermögen.

B. Das Recht. Während Platon an irgendeiner Stelle seiner Politeia einmal sagt, an der Grenze des Rechtes habe die Erziehung einzusetzen, möchte ich eine Umkehrung vornehmen und sagen, die Notwendigkeit des Rechtes ergebe sich aus dem Unvollkommenen jeder Erziehung und dem durch Erziehung nicht Erreichten. Der vollkommene Einzelne bedarf nicht des Rechtes und steht außerhalb seines Kreises. Wie die Erziehung die Vorschulung zur Sittlichkeit des Einzelnen ist, so ist das Recht die Vorschulung zur Sittlichkeit der Gemeinschaft.

I. Die Einheit des Einzelnen mit seinem Staate bedarf nicht des Rechtes, ist also auch nicht die Einheit eines Rechtsstaates, dagegen ist die Staatseinheit der Vielen aus dem Gesichtswinkel des Einzelnen heraus zwar ohne das Recht denkbar, aber sie ist nur durch das Recht zu verwirklichen, aus Gründen, die nicht im Einzelnen liegen; aber wiederum auch nur aus der lebendigen, jener Gründe Herr werdenden sittlichen Kraft des Einzelnen heraus wird das Recht gezeugt, indem die Isolierung des Einzelnen und die dadurch ermöglichte Zeugung eines mit sittlichem Gehalt erfüllten Rechtes das Verfahren der Sittlichkeit ist, dessen sie sich bedient, um eine Menge von Menschen in ihrer Gesamtheit von der Natur abzulösen.

Der Einzelne gründet in seiner selbstbewußten Gewissensregung den lebendigen Staat, nur er trägt das Wesen des Staates in sich, welches er nicht im Hinblick auf die Anderen, sondern auf den Staat erfaßt, nicht mit Rücksicht auf erfahrene Geselligkeit, sondern mit Rücksicht auf eine zielstrebige, Erfüllung heischende Idee des Staates selbst. In dieser Idee ist der Staat nicht, wie sein Name sagt, ein status oder durch die Rechtssetzung bewirkter, beharrender Zustand, sondern eine im Einzelnen mit stärkstem Druck überfließende Quelle, die ihre Kraft verliert, je weiter sie sich über die Vielen ausbreitet. Der im Einzelnen lebende Staat ist mehr als Recht, er will immer wieder neu gezeugt und gesetzt werden. Er ist für den Einzelnen nicht da als etwas außer ihm Existierendes. Außer ihm existieren immer nur die Anderen, nie jedoch der Staat, insofern er nicht Rechtsstaat ist, der das gesellige Beieinander der Menschen im Raume ordnet und dessen Satzung in ihrer Beständigkeit den Menschen vortäuscht, eine vorübergehende oder dauernde Unbekümmertheit um den Staat könne nichts schaden. Das Recht rechnet mit dem Raume, ohne auch nur entfernt in alle Poren des Einzelnen einzudringen. Der Einzelne kommt zum Staat auch ohne den Anderen. Ja sogar vereinigt sich der Staat des Einen mit dem Staat des Anderen, ohne daß es des Rechtes bedürfte, weil die Idee des Staates das Wesen der Einheit ausmacht, die ein jeder mit seinem Staate gefunden hat. Nun aber ist das tatsächliche räumliche Nebeneinander der Menschen nicht durch den unräumlichen Isolierungsprozeß des Einzelnen zu beseitigen, und es würde sich meine Idee, welche die Einheit zwischen mir und meinem Staat ausmacht, zum tatsächlichen Dasein des Staates selbst nur entwickeln können, wenn dem zu verwirklichenden Staate nicht die Voraussetzung vorherginge, daß ich auf den Anderen, auf das „Du" stoße, eine Voraussetzung, die die Notwendigkeit des Rechtes begründet. Ich bin der Grund des Staates, du aber bist der Grund des Rechtes. Und dasselbe kannst du von mir sagen, wenn du mich als dein „Du" und dich als dein „Ich" begreifst. So ist das Recht eine Notdürftigkeit, ein historisches Dokument der sittlichen Ohnmacht einer geselligen Menschenzahl, in der nicht alle rechtlich gesinnt sind und die selbst kein Gewissen haben kann, ohne daß die Rechtsbindung von ich und du oder von dem Einzelnen und dem Anderen vorhergegangen wäre. Der Einzelne verhält sich zur Geselligkeit, wie die Idee des rechtsfreien Staates zu der Tatsache des Rechtsstaates. Das Recht verwirklicht die Idee des Staatszusammenhanges der Isolierten.

II. Ich und du sind das Zeichen einer geselligen Menschenmenge, welche in der Beziehung der Menschen untereinander ursprünglich durch die Gesetze der Natur geregelt wird. Der Einzelne allein dagegen ist das Zeichen für das unmittelbare Leben der Sittlichkeit, welche mit der Natur in Spannung gerät. Wie das Meer durch unablässiges Züngeln dem Lande das Gebiet abfordert, so läßt die Sittlichkeit nicht nach, der Natur das Volk und die Völker zu entreißen und den Naturzusammenhang, der sich über die Lebensäußerungen der Menschen untereinander ausbreitet, zu zerstören. Dagegen heißt sittlich sein nicht, widernatürlich leben, sondern der Natur lassen, was ihr zukommt; aber man muß nicht dort Natur walten lassen, wo sie nicht mehr am Platze ist und mit ihren Mitteln versagt. So gibt es zwei Verhaltungsweisen des vernunftbegabten Menschen gegenüber der Natur. Er kann sich der Natur zur Erfüllung seiner Zwecke bedienen, er kann aber auch gegen sie kämpfen und ihre Wirksamkeit auszuschalten versuchen. Der Arzt umgeht die Naturgesetze, die den Kranken von ihm fordern, er sucht die Natur zu überlisten, indem er das eine Gesetz gegen das andere auszuspielen versucht, das gleiche Verfahren wird der gegen den Wind steuernde Segler auf Grund seines überlegenden, die Natur beherrschenden Bewußtseins anstellen, der Staatsmann dagegen sucht durch seinen Eingriff in das soziale Leben das Naturgesetz selbst völlig auszuschalten, nicht etwa durch ein anderes Gesetz, sondern durch das gegen die Natur überhaupt angehende Sittengesetz. Er will das soziale Beieinander anders regeln, als es die Natur nach dem Gesetze der größeren Macht des Stärkeren regeln würde. Die Natur will in bezug auf die Menschenmenge so, der sittliche Mensch dagegen will anders als die Natur.

Wenn Sittlichkeit und Natur sich als unversöhnte Gegner gegenüberstehen, jedoch die Totalität dessen, was überhaupt ist und wirkt, in irgendeiner letzten Einheit zusammenstimmen muß, so werden auch Sittlichkeit und Natur nicht in einem lähmenden, jede Auseinandersetzung unmöglich machenden Widerspruch miteinander stehen. Nur soweit es Geschichte gibt, geraten sie gegeneinander, und weil in der Geschichte die schärfsten Gegensätze noch nicht Widersprüche zu sein brauchen, wird die Möglichkeit eines ursprünglichen, gemeinsamen Urgrundes jener beiden Mächte, die allein den Menschen mit ihrem Streite beunruhigen, in keiner Weise ausgeschlossen.

Jene letzte Einheit kümmert uns jedoch nicht, solange wir unsere Aufmerksamkeit auf den Staat richten, an dem sich der Erfolg erproben soll, den die Sittlichkeit gegen die Natur errungen hat. Die Sittlichkeit vermag nicht in die Geschichte einzutreten, es sei denn durch den Einzelnen, die Sittlichkeit vermag nicht an die Natur heranzukommen, es sei denn durch das Recht, für dessen Entstehung jene beiden Mächte unerläßliche Voraussetzungen sind. Wo sie aufeinanderstoßen, zeugt die Sittlichkeit im Einzelnen das Recht, mit welchem sie sich an der Natur reibt. Der Einzelne ist der verantwortliche Grund für den sittlichen Gehalt des Rechtes. Daß das Recht kristallisierte Sitte und Überlieferung sein kann, steht dieser Tatsache nicht entgegen, indem die Rechtszeugung die Sitte als sittlich anzuerkennen vermag.

Wo auch immer Recht geschaffen wird, wird sich die Rechtssehnsucht der Menge stets an den Einzelnen wenden.

Das Recht ist die Stätte, auf welcher der Kampf zwischen Sittlichkeit und Natur ausgefochten wird, und das vom Recht umspannte gesamte Volk ist der umstrittene Preis des Siegers. Die Sittlichkeit bedarf zu ihrem in sich gegründeten Leben nicht des Rechtes, und ebensowenig wirkt die Natur nach dem Rechte, noch wirkt sie rechtswidrig. Aber das Volk, welches zwischen Sittlichkeit und Natur steht und ihren beiderseitigen Eingriffen ausgesetzt ist, vermag ohne Recht nicht zu leben. Die Sittlichkeit bedient sich des Rechtes als eines Instrumentes gegen die Natur. Und dieses Mittel ist deshalb so wertvoll und erfolgreich, weil das Recht der ärgste Feind der Natur ist, indem es in ihrem Kleide geht, das sich als der äußere Zwang präsentiert, indem es sich aber seines sittlichen Kerngehaltes bedient, um in einer der Natur und ihrem Zwangsgesetze angepaßten Umhüllung ihr das Gebiet abzulisten. Weil nur das Recht das Naturgesetz in sich aufzuzehren vermag, indem es den Inhalt des Sittengesetzes mit der Form des Naturgesetzes in sich vereinigt, wird der Staat nicht sittlich ohne das Recht, welches seinem Wesen nach eine vorübergehende Einrichtung ist, solange der natürliche Zusammenhang von dem Sittlichen noch nicht in seinem ganzen Umfange abgelöst ist und solange der Inhalt des Rechtes seine Form noch nicht gesprengt hat. Das Recht ist ein Gerüst, welches abgenommen zu werden bestimmt ist, wenn der Bau des Staates vollendet ist, mag auch diese Vollendung über Menschenkraft hinausgehen.

III. Weil das Recht nur eine bewußte Leistung des vernunftbegabten Menschen sein kann, gibt es in der Natur kein Recht, zumal es in ihr nur Naturgesetz gibt, zu dessen Inhalt gerade der Inhalt des Rechtsgesetzes in Gegensatz tritt. Doch es gab eine Naturrechtsbewegung, die unter Abkehr von der geschichtlichen Überlieferung der positiven Rechtssatzungen nach dem natürlichen Recht des Menschen rief und alle durch die historische Entwicklung gegebenen Bedingungen von sich abzustreifen suchte.

Diese stürmische Bejahung alles Ursprünglichen und Natürlichen im Menschen täuschte darüber hinweg, daß alles Recht nur auf der durch die Geschichte gezeichneten Linie liegen kann, welche gar nicht den Unterschied zwischen altem und neuem Recht verhindert, jedoch nicht gestattet, daß dieser Unterschied in dem Gegensatz von Geschichtsrecht und Naturrecht seinen Ausdruck findet. Bloß das veraltete Recht als historisches zu bezeichnen, ist irreführend, weil das aus vernünftiger Besinnung und mit Rücksicht auf „natürliche", d. h. einfache und ungekünstelte, Erwägungen neu zu schaffende Recht nicht minder in die Geschichte gehört, sobald es nur erst mal gesetzt ist.

Weil das Recht berufen ist, sich aus unvollkommenen Satzungen zu stets größerer Reinheit zu entwickeln und das im Einzelnen lebende sittliche Bewußtsein im Hinblick auf die Versittlichung des Rechtsstaates geradezu die Triebfeder zur Vervollkommnung des Rechtes ist, so wird die lebendige Gegenwart stets darauf bedacht sein, den Zustandscharakter des Rechtes, der ihm eigentümlich ist und durch liebgewordene Gewöhnung nur noch verfestigt wird, nicht anzuerkennen. Dieser Wille zur Erneuerung ist der Ausdruck des ursprünglich aus der sittlichen Vernunft des Menschen stammenden Rechtsbewußtseins, welches wie heute in gleicher Weise wirkte, als vor langen Zeiten das nun verstaubte und abgeschlissene, den sich entwickelnden Zusammenhängen der Geschichte gegenüber taub gebliebene Recht gezeugt war, so daß der damals sprudelnde Quell der Gegenwart wie ein stehendes Gewässer erscheint.

Jene in der Rechtsgeschichte waltende Spannung zwischen Gegenwart und Vergangenheit, die zugleich einen im Wesen des Rechtes liegenden Konflikt, nämlich einerseits die eherne Beständigkeit seiner Satzung und anderseits stetige Reinigung, also Störung dieser Satzung durch die Sittlichkeit, erkennen läßt, ist der Anlaß für die Überspannung, welche darin lag, daß man die historische Gebundenheit des Menschen vergaß und sich durch das Irrlicht eines Naturrechts, welches es im strengen Sinne doch gar nicht geben kann, täuschen ließ. Dagegen steht es wohl frei, die ursprüngliche Frische, mit welcher das dauernd unruhige sittliche Bewußtsein eine Vermoderung der positiven Rechtssatzung zu verhindern sucht, in einem schönen Bilde mit der in der ewig jungen Natur sich vollziehenden Auferstehung und Erneuerung des Lebens zu vergleichen.

IV. Durch den Einzelnen kämpft die Sittlichkeit gegen die Natur, insofern diese sich findet in der gegenseitigen Beziehung der Menschen untereinander. Und zwischen Sittlichkeit und Natur ist die Menschenmenge und zugleich das diese regelnde Recht eingestellt. Die Tatsache, daß es eine gesellige Menge von zueinandergehörigen Menschen gibt, bedarf nicht einer Erklärung, wohl dagegen muß gerechtfertigt werden, warum es Recht gibt. Um der Klarheit willen soll die Antwort vorweggenommen werden. Das Recht ist das Mittel, welches ermöglicht, daß eine im Staat eingeschlossene Gemeinschaft ihre sittliche Selbständigkeit erlange, oder was dasselbe sagt, böse handeln könne.

Die Sittlichkeit streitet gegen die Natur; in der Natur gibt es weder Gutes noch Böses; die Sittlichkeit dagegen kann nur gut sein. Und so fragt es sich denn, wo das Böse steckt. Der Gegensatz zur Sittlichkeit ist die Natur, nicht jedoch das Böse. Sittlichkeit und Böses verhalten sich nicht wie Licht und Schatten, um das Gute, abgehoben gegen das Dunkel des Bösen im Hintergrunde, um so heller leuchten zu lassen. Diese Meinung des Leibniz scheint mir ebensowenig den Sinn des Bösen zu treffen, wie die des Jakob Böhme, der die Sittlichkeit und das Böse als zwei ursprünglich wirklich daseiende und gegeneinander stoßende Mächte auffaßte. Das Dasein gebührt nur der Sittlichkeit und ihrem Gesetz. Dagegen gibt es kein Gesetz des Bösen. Sonst würde auf der Menschheit ein Druck lasten, dem sie erliegen müßte. Das Böse ist eine reine Illusion, ein nicht existierendes Phantom.

Weil nur der Einzelne, wie sein Bewußtsein beweist, völlig aus der Natur entlassen ist und deshalb von der Sittlichkeit unmittelbar geschlagen wird, ist auch nur der Einzelne gut. Da er jedoch in seiner Eigenschaft als Mensch mit Leib und Seele auch noch Natur ist, so kann auch nur der Mensch böse sein. Denn das Böse vermag nur aus Anlaß der Spannung zwischen Sittlichkeit und Natur aufzuleuchten. Böse ist das, was sich im Reiche der Natur aufhält, während es sich im Reiche der Sittlichkeit bewegen müßte, so daß es also ein Reich des Bösen gar nicht geben kann. Von Natur ist der Mensch weder gut noch böse. Gut aber ist er, wenn in ihm die Natur sich bricht und im Gewissen des Einzelnen die Sittlichkeit ihre Stätte findet. Es kann für den Menschen keinen größeren Lichtstrahl geben als das böse Gewissen, weil es ihn gut macht und es ein dieser sittlichen Wirkung entgegenstehendes Prinzip des Bösen, das keine urgründliche Heimat hat, nicht gibt.

Die Ausprägung des Bösen steht mit seiner Entfernung von der Sittlichkeit im umgekehrten Verhältnis. Je größer die Entfernung, um so kleiner wird das Böse. Je weiter es von der Sittlichkeit abrückt, um so schwächer wird sein Ton. Zwischen ihr und der Natur ohne eine bleibende Stätte umherirrend, macht es den Weg von der Natur zur Sittlichkeit mit anschwellender Kraft, so daß es am lautesten ruft, wenn es der Sittlichkeit im bösen Gewissen des Einzelnen ganz nahe kommt, bis es völlig mit ihr verschmelzend von ihr aufgezehrt ist. Dann hat es seine Macht überspannt und ist zerstört. Geht es im bösen Gewissen gleichsam mit einem starken Dröhnen und einem gewaltigen Geräusch unter der Einwirkung der Sittlichkeit zugrunde, so versinkt es auf der Bahn in die Natur hinein gleichsam ganz leise, um kaum vernehmbar wieder abzuklingen und sich in einer Welt zu verlieren, in der es kein Böses gibt, soweit das Sittengesetz ihr noch nicht Gebiet entrissen hat.

Die Sittlichkeit geht gegen die Natur, aber das Naturgesetz kann ebensowenig wie das Böse das Sittengesetz verletzen, indem dieses überhaupt nicht verletzbar ist, selbst nicht von einem Menschen, der in dem sinnlichen Drange seiner Leidenschaft unter

Naturzwangsgewalt seinem vermeintlichen Glücke, in Wirklichkeit jedoch dem Bösen nachgeht. Sicherlich nicht das Böse verletzt da Sittlichkeit, aber auch nicht das Naturgesetz vermag sie zu beeinträchtigen, weil dieses nicht aus Ursachen heraus wirkt, welche mit bewußtem Verstand die Wirkungen begreifen, bevor sie eingetreten sind. Die Sittlichkeit dagegen hat der Natur gegenüber eine überlegene Stellung, da sie sich des zielstrebigen Bewußtseins des Einzelnen bedient, das als Ursache imstande ist, Wirkungen als seinen Zweck zu erkennen, bevor sie noch in der Erfahrung verwirklicht worden sind. So ist die Natur dem Bösen gegenüber blind, zumal sie sich in ihrem weitaus größten Umfange, wie etwa im Leben der in einem vegetativen Triebe befangenen Tiere, in einem der Bearbeitung durch das Sittengesetz entzogenen Kreise bewegt. Dagegen leuchtet dem sittlichen Bewußtsein das Böse, das stets nur in einer geselligen Menschenmenge gedeiht, entgegen, um ihm den Weg zu weisen, wo es die Natur anzugreifen und zu überwinden habe. Wo das Böse ist, da ist auch sittliche Aufgabe, nicht jedoch Verletzung des Sittengesetzes.

Um seines Gewissens willen ist der Einzelne gut, weil er jedoch in eine gesellige Menschenmenge hineingestellt ist, kann er auch böse sein, indem er sich der in ihr vorherrschenden natürlichen Regelung beugt. Erst der Mensch macht den Menschen böse. Nur wo Menschen sind, wird das Böse aktuell, da nur der Mensch auf der Scheide steht zwischen Bewußtsein und Natur und nur in bezug auf ihn die Spannung zwischen Sittlichkeit und Natur möglich ist, also der Gegensatz von gut und böse aufleuchtet, der solange dauert, bis sich die Sittlichkeit gegenüber der Natur völlig durchgesetzt hat in einer Zeitspanne, welche die gesamte Geschichte der Menschheit umfaßt. Nur die Menschenmenge macht den Einzelnen böse, aber nur er selbst vermag über sein Böses zu entscheiden und zu richten durch das Gute. Nicht jedoch entscheidet der Staat, insbesondere nicht der Rechtsstaat, über das Gute und Böse des Einzelnen, sondern nur über Recht und Unrecht. Das Recht ist nicht um des bösen Einzelnen willen geschaffen. Dafür bedarf der Einzelne aber auch nicht des Rechtes als Richtmaßes, an welchem er seine bösen Handlungen ablesen könnte, weil ihm die Sittlichkeit selbst so nahe steht. Ja der gegen das Recht verstoßende Mensch braucht nicht ohne weiteres böse zu sein. Das Recht kümmert sich nur um das Unrecht des Einzelnen, ohne für sein Böses einen genügend scharfen Spürsinn zu haben. Der Kreis des Bösen ist weiter als der des Unrechts.

V. Trotzdem soll nun das Recht die Möglichkeit, böse handeln zu können, begründen. Was in bezug auf Handlung und Gesinnung des Einzelnen unmöglich ist, gelingt in bezug auf die Äußerungen des Staates selbst. Das den inneren Aufbau des Staates vollziehende Recht begründet nicht, daß der Staat den ihm Eingeordneten gegenüber Unrecht tun kann, sondern daß er über seine Grenzen hinaus böse zu sein vermöge. Daß der Staat dagegen unrecht handeln könne, kann nur an einem Rechte liegen, welches mehrere Staaten untereinander bindet. Nur Staaten gegenüber kann ein Staat sowohl böse handeln wie Unrecht tun.

Daß eine Staatsgemeinschaft überhaupt böse handeln könne, ist in dem Überfluß des sittlichen Bewußtseins des ihr angehörigen Einzelnen begründet, indem dieser an der Versittlichung des Rechtsgehaltes seinen Anteil hat und das sittliche Recht eine geringere Abschwächung der im Einzelnen unmittelbar wirkenden Sittlichkeit darstellt. Eine geschlossene Vielheit von Menschen vermag nicht böse zu handeln, solange sie noch reine Natur ist, dagegen kann sie böse sein, wenn sie nicht mehr Natur, aber auch noch nicht eine reine und vereinzelte Sittlichkeitsganzheit ist. So tilgt der Staat sein Böses durch die stetig sich höher entwickelnde sittliche Reinigung des Rechtes, eine Entwicklung, welche nur möglich ist durch eine Abwicklung, deren vollkommene Basis im Einzelnen festliegt, die ihrerseits der Reinigung des Rechtes gleichsam dauernde sittliche Nahrung zuführt.

Der Anlaß der Rechtszeugung ist die Menschenvielheit, der Grund jedoch der Einzelne und der Zweck der einer sittlichen Regung fähige Staat, so daß sich an das vollkommene Recht die unvollkommene Sittlichkeit des Staates anschließt. Der Einzelne bringt um des Staates Sittlichkeit willen ein Opfer und beugt sich der gegebenen Rechtssatzung. Er läßt das Recht als die Sittlichkeit der Vielen und Schwachen gelten, trotzdem das Recht im Staatsinneren den Bürgern gegenüber kein sittliches Leben zu begründen vermag und nur als verhütende Instanz Auswüchse verhindert und eine sich an die Öffentlichkeit wagende Unsittlichkeit äußerer Handlungen zurückweist. Unter solchen Umständen kann das Recht auf einzelne Menschen sogar eine sittliche Wirkung ausüben, falls es nämlich auf der sittlichen Bahn schon weiter vorgeschritten war, als jene an dem sittlichen Rechtsinhalte vorbei auf ihr zurückgeschritten waren. Das Recht vermag jedoch nicht den Menschen von dem natürlichen Zwange seiner Affekte und Leidenschaften zu erlösen und kennt auch gar nicht die Pflicht des Einzelnen. Dagegen wird der Einzelne sich nicht dem Rechte beugen, wenn es unsittliche Handlungen fordert, was nicht so leicht vorkommen wird, oder sittliche Handlungen nicht duldet. Blinder Gehorsam aber ist dem Rechte selbst schädlich, weil er die Quelle seiner Besserung versiegen macht, die erforderlich ist, weil es gutes und schlechtes Recht gibt, welche Unterscheidung in bezug auf Sittlichkeit sinnlos ist. Das gute Recht kann nicht gegen die Sittlichkeit ausgespielt werden. Deshalb hat der Satz Stammlers: „Es gibt auch schlechte Moral und gutes Recht" nur dann einen Sinn, wenn man unter Moral nicht die Sittlichkeit, sondern die Sitten versteht.

Um die Beziehung zwischen Sittlichkeit und Recht zu verstehen, ist zu bedenken, daß das Recht der Sittlichkeit des Einzelnen gegenüber eine ganz andere Beleuchtung erfährt, wie der Sittlichkeit des Staates, als einer Einheit der Vielen, gegenüber. Das Recht hat diese Sittlichkeit zu ermöglichen, ohne jene Sittlichkeit zu gefährden. Das Recht hängt an dem Einzelnen, was nur wegen seiner den Einzelnen vernachlässigenden Form nicht so stark zum Ausdruck kommt. Das rechtliche Tun des Einzelnen kann auch sittlich sein, jedoch nicht aus der Ursprünglichkeit des

Tuns des Einzelnen heraus. Weil der das Rechte Tuende nicht auf sich selbst gestellt ist, sondern an die Beziehungen der im Staate lebenden Menschen gebunden ist, ist sein Tun niemals ganz frei von Äußerlichkeit. Dagegen dürfen sein nur aus ihm selbst entsprungenes Handeln sowie seine sittliche Gesinnung unter keinen Umständen für den Staat belanglos sein oder, was dasselbe heißt, der Unterschied zwischen Privat- und Staatsethik oder Individual- und Sozialethik ist gründlich aufzuheben, damit man nicht mehr zwei zerbrochene Stücke einer Einheit in der Hand hat, mit denen man nichts anzufangen weiß, solange man nicht den Kern aller Ethik, nämlich das jene beiden Stücke verbindende Band, gefunden hat.

VI. Die dem Einzelnen aufliegende Äußerlichkeit der Form des Rechtes ist nicht nur ein Mangel; denn gerade sie verhindert den Einzelnen niemals, die Verbindung zwischen sich und seinem Staate ohne das Recht herzustellen. Auch ohne das Recht zu berühren, springt der Funke vom Einzelnen auf den Staat über; denn es gibt die Idee eines rechtsfreien Staates, der den starren Rechtsstaat gleichsam mit größerer Beweglichkeit umfließt. Die Staatsgründung und die Staatsvollendung zeigen, daß der Staat mehr ist als Recht. Im Anfang war noch nicht Recht, am Ende ist nicht mehr Recht. Anfang und Ende des Rechtes liegen durchaus im Rahmen des Staates. Weil es ein schöner Staat sein müßte, der nur vom Rechte leben wollte, hat der Staat neben seinem Recht noch einen rechtsfreien Spielraum, damit er nicht ganz verhungert und Licht und Luft behält. Ja die Lebensäußerungen des Einzelnen in bezug auf Gemeinschaft bewegen sich zum überwiegend großen Teil auf einem rechtsfreien Boden. Solche Äußerungen bürgen überhaupt erst für die Einheit der Staatsgemeinschaft im Hinblick auf ihren Aufbau, während das Recht vielfach bloß Stütze ist für das Nichtzerreißen des schon Erreichten. So hat denn jeder Mensch mehr sittliches Empfinden, als er zur Beobachtung äußerlicher Rechtsvorschriften unbedingt braucht. Das gilt selbst von dem Verbrecher, der häufiger nicht nur unsittlich ist, sondern sogar das Recht verletzt. Die Anzahl seiner rechtswidrigen Handlungen ist ganz gering gegen die Zahl seiner staatsbejahenden Äußerungen. Vor allem aber ist das Verfahren der Rechtsfindung im gesetzesfreien Raume das sicherste Kennzeichen eines rechtsfreien Staates. Der Mangel, nämlich das Nichtvorhandensein des Rechtes, weist hin auf den Bestand der Staatsgemeinschaft ohne Recht.

Und doch wird der unmittelbare Überfluß des sittlichen Gehaltes vom Einzelnen auf den rechtsfreien Staat noch *nicht* das konkrete Staatsgebilde verwirklichen, weil die von dem Einzelnen getragene Idee einer sittlichen Staatsgemeinschaft zu stark am Einzelnen haftet, als daß sich durch sie allein ein dem Einzelnen gegenüber selbständiges und mündiges anderes als durch den Einzelnen repräsentiertes Staatsgebilde verfestigen könnte. Ohne diese durch das Recht zu vollziehende Festigung hat der Staat keinen Bestand. Jetzt ist der sittliche Überfluß vom Einzelnen auf den Staat zu unterscheiden von dem vom Einzelnen auf das Recht. Der Einzelne bleibt gemeinsame Wurzel. Und wenn das Recht seine Herkunft verleugnet, ja sogar eine Rückwärtsbewegung gegen den Einzelnen macht, so kennzeichnet es damit die anbrechende Verselbständigung des Staates gegenüber dem Einzelnen. Das Recht ist das Gerippe und die Sittlichkeit das Blut des Staates.

Es ist nicht richtig, mit Radbruch zu meinen, die Sittlichkeit finde das Recht als ein selbständiges Gut neben sich vor, um sich dann seiner als eines Mittels zu bedienen. Es gibt kein ganz reines durch die Erfahrung nicht begründetes Recht, keine in sich gegründete Idee des Rechtes; denn die Sittlichkeit ist die Mutter des Rechtes, welches sie an der Erfahrung zum Leben zeugt. Die Rechtsbildung kann nur mit Rücksicht auf Bedingungen vor sich gehen, über deren tatsächliches Vorhandensein der Einzelne keine Macht hat. Es ist nebensächlich für das Recht, daß es einen notdürftigen Ersatz bietet für das unvollkommene Verhalten der Menschen und das fehlende Staatsgewissen der von ihm Beherrschten. Dagegen ist es viel bedeutsamer für das Recht, daß es mit den Verhältnissen rechnet, in welche die Menschen gestellt sind, damit jene Reibungen, für die der Einzelne nicht verantwortlich ist, nicht die anbrechende Gewissensregung des Staates verhindern, um deren willen das Recht in Dienst gestellt wird. Die Sittlichkeit des Staates ist eine Leistung des Menschen, nicht jedoch die Sittlichkeit des Einzelnen, da sie in ihm auch gegen seinen Willen arbeitet. Die Sittlichkeit des Staates ist niemals Ersatz für mangelnde Sittlichkeit des Einzelnen, sondern diese ist vor jener vorausgesetzt, so daß es also eine vom Staate leihweise übernommene Sittlichkeit des Einzelnen gar nicht geben kann. Der Einzelne kann sich in Sachen der Sittlichkeit nicht an dem Rechte unterrichten. Die Lehre des Alten Testaments, schon derjenige sei sittlich, der dem von außen gegebenen Gesetz und Gebot gemäß handele, ist aufs schärfste zurückzuweisen. Recht und Sittlichkeit dürfen sich aber auch nicht, wie es bei Fichte am stärksten betont ist, fremd gegenüberstehen oder parallel laufen. Sondern das Recht bedeutet die Auflösung der von der Sittlichkeit gestellten Aufgabe.

Die Sittlichkeit ist ursprünglich vollkommen; das Recht ist ursprünglich unvollkommen. Im Einzelnen gibt es keine Entwicklungsstufen zur Sittlichkeit, weil sie in ihm den Augenblick in ursprünglicher Frische beherrscht. Sie ist da oder nicht da. Das Recht dagegen bedeutet die Entwicklungsbahn in der Schulung und Ausbildung des Staates zu seiner geringeren Sittlichkeit. Im Recht verleugnet sich die Sittlichkeit des Einzelnen zur Überwindung des spröden Stoffes, den eine Menschenhäufung der Bahn des Sittengesetzes entgegenstellt. Das Recht ist der Krückstock der vielen Unvollkommenen, die wegen der Vielheit, der ärgsten Feindin der Sittlichkeit, so unvollkommen sind. Diese Vielheit sucht das Recht in eine Einzelheit als neuen Grund für Sittlichkeit zu verwandeln, indem es den Mangel der größeren Dimension aufzuheben sucht. Diese größere Dimension hat auch größere Gewalt. In diesem Sinne ist das Recht eine Beschränkung der Gewalt des Staates.

Wenn sich der Staat auf den Einzelnen gründet und von ihm abhängt, so überwindet das Recht die Unmündigkeit des Staates gegenüber dem Einzelnen, indem sein Zweck darin besteht, aus dem Staatsgewissen des Einzelnen das Eigengewissen des Staates zu errichten, das erst durch gerechtes Recht ermöglicht wird und durch ungerechtes Recht verhindert wird. Die Ungerechtigkeit des Rechtes erfaßt nur der Einzelne, nicht der Staat; ihm kommt jedoch die Reinigung des Rechtes zugute, bis die vollkommene Gerechtigkeit des Rechtes den der Gerechtigkeit fähigen Staat ermöglicht, welcher selbstherrlich und in sittlicher Selbständigkeit selbst Recht zu zeugen vermag, das allerdings niemals seinem inneren Aufbau gilt, sondern nur berufen ist, die Lebensäußerungen des Staates gegenüber anderen Staaten zu regeln.

Das aus der Sittlichkeit des Einzelnen entspringende Recht entwickelt sich zur Sittlichkeit des Staates. Die vollkommener werdende Entwicklung (Evolution) des Rechtes bedeutet eine unvollkommener werdende Abwicklung (Emanation) der Sittlichkeit. Wenn die Beziehung zwischen der Sittlichkeit des Einzelnen und der Sittlichkeit des Staates im Reinen ist, dann ist das zwischen ihnen bestehende Recht aufgehoben. Nicht jedoch ist damit schon das Recht überhaupt aufgehoben. Denn die Reinigung des Rechtes geschieht, um dem durch es errichteten Staat selbst rechtszeugende Kraft zu geben. So fließt das Recht aus der Sittlichkeit ab, um doch wieder in Sittlichkeit einzumünden, und es ist nötig, weil der Staat nicht unmittelbar den Einwirkungen von seiten des Urwertes Sittlichkeit ausgesetzt ist, sondern der Vermittlung des Einzelnen und des Rechtes bedarf. Ein Verdienst des Einzelnen ist nicht seine eigene Sittlichkeit, sondern des Staates Sittlichkeit, über deren Sein und Nichtsein er zu entscheiden vermag.

Das Recht blickt gar nicht auf den Einzelnen, sondern nur auf die Einheit des ganzen Staates, nicht jenen will es vollkommen machen, sondern diesen. Der Einzelne bleibt das Vorbild für die sittliche Freiheit des Staates. Man könnte nun meinen, das Recht stamme nicht aus sittlichen Gründen, es existiere gerade deshalb, weil die selbstsüchtigen und unsozialen Menschen in der Gemeinschaft keinen Halt hätten, wenn es nicht wäre, d. h. weil die Sittlichkeit nicht ausreichte, das Recht zu ersetzen und dieses ja überflüssig wäre, wenn die Sittlichkeit ausreichte. Also die Befürchtung, das Recht könnte vor der Sittlichkeit schwinden, wie der Schnee vor der Sonne, ist der eigentliche Grund, weswegen man das Recht der Sittlichkeit als etwas anderen Ursprungs gegenüberstellt. Wenn ein solcher Zustand der Rechtlosigkeit wegen der vollkommenen Sittlichkeit der Bürger des Staates, im einzelnen wie in der Gesamtheit, ohne Widerspruch denkbar ist, muß er auch möglich sein. Und selbst wenn er erreicht wäre, dann wäre das Recht noch lange nicht beseitigt, sondern nur aus dem Kreise des einzelnen Staates auf den größeren Kreis der *Staaten verschoben, und es wäre müßig, den auch hier recht*los werdenden Zustand sich auszumalen, wo noch nicht einmal Recht hingekommen ist, geschweige, daß Recht seine Schuldigkeit getan und abgetreten wäre.

Solange das Recht zwischen Sittlichkeit und Natur gestellt ist, behauptet es sich mit stets wachsender Kraft und Verfestigung, sobald aber an die Stelle der Natur die Sittlichkeit des Staates tritt und das Recht nun zwischen dieser und der Sittlichkeit des Einzelnen steht, nimmt es an gebietender Intensität ab. Jedenfalls wäre es grundverkehrt, zu meinen, das Recht müßte bleiben, selbst auf die Gefahr hin, daß die fortschreitende Kraft der Versittlichung der Menschen an dem Recht einen Widerstand fände, insofern das Recht der bloßen Gesinnung der Bürger kein Stück seines äußerlich gebietenden Gesetzes abzutreten bereit wäre. Die sittliche Reinigung bringt den Todeskeim an das Recht heran, bis es erfüllt ist. Die Reinigung erfolgt nicht stetig und zusammenhängend, sondern neues Recht tritt an die Stelle des alten. Wenn dieses müde und überlebt ist, tritt es erst ab, sobald seine selbstherrliche Beständigkeit gleichsam durch einen Stoß des Gesetzgebers zusammengebrochen ist. Erst dann weicht es dem reineren Recht, indem das sittliche Bewußtsein niemals dulden wird, daß die Unverletzlichkeit des Rechtes seiner Vervollkommnung im Wege steht. Recht ist nicht Sittlichkeit, denn wäre es sie, dann bestünde es nicht, wie es denn auch vergeht, wenn sein Inhalt ganz sittlich geworden ist. Der Schwund des Rechtes beruht darauf, daß es den gebietenden Charakter immer mehr verliert. Je gröber es ist, desto mehr Befehle heischender. Das bessere Recht zeigt abwartende Resignation. Es greift erst ein bei Konflikten, die die Gemeinschaft angehen, und es wird den aus sittlicher Überzeugung Handelnden nicht im Wege sein, wie es bei der Sitte oft der Fall zu sein pflegt. Das Strafrecht leistet darin am meisten, es ist das zarteste Recht und stört den Sittlichen am wenigsten. Nur bei ihm kann der Abbau des Rechtes einsetzen, so daß also die Verbrecher den stärksten Schutz für die Erhaltung des Rechtes bilden. Nach dem Strafrecht würde das bürgerliche Recht verschwinden, weil keine Prozesse mehr geführt würden; dann die freiwillige Gerichtsbarkeit, dann die Verwaltungsverordnungen und zuletzt die Verfassung. Die Idee eines Abbaues des Rechtes, die natürlich von der tatsächlichen Wirklichkeit durch unermeßliche Dimensionen getrennt ist, zeigt verschiedene Stufen seiner Aufhebung, die dadurch gekennzeichnet sind, daß zuerst dasjenige Recht an die Reihe kommt, welches notwendig war, weil die Sittlichkeit den Naturzwang noch nicht einmal in einem einzelnen Menschen überwunden hatte, und zuletzt dasjenige Recht, welches notwendig war, weil der Einzelne am allerwenigsten dafür verantwortlich war, daß noch der Naturzusammenhang das Beieinander der Menschen regelte.

Die auf dem Einzelnen lastende Äußerlichkeit des Rechtes ist zugleich das Zeichen für die anbrechende innere sittliche Selbständigkeit des Staates. Aber je mehr diese sich verfestigt, um so schwächer wird jene Äußerlichkeit, um so stärker wird also der Schwund des Rechtes überhaupt. Jedoch bringt der Abbau des innerstaatlichen Rechtes wegen der zunehmenden Sittlichkeit des Staates auch seine erhöhte rechtszeugende Kraft, so daß also ein merklicher Ausbau des außerstaatlichen Völkerrechtes die Folge sein wird, indem das Recht mit seiner sittlichen Vervollkommnung nunmehr auf ein ganz neues Wirkungsfeld mit einer ins Unendliche weisenden Zielrichtung geworfen ist, was jedoch nur möglich ist, falls es dem einzelnen Staat gelingt, anderen Staaten mit sittlicher Würde gegenüberzutreten oder, was dasselbe heißt, wenn er mit Hilfe des innerstaatlichen Rechtsgerüstes aus einem Getragenen zu einem Träger geworden sein sollte. Der sittliche Staat genügt zur Rechtfertigung des Völkerrechtes und widerlegt die Meinung, Völkerrecht sei nicht möglich, weil zum Wesen des Rechtes der Zwang gehöre und über den Staaten keine autoritative Zwangsgewalt stehe, welche überhaupt erst das Völkerrecht begründen könne. Der äußere Zwang des Rechtes *ist lediglich in einem entsagenden Verzicht* dessen begründet, der *sich ihm aus sittlicher Überzeugung* beugt, um die immer umfassender werdende Bahn des Sittengesetzes, das vom Einzelnen seinen Ausgang nimmt, nicht zu stören.

Der Einzelne beugt sich dem Rechte, weil er gerecht ist und den Maßstab dafür in sich trägt, ob das Recht die Idee der Gerechtigkeit verwirklicht oder nicht, indem er den Rechtsinhalt als sittlich anzuerkennen vermag oder ihn verwirft. Gerechtigkeit ist nicht Richtung nach dem Rechte, sondern Richtung des Rechtes. Nicht „das Recht entscheidet über das Gerechte", wie Aristoteles in seiner Politik (Rolfes 5) sagt, sondern das sittliche Bewußtsein. Weil es ungerechtes Recht gibt, kann die Gerechtigkeit niemals an dem Rechte abgelesen werden, wohl wie weit sie verwirklicht ist. Gerecht ist der mit Rechtszeugungsfähigkeit ausgestattete Mensch, der sich um die Sittlichkeit seiner Gemeinschaft ebenso sorgt wie um seine eigene. Die Gerechtigkeit ist die Brücke zwischen Sittlichkeit und Recht mit der Wegrichtung auf das Recht zu.

VII. Die Idee der Gerechtigkeit bleibt dauernd dieselbe, nämlich durch den sittlichen Gehalt des Rechtes die Versittlichung der Staatsgemeinschaft herbeizuführen, aber der Inhalt des Rechtes vermag sich zu dehnen und je nach dem Zustande der Gesellschaft strengen und milden Charakter anzunehmen. In einer sündhaften, verrotteten Gesellschaft ist äußerste Rechtsanspannung, die sich in besonders strengen Strafgesetzen kundgibt, geboten, während mit Zunahme der Besserung der Menschen eine Rechtslockerung am Platze ist. So ist es gerecht, im ersten Zustande das gleiche Verbrechen strenger zu bestrafen, als im zweiten. Die Strafe, die den verbrecherischen Menschen trifft, ist das Opfer, das er der Gesellschaft zu bringen hat. Nicht wegen des Mörders, sondern wegen der unsittlichen Gesellschaft, aus der er kommt, ist die Todesstrafe berechtigt, zumal der Zweck der Strafe nicht die Besserung des Bestraften ist — sonst wäre die Todesstrafe unsinnig —, sondern die Versittlichung der Staatsgemeinschaft.

Weil das Gerechtigkeitsbewußtsein der Grund des Rechtes ist, der Einzelne jedoch durch das Recht an Gehalt nichts gewinnt, ist dieses dem Einzelnen gegenüber Minderung, dem Staate gegenüber Autorität. Das Recht vermag nicht zu verhindern, daß hier und da unsittliche Menschen Gewalttätigkeiten begehen, wohl aber zähmt es die Gewaltsamkeit des Staates von innen heraus, indem es nicht mit Gewalt, sondern in Gerechtigkeit begründet wird. Die Notwendigkeit des Rechtes offenbart des Menschen Schwäche aus Menschenvielheit. Weil es der Vielheit wegen Menschen gibt, die nicht Persönlichkeit sind, kann man die Gerechtigkeit als Ersatz für Persönlichkeit bezeichnen. Recht ist deshalb, weil nicht alle gerecht sind. Eine Gemeinschaft von Persönlichkeiten bedürfte nicht der Gerechtigkeit, indem ihre Einheit sich ohne Recht im rechtsfreien Staate bilden würde. Eine solche Möglichkeit ist denkbar, aber keine Tatsache der Erfahrung. Daß die Menschen jedoch des Rechtsschutzes bedürfen, liegt an ihrer eigenen Unvollkommenheit. Diese sollten sie beklagen, anstatt den Segen des Rechtes zu preisen. Die Äußerlichkeit der Rechtshandlungen sollte die Menschen sich schämen machen über die Notwendigkeit des Rechtes.

In bezug auf das Recht hat der Einzelne mit dem Anderen zu

rechnen, insofern dieser nicht auch der Einzelne ist. Deshalb ist die Wurzel des Rechtes nicht die anzustrebende Verhütung des den Anderen verletzenden Unrechtes, wie es bei Schopenhauer zum Ausdruck kommt, wenn er sagt: „Die Rechtslehre ist ein Teil der Moral, welcher die Handlungen feststellt, die man nicht ausüben darf, wenn man nicht Andere verletzen, d. h. Unrecht begehen will.“ Die Wurzel des Rechtes kann nur von der gesunden Bejahung des sittlichen Bewußtseins im Einzelnen leben, nicht von der Negativität der Gerechtigkeit, die er in die Worte faßt: „Keinem das Seine nehmen“, sondern von der Positivität der Gerechtigkeit. Der Einzelne schafft das Recht im Hinblick auf den Staat mit Rücksicht auf den Anderen. In bezug auf den Staat ist er von sittlichem Bewußtsein geleitet, in bezug auf den Anderen jedoch von — Mißtrauen. Das Mißtrauen ist für die Geschichte der Rechtsbildung eine wesentliche Triebkraft der menschlichen Seele, aus welcher das Recht stammt, gewesen. Um die Qual des Mißtrauens des Einen gegen den Anderen in bezug auf seine sittliche Güte zu vermeiden, hat die Menschenseele das Recht gefunden. So ist denn das Recht das große Mißtrauensvotum, das sich die zusammenlebenden Menschen in einer verhüllten und mit gewisser Feierlichkeit ausgestatteten Form gegenseitig aussprechen.

Der Staat schützt wohl sein inneres Rechtsgerüst, aber er vermag selbst solches Recht nicht zu begründen und zu schaffen, weil er nicht das gerechtere Recht kennt und Sittlichkeit der Staatsgemeinschaft von Grund aus nicht eigen ist. Vorerst ist nur der Einzelne der Gerechte und Rechtschaffende, weil er die stärkste rechtszeugende Kraft besitzt. Er kann niemals aus Gerechtigkeit seinem Staate Unrecht tun, mag er auch ungerechtes, aber bestehendes Recht verletzen. Daraus folgt, daß der die Gesetze befolgende Mensch dieserhalb nicht schon gerecht zu sein braucht. Er kann sie ja aus Angst oder sonstigen Gründen erfüllen, die mit Gerechtigkeit nicht das geringste zu tun haben, zu welcher ein Aufrichten der Gemeinschaft, nicht jedoch ein sich-

Richten nach der Gemeinschaft gehört. Gerechtigkeit ist Sache des Gesetzgebers. Der dem Gesetz Unterworfene ist nur insofern gerecht, als er das Gesetz sich aus seiner sittlichen Überzeugung heraus zu eigen macht und sich mit dem gerechten Gesetzgeber völlig eins weiß und ihm so der Unterschied des von außen auf ihn eindringenden Rechtes gegen sein von innen aus ihm herausströmenden auf Rechtsgründung zielenden sittlichen Bewußtseins ausgeglichen ist.

Der das Recht Tuende ist nicht dieserhalb gerecht, ja nicht einmal der Recht Sprechende und das Recht Zuerkennende ist dieserhalb ursprünglich gerecht, weil der vom Richter anzuwendende Rechtssatz keine Bürgschaft für vollkommene Gerechtigkeit in sich trägt. Die Tugend des rechtsprechenden Richters ist eine bloß abgeleitete Gerechtigkeit, aber nur so weit, wie das Recht, nach welchem er richtet, gerecht ist. Ist dieses ungerecht, dann ist auch der Richter im Rahmen der Rechtsprechung ungerecht. Staatstreue ist die Tugend des Richters, wenn er das Recht richtig walten läßt, nicht aber ohne weiteres die Gerechtigkeit. Er hängt von dem Rechte ab und seine Gerechtigkeit von der Güte des Rechtes, dem er dient. So ergibt sich für das richtige Recht eine wichtige Unterscheidung. In bezug auf die Gesetzgebung ist es das gerechte Recht, inbezug auf die Rechtsprechung dagegen ist es das gesetzestreue Recht.

Der Richter richtet nach dem Recht zur Wahrung des bestehenden Rechtszusammenhanges. Warum darf der Richter über einen Anderen richten? Nur deshalb, weil das Recht besteht, nach welchem er richtet. Wäre er bloß mit seiner sittlichen Überzeugung ausgestattet, dann könnte er nicht über den Anderen richten. Nach dem Sittengesetz richtet man nur sich selbst, nicht Andere. Ich kann nicht verlangen, daß auch ein Anderer sittlich handele, wenn ich ein solches Gebot an mich selbst richte. So kann ich nur mir selbst, nicht einem anderen gebieten, einen Ertrinkenden zu retten. Wenn ich jedoch aus Gerechtigkeit für den Rechtszusammenhang meines Staates eintrete und mich für dessen Störung um der anbrechenden Sittlichkeit des Staates willen verantwortlich fühle, dann kann ich, damit es einen Sinn hat, Recht zu tun, von dem Anderen verlangen, daß auch er das Rechtsgesetz beachtet und erfüllt, wenn ich das Gleiche tue. Solange demnach der Richter über einen Anderen Recht spricht, hat ihm der Rechtswert der gesetzestreuen Rechtsprechung höher zu stehen als die Sorge um den Schutz des ethischen Mehrwertes, der durch das Recht gefährdet sein kann, denn der Gerichtshof ist eine Rechtsinstanz, nicht jedoch eine über Sittlichkeit des Anderen richtende Instanz, die es unter Menschen gar nicht geben kann. Wenn nun der Zweck der sittlichen Gemeinschaft verlangt, daß der ethisch geringer zu bewertende Fall unterliegt, auch wenn er Recht hat, so treten hier besonders deutlich die Grenzen des Rechtes zutage, sowie die Tatsache, daß es einer Wandlung und Reinigung bedarf, die jedoch nicht Aufgabe des Richters, sondern des Gesetzgebers ist. Ist das Recht geltendes Gesetz, schaltet die Regulierung von seiten der Sittlichkeit aus. Es gilt für die Dauer seiner Gesetzeskraft unbedingt. So vollzieht sich seine Reinigung nicht in zusammenhängender Stetigkeit, sondern stoßweise und abgebrochen. Das Recht ist nicht täglich neu geboren, wie die Sittlichkeit, die niemals altert. Um so mehr ist geboten, daß das Prinzip der Elastizität des Rechtes in Ansehung seiner Erneuerung über seiner starren Unverbrüchlichkeit und Unwandelbarkeit stehe.

VIII. Die durch die Rechtssatzung gegen einen Menschen heraufbeschworenen Konflikte können zweierlei Art sein. Ein Mensch kann zu dem Rechte sowohl aus Bosheit und Schlechtigkeit wie auch aus Sittlichkeit in Spannung geraten. In dem ersten Falle handelt es sich um die Unzulänglichkeit des Menschen, im zweiten um die Unzulänglichkeit des Rechtes. Dasjenige Recht, welches für den ersten Fall in Frage kommt, nämlich das Strafrecht, wird für den zweiten Fall am ehesten ausschalten, was bedeutet, daß das Strafrecht das am wenigsten unzulängliche ist, indem es den sittlichen Einzelnen die Äußerlichkeit seines Gebotes am wenigsten spüren läßt. Das Strafrecht ist das zarteste Recht und unauffälligster Schutz der Sittlichkeit, indem es sich nur mit Unsittlichkeit befaßt, diese nicht beseitigt, nicht eingreift in die allein Besserung bringende Selbstüberwindung des Bestraften und diesem nur eine deutlich spürbare Feststellung seiner unsittlichen Tat übermittelt. Nicht einmal das Strafrecht, also überhaupt kein Recht hat unvollkommenen Menschen *gegenüber* aufbauende Kraft. Der das Recht zeugende Einzelne *schafft es nicht,* um den Anderen durch den sittlichen *Gehalt* des *Rechtes zu bessern. Nur* der Staat ist der *positive Zweck des Rechtes,* und das *zarteste* Recht wird am *leichtesten* die Erfüllung seines Zweckes bewähren. Die Menschengemeinschaft in ihrer Ganzheit wird durch das Recht zur Sittlichkeit gebracht. Deshalb geht der Rechtswirksamkeit nicht eine Negation des Rechtes vorauf, sondern dieses hat dem Staate gegenüber nur positiven aufbauenden Gehalt. Wie eine Glocke nicht dadurch verletzt wird, daß sie angeschlagen wird, wird auch nicht das Strafrecht durch den Verbrecher verletzt, sondern nur von ihm berührt. Ein Gesetz umstoßen und es wirken lassen, ist nicht dasselbe. Nicht also wird durch die Bestrafung des Verbrechers die verletzte Majestät des Gesetzes wiederhergestellt, sondern das durch die böse Handlung berührte Strafrecht ist gleichsam die erste unbeholfene, aufdämmernde Gewissensregung des Staates selbst, die errötende Scham des Volkes in seiner geschlossenen Staatseinheit. Mit der Bestrafung des Verbrechers bekennt sich die Gemeinschaft schuldig und korrigiert sich selbst.

Dem Staate ist mit dem Strafrecht nicht das Mittel in die Hand gegeben, den Bestraften zu bessern. Niemals wird ein Mensch sittlicher geworden sein, weil er bestraft wurde. Er hat sich mehr in Acht genommen, ja sogar vermieden, durch eine äußere Handlung seine böse Gesinnung zu verraten. Der Täter kann durch das Strafrecht auch gar nicht gesühnt werden, sondern nur die Gesellschaft wird durch die Bestrafung des Täters entsühnt. Und je leichter die Scham der Gemeinschaft, die nicht etwa dasselbe ist wie die öffentliche Meinung, in Erscheinung tritt, um so milder brauchen die Bestimmungen des Strafrechts angewendet zu werden. Dagegen entspricht die Grobheit der Strafe dem groben Gewissen der Staatsgemeinschaft. Unter solchem Gesichtspunkt wird sich der Streit, ob Besserung oder Abschreckung der Zweck der Strafe sei, leicht auflösen lassen. Abschreckung ist der Zweck der Strafe, sobald man auf die einzelnen Menschen sieht, Besserung dagegen, sobald man auf die Staatsgemeinschaft sieht, indem die Bahn der sittlichen Vervollkommnung nur die Richtung vom Einzelnen auf den Staat machen kann, nicht umgekehrt.

Das Strafrecht bessert den Menschen nicht, weil es ihn gar nicht an der Stelle zu erfassen vermag, an welcher die Besserung einzusetzen hätte und weil sein dem Täter gegenüber negativer Abwehrcharakter keinen Maßstab für positiven Gesinnungswechsel in sich trägt. Schlechte Menschen bezwingt das Rechtsgesetz nicht — wenn sie nur klug sind. Wer mit Machiavelli sagt, die Menschen seien von Natur schlecht und nur die Gesetze des Staates machten sie gut, kommt kaum über die Schwierigkeit hinweg, woher denn eigentlich die Gesetze, die doch von schlechten Menschen stammen müssen, ihre heilsame und bessernde Kraft hernehmen. Der Einzelne schafft das Recht, welches den Bösen nicht bessert, solange Tugend nicht dasselbe ist wie Furcht vor der strafenden Faust des Staates. Weil das Recht eine solch grobe Sittlichkeit ist, vermag sich die an der zarten Sittlichkeit zu messende Unsittlichkeit hinter ihm zu verstecken und zwar in sicherer Deckung. Weil man auf legalem Wege ein Lump sein kann, ist das Recht keine Autorität und Entscheidungsinstanz für das sittliche Bewußtsein des Einzelnen in sittlichen Fragen, weder in bezug auf ihren Inhalt, noch in bezug auf das Verfahren der sittlichen Handlung. Die Frage: „Was ist gut?“ hat einen unbedingten Vorrang vor der Frage: „Was ist Recht?“ Recht tun und sittlich handeln ist zweierlei, ebenso wie Unrecht tun nicht unter allen Umständen auch unsittlich handeln bedeutet. Das Recht dient der Sittlichkeit. Deshalb ist Unrecht leiden nur dann besser als Unrecht tun, wenn dieses auch ein unsittliches Handeln ist.

IX. Weil das Recht *nicht* einen unsittlichen Menschen sittlich machen kann, läßt *sich* aus dem *Konflikt*, in den ein solcher Mensch mit dem *Rechte gerät*, *keine Aufklärung* über das Wesen des Rechtes und seine *sittliche Aufgabe* herausholen. Dagegen läßt der unter dem *Eindruck* der *Sittlichkeit stehende* Einzelne erkennen, daß das *Recht* ein *groblinig* verschwommener Abglanz des *sittlichen* Bewußtseins ist. Weder an die Gesinnung des Einzelnen noch an Fragen des Taktes kann es heran. *So wird dem* Einzelnen nicht selten der Staat als ein grobschlachtiger *Rechts*geselle erscheinen. Und schon Platon vergleicht in seinem Politikos das Recht „mit einem starrköpfigen, ungebildeten Menschen, der niemandes Willen neben dem seinigen gelten läßt und niemandem auch nur eine Frage an sich gestattet". Wegen seiner äußerlichen Form weist das Recht einen seltsamen Rückschlag gegen seinen eigenen Erzeuger, den Einzelnen, auf, indem es ihn auf Kosten seiner eigengeprägten Unterschiedlichkeit den Anderen anzugleichen strebt, ja sogar ihm Beschränkungen aufzuerlegen sucht, die seiner Freiheit gefährlich zu werden drohen.

Im Rechtsstaat streiten das Prinzip der Gleichheit und das Prinzip der Ungleichheit oder Unterschiedlichkeit miteinander. Die Gleichheit ist ein unerfreulicher Zustand, der mit dem Recht hineingetragen ist und mit ihm auch wieder hinausgetragen werden muß und nur wegen der Grobheit und vom Einzelnen Abstand nehmenden Allgemeinheit des Rechtes erträglich ist, welches die Unterschiedlichkeit der Einzelnen untereinander nur in bezug auf seinen groben Inhalt, aber nicht weiter ausgleicht. Wenn alle vor dem Rechte gleich sind, so bedeutet dies nur, daß das gleiche Recht für alle gilt, mögen diese noch so verschieden sein. Um aber eine gleichmachende Härte nicht zu überspannen, setzt des Rechtes mildere und mildernde Schwester, die Billigkeit, ein, ohne die kein Recht bestehen kann.

Die die Besonderungen der Einzelnen ausgleichende Wirksamkeit des Rechtes liegt nicht in seinem sittlichen Wesen. Wegen der auch für das Recht maßgebenden sittlichen Ungleichheit der

Einzelnen brauchte es gar nicht für alle gleich zu sein. Seine vielgerühmte Gleichheit hat andere Gründe. Einmal erhöht seine Allgemeinheit seine Gleichheit. Es muß sich in dieser Allgemeinheit behaupten, weil es die vielgestaltigen, mannigfaltigen Lebensbeziehungen der Menschen gar nicht zu übersehen vermag. Dem einzelnen Fall gegenüber ist es, besonders wenn er nicht alltäglich ist, unbeholfen und deutlich begrenzt. Eine bis in alle Zweige der Lebensgemeinschaft hineinreichende Paragraphenwirtschaft würde zwar die Gleichheit des Rechtes abschwächen, dafür jedoch seine Schwäche in Ansehung der Unbezwingbarkeit der Fülle der Vielheit um so deutlicher werden lassen und seinem Ansehen nur schaden. Es würde zwar durchaus nicht dem Wesen des Rechtes widersprechen, wenn es jeden einzelnen Fall aus dessen ganz besonderen Verhältnissen heraus jeweils derart regelte, daß diese Regelung für jeden anderen Fall nicht mehr zutreffend wäre. Dann hätte das Recht mit seiner Allgemeinheit auch seine Gleichheit für alle eingebüßt, um sich lediglich in einer zugespitzten Bestimmung zu bewähren. Aber es wäre insofern nichts gewonnen, als eine solche Ungleichheit in Ansehung des unterschiedenen Einzelnen dem Einzelnen den äußerlichen Zwang und die Last des Rechtes ganz besonders stark zu spüren gäbe. So ist denn gerade die von jeder kleinlichen Regelung freibleibende Großzügigkeit in der Auffassung die Stärke des Rechtes, so daß also schließlich der allgemeine Inhalt des Gesetzes den Einzelnen wegen des weiten Abstandes am wenigsten behindert. Und mag auch jener Inhalt für alle gleich sein, so wird doch der Einzelne mit dem Anderen eine solche für ihn farblose Gleichheit wegen ihrer ihn nur ganz schwach berührenden Allgemeinheit leicht teilen können.

Wenn jedoch die Ausgleichung der dem Rechte Unterworfenen gar nicht im Wesen des Rechtes liegt, dann wird auch die das Recht auszeichnende Allgemeinheit kein ausreichender Grund für seine Gleichheit sein können. Der ausschlaggebende Grund wird nicht im Rechte selbst, sondern in der Seele des Menschen liegen.

Wäre das Recht nicht für alle gleich, würde die durch es angebahnte Einheit der Vielheit immer wieder durch den Neid der Menschen aufeinander gestört werden, wenn es in Ansehung der besonderen Person in bezug auf denselben Fall anders wirkte als bei einer anderen Person. Der schlechter Behandelte würde durch den Hinweis auf den anderen die Rechtseinheit, die nicht schon wegen der Ungleichheit unmöglich wäre, beunruhigen. Dagegen bringt gleiche Behandlung selbst in Ansehung der dadurch hervorgerufenen Härten des Rechtes tröstende Beruhigung, die äußerlich gleiche Lage des Anderen läßt den Einen über manche Beschwerlichkeit hinwegsehen. So glättet die Gleichheit des Rechtes den störenden Neid der Menschen, und der Einzelne duldet jenes Prinzip, weil er den Neid nicht auszurotten vermag.

X. So weit die vor dem Einzelnen erforderliche Rechtfertigung der ausgleichenden Wirksamkeit des Rechtes. Bedenklicher dagegen ist der vom Recht ausgehende Zwang und die Beschränkung des Einzelnen durch das Recht. Es kann nicht zweifelhaft sein, daß im Rechtsstaat durch die äußerliche heteronome Form des Gesetzes eine Degradation des Einzelnen zum Bürger vollzogen wird. Eine Rechtfertigung des Rechtszwanges gelingt nur, wenn man das Recht zwischen die Sittlichkeit des Einzelnen und die Sittlichkeit des Staates einstellt und wenn man den sittlichen Gehalt des Rechtes von dem unsittlichen Kleide, in dem es einhergeht, unterscheidet. Wenn das Recht den Einzelnen wegen seiner äußerlichen Form enttäuscht, wird es dem Staate wegen seines sittlichen Gehaltes willkommen sein. Wenn dagegen das Recht dem Einzelnen den sittlichen Gehalt verdankt, wird der Staat verantwortlich sein für die äußere Form. Das Unharmonische in bezug auf das Innen und Außen des Rechtes spiegelt die noch unausgeglichene Spannung des Einzelnen mit dem Staate wieder, deren Auflösung den Inhalt des Sittengesetzes ausmacht.

Der Zwang liegt ebensowenig im eigentlichen Wesen des Rechtes wie seine ausgleichende Wirkung. Das Recht fließt aus der im Einzelnen ans Licht tretenden Sittlichkeit, welche in keiner

Weise auch seinen Zwang mit begründet, geschweige, daß der Rechtszwang die Sittlichkeit des Einzelnen begründete. Nur wegen der unvollkommenen Sittlichkeit der Gemeinschaft, nicht aber wegen irgendwelcher Unvollkommenheiten des Einzelnen besteht der Zwang des Rechtes. Für sich allein brauchte der Einzelne in keinem Falle Recht. Der Rechtszwang ist wegen der Vielheit der Menschen ein Zugeständnis an den spröden Stoff sittlicher Verarbeitung, indem die feine Hand der Sittlichkeit, die in der Beziehung zwischen dem Einzelnen und dem Staat waltet, es dem Rechte überlassen muß, auch an die Beziehung der Einzelnen untereinander heranzukommen. Und der Einzelne beugt sich dem Recht, ohne daß es ihm irgendwie letzte Autorität sein könnte, weil sein Einfluß auf die sittliche Reinigung des Rechtes die Äußerlichkeit schwinden macht. Je geringer der sittliche Gehalt des Rechtes ist, je mehr es noch unter den Bedingungen der tatsächlichen Verhältnisse steht, die dem Einzelnen fremd sind, um so stärker wird der Einzelne den Rechtszwang spüren, um so weiter sind die sittliche Autonomie des Einzelnen und die sittlichkeitsschwache Heteronomie des Rechtes auseinandergerissen. Aber es wäre verkehrt, wollte man, wie Fichte in seinem Naturrecht vom Jahre 1796, die physische Zwangsgewalt dem Wesen des Rechtes so nahe bringen, daß es wegen seiner durch die Tatsachen der Erfahrung zu erklärenden Bedingtheiten überhaupt gar nicht aus dem Quell der unbedingten Sittlichkeit hervorgebrochen sein könnte. Diese gegenüber der Kantischen Rechtslehre noch weiter verschärfte Gegenüberstellung von Moralität und Legalität ist zurückzuweisen. Denn es gibt äußere Rechtshandlungen des Einzelnen, die mit seiner sittlichen Gesinnung vollkommen in Einklang stehen. Eine inhaltliche Artunterscheidung von Recht und Sittlichkeit läßt sich nicht finden. Es gibt nämlich innerhalb des Rechtes nur Gradstufen seines Zwanges. Die Entwicklung seines sittlichen Gehaltes führt zur Sprengung seiner äußeren Zwangsform. Das zwangsfreie Recht berührt sich mit der Idee des rechtsfreien Staates, in welchem die Beziehung der Einzelnen untereinander

ander versöhnt und verschmolzen ist mit der Beziehung des Einzelnen zu seinem Staate. Der Zwang des Rechtes ist ein Gradmesser für die sittliche Güte des Staates und steht zu ihr im umgekehrten Verhältnis. Im Anfang der Rechtsentwicklung ist der Staat eine Zwangsanstalt, welche jedoch nicht seinen dauernden Charakter ausmacht, da der Zwang des Rechtes vor der sittlichen Rechtszeugung des Einzelnen nicht standzuhalten vermag. Der Einzelne verfügt darüber, ob das Rechtsgesetz Zwang bleibt oder nicht, indem die Möglichkeit besteht, daß er seiner sittlichen Überzeugung den Rechtsinhalt erobert und so die Verletzung des Rechtes von seiten eines Sittlichen unmöglich macht. Wenn dagegen Sokrates im Gefängnis unter keinen Umständen gegen die Gesetze handeln wollte, so hielt er es für sittlich, das Rechtsgebot zu erfüllen, ohne zu der Tatsache Stellung zu nehmen, daß seine sittliche Überzeugung mit dem inhaltlich unsittlichen Rechtsgebot in Widerspruch stand. Er hielt den Rechtszwang für eine Autorität in Sachen der Sittlichkeit und verzichtete damit auf eine Versittlichung des Rechtes.

Hat das Recht sittlichen Gehalt, spürt der Einzelne nicht seinen Zwang. Dieser existiert nur, sobald die Gesinnung, aus der es gegeben ist, nicht im Einklang steht mit der Gesinnung, aus der es befolgt wird. Der Zwang des Rechtes ist jedoch nicht irgendwie ein Instrument der Sittlichkeit, sondern er ist nichts anderes als ein Reststück einer Gewalt der Menschenmenge, die gerade durch das Recht bezwungen werden soll. Der Zwang des Rechtes, der auf dem Unsittlichen, der es nicht anerkennt, lastet und die Gewalttätigkeit, mit der dieser den sittlichen Inhalt des Rechtes mißachtet, haben ein und dieselbe Wurzel, nämlich die Vielheit der Menschen. Ist Recht und Staat vollkommen versittlicht, dann gibt es niemand mehr im Staate, dem das Recht als eine Zwangsgewalt erscheinen könnte, da ja die Gewalt des Staates, eine in der Unzulänglichkeit der wirklichen Verhältnisse begründete Notwendigkeit, die im Grunde ebenso unerfreulich ist, wie die Gewalt eines Menschen, völlig gebrochen ist zugunsten der Einheit seiner Sittlichkeit. So geht gleichsam eine Wellenbewegung von der Autonomie des Einzelnen über die Heteronomie des Rechtes zur Autonomie des Staates. Der Einzelne erkennt das Recht an, trotzdem er weiß, daß seine Sittlichkeit gegenüber der des Rechtsstaates eine königliche Überlegenheit aufweist und weil er diese Überlegenheit zugunsten des Staates schwinden machen will, damit die Wirksamkeit der Bahn des Sittengesetzes bis in die fernsten Dimensionen hinein, nämlich in die Gemeinschaft der Staaten, ihre Wellen schlagen kann.

So weit die Rechtfertigung des Rechtszwanges vor dem Einzelnen, wodurch sich die Frage leicht auflösen läßt, ob die Einschränkung der Freiheit des Einzelnen zum Wesen des Rechtes gehört. Weil Kant diese Frage bejahte, ist es erforderlich, sich mit ihm auseinanderzusetzen. Kant mißtraut dem Menschen. „Er mißbraucht gewiß seine Freiheit in Ansehung anderer seinesgleichen." (Idee zu einer allg. Geschichte, Satz 6.) Und nun macht Kant den kühnen Sprung, aus dem Mißbrauch der Freiheit das Erfordernis ihrer Beschränkung durch das Recht abzuleiten. Jeder soll frei sein. Das soll durch das Recht erreicht werden, indem dieses die Freiheit des Einzelnen so weit beschneidet, wie es nötig ist, damit „Jedes Freiheit mit der Anderen ihrer zusammen bestehen kann". (K. d. r. V. O. P. 373.) Die Sicherung der Freiheit aller erfordert Einschränkung der Freiheit des Einzelnen. Schließlich definiert er: „Recht ist die Einschränkung der Freiheit eines Jeden auf die Bedingung ihrer Zusammenstimmung mit der Freiheit von Jedermann, insofern diese nach einem allgemeinen Gesetze (der Freiheit) möglich ist". (Über den Gemeinspruch II.) Das Wesen des Rechtes wird durch diese Definition in keiner Weise getroffen, weil die Voraussetzung, daß die Freiheit des Einzelnen überhaupt mit irgendeines Anderen Freiheit in Konkurrenz treten könnte, irrig ist. Schon ohne Hilfe des Rechtes wird eine solche Einstimmung aus dem Wesen der sittlichen Freiheit selbst, mit der überhaupt gar kein Mißbrauch getrieben werden kann, erzielt. Freiheit ist geradezu dasjenige Gut des Einzelnen, das durch einen Anderen nicht beschränkt werden kann, selbst aber auch nicht einen Anderen zu beeinträchtigen vermag. Aus dieser Freiheit, geprägt zur Gerechtigkeit, zeugt der Einzelne das Recht, ohne zu dulden, daß sich das Erzeugte gegen die eigene Zeugungskraft des Erzeugers wendet. Sonst würde dem Rechte eine sittlichkeitshemmende Macht gegeben. Deshalb ist die Freiheit aller auf Kosten der Freiheit des Einzelnen unsinnig.

Kants Definition enthält eine gewisse Unklarheit durch die Doppelbedeutung des Wortes Freiheit, gekennzeichnet durch die Worte Vernunft und Begierde. Deshalb korrigiert er sich in seiner Metaphysik der Sitten 1797, indem er anstatt Freiheit Willkür sagt. Aber auch der gegenseitige Kompromiß des Willkürverzichtes vermag auf keine Weise ein allgemeines Gesetz der Freiheit, welches die Freiheit eines jeden verbürgt, zu errichten. Nicht Willkürverzicht, sondern Willkürabwehr kennzeichnet das Recht. Der Einzelne vermag zwar auf seine Willkür zu verzichten, aber das Recht kann Willkür nicht beseitigen. Wäre das Recht das Resultat eines allgemeinen Willkürverzichtes, dann könnte es unmöglich noch auf Willkür stoßen, und für das Strafrecht wäre gar kein Raum. Dagegen zeigt das Recht geradezu die Willkür an. Wo sittliches Recht einem Menschen Schranken setzt, ergibt sich dieses Menschen Willkür.

XI. Der um der Staatengemeinschaft willen einer selbstlosen Handlung fähige, sittlich freie Staat ist der Zweck des Rechtes, welches einen vollkommenen Ausdruck in der Verfassung finden kann. Die Verfassung ist geprägte Form der Seele einer Nation und zeigt gleichsam die ersten Züge des Antlitzes des Staates, welches bei Veränderung der Verfassung einen anderen Ausdruck bekommt. So ist es unmöglich, daß zwei verschiedene Nationen ein und dieselbe Verfassung haben, weil der Maßstab für die Güte einer Verfassung nur in dem Charakter der Nation liegt, welche jeweils im Staate ihre sittliche Einheit findet. Die Seele eines unreifen Volkes wird in einer dieser Unreife entsprechenden Staatsform sich zeigen. Und das Mienenspiel der Verfassung wird sich mit der Entwicklung des Volkes ändern, um schließlich den seinem Wesen entsprechenden Ausdruck zu finden. Aber immer wird der Wesenskern einer Nation durch alle verschiedenen, aufeinanderfolgenden Verfassungsformen hindurchleuchten müssen, soll diese Nation auf die Dauer nicht ernsten Schaden nehmen. Und da das Hindrängen zur Eigenprägung der einzelnen Persönlichkeit aus dem tiefsten Wesen der deutschen Seele kommt, so werden auch Königtum und Monarchie die deutsche Geschichte bis in die fernsten Zeiten begleiten, ungeachtet aller vorübergehenden Zeitströmungen und aller theoretischen Erwägungen über praktische Brauchbarkeit. Nur diejenige deutsche Verfassung wird vollkommen sein, welche der Monarchie die vollkommenste Rechtsform gibt.

VII. Die Staaten.

1. Der Stufenbau.

Ein Blick auf das weite Feld der einander gegenüberstehenden Staaten mahnt uns, nicht müde zu werden in der folgerichtigen Durchführung der Gedanken, welche sich bei der Untersuchung über die sittliche Staatsgemeinschaft ergaben. Weil es im Wesen des sittlichen Bewußtseins liegt, bis ins Grenzenlose fortzuwirken, also in seinen Auswirkungen niemals stille stehen zu bleiben, so ist es durchaus unrichtig, zu meinen, der Staat unterscheide sich von allen anderen Vereinigungen der Menschen dadurch, daß diese immer nur Mittel zum Zweck seien, jener dagegen oder, um mit Kant zu sprechen, „das bürgerliche, gemeine Wesen" Selbstzweck sei. Mit dieser Lehre versperrt man die Aussicht auf die Mehrzahl der Staaten und verursacht die Überschätzung der selbstherrlichen Bedeutung des Staates, als ob er ein Wesen wäre, erhaben über alles Sündhafte und unantastbar gegenüber einer nüchternen Kritik der in seinem Namen gefaßten Entschließungen. Wie sich der Geist der Gotik dauernd und ohne Ende selbst überbietet, so türmt auch das sittliche Bewußtsein die Zwecke aufeinander. Das scheinbare Stehenbleiben bei einem Selbstzweck bedeutet nur ein ausruhendes Verweilen, um nachher auch diesen Zweck nur als Mittel hinter sich zu lassen für eine noch höherstehende Aufgabe. Der Einzelne schafft die sittliche Gemeinschaft, damit der Staat sich seinem Zwecke der inneren Einheit entwinde und seines Selbstzweckes Selbstherrlichkeit schwinden lasse, um die Bahn frei zu machen für das ewig junge im Einzelnen aufleuchtende Licht der in die Weite der Völker hineinstrahlenden Sittlichkeit.

I. Nur nach einer Auseinandersetzung des Einzelnen mit seinem Staat kann die Frage nach dem Verhältnis der Staaten untereinander aufgelöst werden. Daß auf jene Auseinandersetzung zwischen Mensch und Staat alles ankommt, offenbart Platon in seiner Politeia auf eine vollkommene Weise durch sein Gleichnis zwischen Mensch und Staat. Die innere Harmonie und Ausgeglichenheit der Teile untereinander kennzeichnet die Gerechtigkeit der Menschenseele, wie des Staates in gleicher Weise, indem die Seelenvermögen den Berufsständen entsprechen. Nun sollte man erwarten, daß auch die Auswirkungen einer solchen Gerechtigkeit bei Mensch und Staat dieselben seien. Platon hat jedoch solche Folgerungen nicht gezogen, weil er die Durchführung des Gleichnisses bloß auf die Innenseiten von Seele und Staat beschränkte; denn er berücksichtigte zwar die Äußerungen der Seele, nicht jedoch die Außenseite des Staates mit ihrer Beziehung auf die Staaten bei jenem Bilde. Es kommt nun darauf an, zu zeigen, warum Platon bei der Auflösung des Staatsproblems an einem Punkte stecken blieb und ihm so die letzte Endgültigkeit versagt war.

Die Innenseite des Vergleichs zwischen Seele und Ständestaat hat er in nicht zu überbietender Weise durchgeführt. Das Innere der Seele des Einzelnen ist ihm Mikropolis. Seele und Staat sind ähnlich, weil in bezug auf die Gerechtigkeit gleich. Wie der Staat durch Harmonie der Stände gerecht ist, so ist auch die Seele durch Harmonie ihrer Vermögen, der Vernunft, Muthaftigkeit und

Begehrlichkeit, gerecht. Nun aber könnte man den Vergleich zwischen Seele und Staat mit derselben Folgerichtigkeit auf ihre beiderseitigen nach außen wirkenden Eigenschaften durchführen, also den einzelnen Menschen in bezug auf den anderen Menschen, den einzelnen Staat in bezug auf die anderen Staaten unter dem Gesichtswinkel der Gerechtigkeit betrachten. Dazu ist Platon jedoch nicht gekommen, weil er sich in einer dritten Möglichkeit des Vergleichs verlor, ohne sich aus der Verwirrung wieder herauszufinden. Man kann nämlich den Versuch machen, die Innenseite des Staates mit der Außenseite des Menschen zu vergleichen, um den Tatbestand festzustellen, daß die beiden getrennten Vergleichspunkte, weil sie nun in eins zusammenfallen, überhaupt gar keinen Vergleich mehr zulassen; denn die Innenseite des Staates ist ja doch nichts anderes als die Außenseite der Menschen und ihrer Lebensbeziehung untereinander. Es drohte also ein Zusammenbruch des Vergleichs einzutreten, wenn Platon einerseits seine Aufmerksamkeit lediglich auf die Innenseite des Staates richtete — wie es tatsächlich geschah —, anderseits jedoch versuchte, den Gerechtigkeitsbegriff zu erläutern an dem Verhalten von Mensch zu Mensch. Dieses letztere unternimmt er im ersten Buch seiner Politeia, um bald einzusehen, daß, wenn er vom Einzelnen ausgehend zum Staat gelangen wollte, das ihm vorschwebende Bild von Innenseele und Innenstaat aufs höchste gefährdet war. Dieses ist der eigentliche Grund, weswegen er im zweiten Buche mit der genialen Sicherheit des überlegenen Künstlers eine grundlegende Änderung der Einstellung vornimmt, indem er die bekannte Wendung gebraucht, daß das Wesen der Gerechtigkeit in den großen Buchstaben, welche den Staat bedeuten, weil leichter, zuerst abzulesen sei, um sodann erst die Gerechtigkeit, welche die einzelne Seele bedeutet, in den kleineren Buchstaben besser lesen zu können. Das bedeutete aber einen Verzicht auf den Ausblick über den Staat hinaus.

Das in der Harmonie der Teile bestehende Wesen der Gerechtigkeit fand Platon erst, als er sich auf den Staat besann, um dieses Prinzip sodann auch auf die Seele des Einzelnen zu übertragen, ohne von dem Einzelnen nun wieder auf die Staatengemeinschaft zurückkommen zu können. Dagegen ist ihm im ersten Buche noch nicht der Satz: Wie der Staat, so der Mensch — maßgebend, weil er dort den Sokrates das Wesen der Gerechtigkeit ganz im Hinblick auf den einzelnen Menschen und sein Verhalten gegenüber den Anderen erläutern läßt. Es wird dort mit großem Nachdruck festgestellt, daß ein wahrhaft gerechter Mensch niemandem Schaden zufügt, weder seinen Freunden, noch auch irgendeinem anderen Menschen, also auch nicht seinen Feinden, eine Erklärung, die in scharfer Abwehr gegen die Auffassung der Sophisten, die in der Gerechtigkeit nichts anderes erblicken konnten als den Nutzen des Stärkeren, herausgearbeitet wird. Dieser Gerechtigkeitserklärung, nämlich niemandem Schaden zuzufügen, wird Platon nun im Laufe der weiteren Untersuchung untreu und zwar gerade deshalb, weil er später den gerechten Menschen nach dem gerechten Staat behandelt und in diesem einen sehr wichtigen Berufsstand entdeckt hatte, dessen Aufgabe gerade darin besteht, den Feinden des Staates Schaden zuzufügen, nämlich den Kriegerstand. Es eröffnet sich hier also ein Widerspruch, der darin besteht, daß Platon einerseits Mensch und Staat völlig gleich behandelt, anderseits eine Definition der Gerechtigkeit gibt, nach welcher niemandem, auch nicht dem Feinde, Schaden zugefügt werden darf, aber zuläßt, daß für den Feind des Staates der Kriegerstand im gerechten Staat geschaffen wird. Jetzt wird sogar die Gerechtigkeit des kriegerischen Wächters dadurch gekennzeichnet, daß er seinen Genossen gegenüber der friedlichste Mensch, den Feinden des Staates aber der grimmigste Feind ist. Seine Tugend besteht darin, daß er Freund und Feind gut unterscheidet. Sokrates wird also seinen Feinden nichts tun, um so mehr jedoch den Feinden seines Staates. Abgesehen von der darin zum Ausdruck kommenden untadeligen Gesinnung läßt sich nicht leugnen, daß hier das grundlegende Prinzip, nämlich die völlige Gleichheit von Mensch und Staat in bezug auf die Gerechtigkeit verletzt ist, indem auch der Staat seinen Feinden keinen Schaden tun dürfte, genau wie der Einzelne. Diese Inkonsequenz war schon geschehen und wurde auch nicht mehr beseitigt, als Sokrates im vierten Buche ausdrücklich nochmals warnt mit den Worten: „Gib acht, daß sich die Gerechtigkeit nicht doch noch verdunkelt und beim Menschen ein anderes Gesicht bekommt, als sie im Staate hatte". Weil Platon also später von Staat zu Mensch ging, hätte er nunmehr auch in bezug auf den Menschen das Verbot der Gerechtigkeit, den Feinden Schaden zuzufügen, aufheben müssen, wie er es in bezug auf den Staat nie aufgestellt hatte. Diese Aufhebung ist jedoch unterblieben. Wenn man dagegen von Mensch zu Staat voranschreitet, wird man sich eher hüten, zu sagen, der Gerechte dürfe unter keinen Umständen seinen Feinden schaden, indem es sehr wohl möglich ist, in Ausübung einer sittlichen Pflicht solchen Schaden zu erwirken, sowohl in bezug auf den Einzelnen wie in bezug auf den Staat.

Platon hat es mit dem Wesen der Gerechtigkeit für vereinbar gehalten, den Feind des Staates anders zu behandeln als den Feind des Menschen, indem er sich über die Gerechtigkeit unterrichtet an dem Rhythmus der Stände im Staatsinnern und die Beziehung von Mensch zu Mensch auf dieses Staatsinnere beschränkt, dessen Friedensnotwendigkeit die Schadenszufügung des Einzelnen gegen den Anderen verbietet. Über der sittlichen Einheit des Staates vergißt er als Kind seiner Zeit die Einheit der Staaten und übersieht, daß es mit der Sittlichkeit des Staates nicht vereinbar ist, seinen dinglichen Besitz auf Kosten eines anderen Staates zu vergrößern. Er hält es nicht für ungerecht, wenn ein Staat mit größerer Macht einen anderen überwindet, aus welchen Gründen es auch sei, ja er leitet sogar die Notwendigkeit des Kriegerstandes ausdrücklich davon ab, daß der ständig wachsende Staat den Ring seiner Grenzen zu sprengen sucht und dazu der Krieger bedarf. Er erwähnt nur nebenher, daß der überwindende Staat seine Macht nicht ohne Gerechtigkeit aufrecht erhalten kann, er stellt jedoch nicht die Frage, ob die Überwindung an sich gerecht war. Hierfür sind ihm die Bedürfnisse und die Stärke des Staates allein maßgebend, so daß er also schließlich die von ihm im ersten Buche abgewiesene Definition des Sophisten, das Gerechte sei nichts anderes als der Nutzen des Stärkeren, auch in bezug auf die nach außen wirkenden Handlungen des Staates zurückzuweisen nicht mehr die nötige Kraft aufgebracht hat. Nur ein solcher Vergleich zwischen Staat und Mensch wird den Anspruch auf Vollkommenheit erheben dürfen, welcher die sittliche Innenseite des Staates in Einstimmigkeit bringt mit seiner Außenseite, weil die Innenseite des Staates die Außenseite des Menschen herausfordert und diese wieder die Außenseite des Staates.

II. Platons Staat ist nur im Innern ein sittlicher Staat, nach außen ist er ein Machtstaat ohne ausdrückliche sittliche Färbung. Da unter Macht vielerlei zu verstehen ist, bedarf es einer Erklärung, was in diesem Zusammenhange gemeint ist. Unter Macht verstehe *ich hier die größere Macht, welche den* Entscheidungsausschlag der stärkeren leiblichen Gewalt im Falle eines Konfliktes bedeutet, indem von Natur der minder Mächtige dem Mächtigen untertänig ist. Während es für jeden selbstverständlich ist, daß eine solche Macht des Einzelnen keinen sittlichen Charakter trägt, bedarf es erst noch der Betonung, daß beim Staate es sich genau ebenso verhält. Ebensowenig wie beim Menschen kann auch beim Staate der Grad der Sittlichkeit an dem Grade der Macht abgelesen werden. Auf dem Boden der größeren Macht kann zwar sittliches Leben gedeihen, er kann ihm aber auch wegen der Gefahr des Mißbrauches der Macht ein schweres Hemmnis bieten, was auf seiten der Ohnmacht viel weniger der Fall zu sein pflegt, ja die leibliche Ohnmacht eines Volkes kann zum Selbstschutz seiner sittlichen Stärke werden.

Man könnte versucht sein, den Machtstaat vom Standpunkt des Einzelnen aus zu rechtfertigen und erklären, im Machtstaate verzichteten die Bürger auf ihre natürliche Macht, um sie auf den Staat zu übertragen, ja eine solche vermeintliche Machtübertragung entspringt ehrlicher Überzeugung. In der Tat hat man es dem Staate nicht verargt, ein Egoist oder ein schluckendes Ungetüm zu sein, wenn er nur nicht allzusehr seine Gelüste an den Bürgern selbst ausließ, vielmehr seine Bedürfnisse jenseits seiner Grenzen deckte. Dagegen hatte man weniger Neigung und Vertrauen zu der Folgerung, daß, wenn die größere Macht des Staates gegenüber anderen Staaten anerkannt war, auch die größere Macht des anderen Staates gegenüber dem eigenen anerkannt werden müsse, weil in einem solchen Falle das Gefühl für das eigene Vaterland die logische Nüchternheit zu überwuchern pflegt.

Ist der Einzelne sittlich und hat er trotzdem vor der Macht seines Staates Ehrfurcht und Bewunderung, gerät er in Unstimmigkeiten, die sich aus der Verletzung der logischen Folgerichtigkeit des Sittengesetzes ergeben. Der selbstloseste Mensch, der sein Leben opfert für seinen Staat und für sich nicht die geringsten Vorteile erstrebt, kann zusehen, wenn diesem Staate die größten Gewinne zufließen auf Kosten des unterlegenen Gegners. Er unterdrückt seine auf sich selbst gestellte Gewissensregung, um im Namen des Staates ein brennendes Verlangen nach einer möglichst großen Zahl getöteter Feinde zu bekommen. Er ist wohl bereit, seine Auffassung von Ehre und Stolz auch auf seinen Staat zu übertragen, ohne sich darüber Rechenschaft abzulegen, ob es sittlich ist, zu dulden, daß der Staat jetzt diejenige Macht unbeschränkt walten lassen darf, die er selbst verzichtend auf den Staat übertragen hatte, weil er sie zu besitzen und auszunutzen als unwürdig erkannt hatte. Aber gerade der unterwürfigen Hingebung des Einzelnen an seinen Staat entspricht der selbstsüchtige Machtgebrauch des Staates. Wie wenig jedoch in Wirklichkeit der Einzelne von seinem Staate abhängt, sollte man gerade daran erkennen, daß ein unsittlicher Krieg der Staaten untereinander noch längst nicht den einzelnen Krieger unsittlich macht.

Der Krieg gibt aber bloß Gelegenheit zu sittlicher Tat, weil die Tatsache, daß Krieg ausgebrochen ist, nur in einem äußerlichen Zusammenhang steht mit einer solchen Tat; diese rechtfertigt aber den Krieg in keiner Weise.

Wer mit seinem Staat ins Reine kommen will, wird sich darüber klar sein müssen, daß die Macht, auf die er selbst freiwillig verzichtet, gar nicht auf den Rücken des Staates abgeladen werden kann, nicht auf ihn übertragbar ist, sondern daß sie gebrochen ist und gar kein Leben mehr hat. Die Macht des Staates ergibt sich nicht aus der Ohnmacht der Bürger, sondern aus dem naturgebundenen, bewußtlos wirkenden Triebleben der Volkskraft und macht den Staat trotz aller lebendigen Gesundheit des Volksganzen in den meisten Fällen sittlich unfrei, eine Tatsache, die bei fast allen Friedensschlüssen der siegende Staat bewährt hat. So sagt Kant mit Recht: „Die menschliche Natur erscheint nirgend weniger liebenswürdig, als im Verhältnisse ganzer Völker gegeneinander“, welcher Satz darin begründet ist, daß der mächtigere Staat auch das *größere Recht für sich in Anspruch nimmt*, ohne sich darum zu kümmern, daß nicht Macht, sondern Sittlichkeit Recht zeugt.

III. Es gibt zwei Möglichkeiten der Regelung der Staaten untereinander. Einmal durch die Weltherrschaft eines mit der größten Gewalt ausgestatteten Staates über die anderen. Ein solcher Zustand hat vor dem Kriege in bezug auf sittlichen Gehalt nichts voraus, und es kann nur als eine Ungeheuerlichkeit bezeichnet werden, wenn ein solcher Gewaltstaat sich nach außen hin wie ein sittlicher gebärdet. Sodann ist noch die Regelung möglich durch das die Staaten miteinander verbindende Recht. Eine solche Bindung setzt zum mindesten voraus, daß die einzelnen Staaten selbst von einem vollkommeneren und vorbildlichen Recht getragen sind und hat die Aufrichtung eines Staatenstaates zur Folge, der sich abhebt als die Gemeinschaft der Bürgerstaaten. Das Recht des Staatenstaates, oder auch Völkerrecht genannt, hat das Recht der Bürgerstaaten zum Vorbild, indem es nur möglich ist, insofern es sich auf die verschiedenen Gestaltungen des nationalen Rechtes aufbaut. Damit nun die verschiedenen Rechtsbauten der Bürgerstaaten nicht untereinander in Unstimmigkeit geraten, ist in der Idee zu unterstellen, daß die Bürgergemeinschaften sich schon zu einer solch reinen Sittlichkeit entwickelt haben, daß sie des Rechtsmittels in ihrem Innenaufbau nicht mehr bedürfen, sondern sich wie einzelne sittliche, voneinander unterschiedene Persönlichkeiten gegenüberstehen, welche gewillt sind, durch Rechtssatzung eine sittliche Gemeinschaft der Staaten zu bilden. Vor allem kommt es darauf an, daß ein solches Völkerrecht den einzelnen Staat selbst, nicht aber den einzelnen Menschen zum Erzeuger hat, weil dieser, wenn man gleichsam von außen auf den Staat blickt, völlig unsichtbar geworden ist und hinter seinem Staat verschwindet. Gerade deshalb, weil das Völkerrecht bisher immer nur von den Einzelnen, nicht aber von den Staaten selbst geschaffen war, gingen die Staaten, ohne den Sinn ihrer Recht schaffenden Gerechtigkeit zu verstehen, unbekümmert an ihm vorbei. Das Recht dringt über den Staat hinaus, der seinerseits von dem Einzelnen gestützt ist. Weil die Sittlichkeit des Staates schwächer ist, als die des Einzelnen, sind die Staaten zum Zwecke ihrer Gemeinschaft in weit höherem Maße auf das Recht angewiesen als die Einzelnen. So hat das Recht die erhabene Aufgabe der Begründung einer sittlichen Weltstaatengemeinschaft, in deren Licht die Arbeit des Einzelnen an seinem ihm zugehörigen Staate eine unsagbar große Berufung bedeutet, da er der Grund ist, daß sein Staat den Weltstaat zu tragen vermag.

Der Zweck des Einzelnen ist der einzelne Staat in solch geschlossener Einheitlichkeit, daß dieser über seine Grenzen hinaus sittlicher Leistungen fähig ist. Während der Staat nach außen seine Selbständigkeit bewahrt und der Einzelne über seine Grenzen hinaus nur in seinem Namen handelt, bedarf er des Einzelnen zu seiner sittlichen Entwicklung nur in seinem Innern. Während im Staatsinnern der Einzelne überragt, hat er nach außen hinter dem Staate völlig zurückzutreten, indem die Unterschiedlichkeiten der Einzelnen nun verleugnet werden, um die Unterschiedlichkeit des Staates gegen die anderen um so schärfer herauszuarbeiten. Die von dem Einzelnen auf die Menschenmassen ausstrahlende Sittlichkeit kann nicht bis auf die Heranbildung des Weltstaates wirken, wenn nicht ihre Lichtwellen über die verschiedenen einzelnen Staaten geleitet werden und alle sittliche Kraft des Einzelnen bloß in den Dienst seines Staates gestellt wird. Nur der einzelne Staat zeugt den Weltstaat; denn würde der Einzelne an seinem Staate vorbei der Menschheit dienen wollen, so würde er seinem Staate sittliche Kraft entziehen, also ein Glied des Weltstaates schädigen und damit diesen selbst. Der Einzelne ist im Staatsinnern frei, nach außen gebunden, weil die Sittlichkeit des Staates nicht nach innen wirkt, sondern nach außen. Der Einzelne sieht im Innern den Staat gar nicht von seiner sittlichen Seite. Er sieht ihn gleichsam nur von hinten, ohne das sittliche Gepräge seines Antlitzes zu schauen. Das sittliche Auge des Staates ist den ihm zugehörigen Menschen niemals zugekehrt; denn sonst hätten diese ein Recht, ihre sittliche Arbeit am Staate einzustellen. Die eigentliche Innerlichkeit des Staates, seinen sittlichen Gehalt, vermag nur der außenstehende andere Staat oder fremde Mensch zu spüren. Aber unwürdig und nichtsnutzig ist der Mensch, der dem fremden Staate gegenüber den noch nicht erreichten sittlichen Gehalt seines eigenen Staates dazu benutzt, um ihn vor der Welt zu verlästern und zu verspotten. Der Einzelne besitzt keinen Überschuß an sittlicher Kraft, den er seiner Nation entziehen dürfte, um ihn in fremde Bahnen zu leiten. So gibt es nur einen Weg des Deutschen zur Menschheit, und der geht über seine im Staate zusammengefaßte Nation.

Nur der sittliche Staat ist berufen, die Gemeinschaft der Staaten herzustellen. Dem Vorbild des Einzelnen folgend tritt er den Staaten in selbstbewußter Würde als Ebenbürtiger mit ausgeprägtem festen Charakter gegenüber. Sein innerer Aufbau ist nur die Form, in welcher sein völkerrechtzeugender sittlicher Kern heranreift. Und weist dieser Sittlichkeitsgehalt dem Einzelnen gegenüber auch nur eine abgeschwächte Intensität auf, so wird diese geringere Kraft durch die geringere Zahl der Staaten wieder ausgeglichen, deren Isolierung gegeneinander die Voraussetzung für ihre Gemeinschaft bildet.

Der Begründung des Rechtsweltstaates geht die Frage vorher, ob die Forderung nach der Sittlichkeit des einzelnen völkerrechtzeugenden Staates an der Tatsache ihre Grenze findet, daß der andere Staat nicht auf die größere Gewalt verzichtet. Obwohl in einem solchen Falle das Völkerrecht nicht verwirklicht und gesetzt wird, kann doch jene Forderung gar nicht aufgegeben werden, weil der die Forderung erhebende Einzelne seinerseits sich und seinen Staat gar nicht dem Drucke des Sittengesetzes entziehen kann, ob er einverstanden ist oder nicht. Und zudem kann das Schicksal seines Staates, wenn er sich in der Bahn des Sittengesetzes bewegt, dieserhalb auf die Dauer gar nicht einen der Nation ungünstigen Gang nehmen. Nur die erste anbrechende Ahnung von seiner sittlichen Berufung wird den Staat Erschütterungen aussetzen, die besonders schwer in die Erscheinung treten, wenn die Staaten untereinander, von Machtgelüsten angetrieben, sich in einem wilden Kriege gleichsam fest ineinandergebissen haben, ein Staat jedoch sich unter ihnen befindet, dessen Bürgerschaft im Augenblick der höchsten Gefahr für Leib und Leben die nach außen auf Abwehr und Vernichtung des Gegners angespannten Kräfte erlahmen läßt, weil sie, die Gefahr verachtend, sich auf sich selbst besinnt und sich Rechenschaft abgibt und anstatt zu handeln und kräftig nach außen zu wirken, Feindschaft vergißt, wo noch Feindschaft lebt. Ein solcher Staat, der sich in anbrechender Gewissensregung seiner sittlichen Gemeinschaft der Gewaltsamkeit entschlägt, weil er ihren rücksichtslosen Gebrauch im Hinblick auf eine Gemeinschaft der Staaten für unwürdig erachtet, der Verantwortung gegen sich und die Einheit des Menschentums entdeckend in der Vernichtungsenergie nachläßt, wird allerdings besonders stark unter der Gewalt anderer Staaten, deren sittliche Einsicht noch von Nebel umfangen ist, zu leiden haben, aber doch die tragische Größe seines Leides durch seine vorbildliche Wirksamkeit überstehen, zumal noch nie ein Volk aus sittlichen Gründen zugrunde gegangen ist.

Die Entwicklung der Gemeinschaften zu größerer Vollkommenheit kann nur auf der Bahn des Sittengesetzes voranschreiten, welche drei Stufen aufweist, nämlich den Machtzustand, den Rechtszustand und den Sittlichkeitszustand. Führen wir diese Unterschiede schematisch auf eine einfache, normale, mittlere Linie zurück, so entspricht die Macht der Beziehung der Staaten untereinander, das Recht dem Einzelstaat und die Sittlichkeit dem Einzelnen. Die Staatenbeziehung hat die größten Entwicklungsmöglichkeiten, nämlich von der Macht über das Recht zur Sittlichkeit des Weltstaates. Die Entwicklung des Einzelnen dagegen ist bedeutungslos, da er das Voranschreiten den Gemeinschaften überläßt, wenn er seine größere Macht ausgeschaltet hat und sittlich ist, während Recht gar nicht für seine Entwicklung in Frage kommt, und schließlich bewegt sich der Einzelstaat in seiner Entwicklung in der Mitte, indem er vom Rechtszustand zur Sittlichkeit voranschreitet. Die aufwärts steigende Entwicklungsbahn hat die Stufen Macht, Recht, Sittlichkeit, die abwärts laufende Abwicklungsbahn dagegen die Stufen der Einzelne, der Staat, die Staaten. Nun ist in dieser Stufenordnung ein ganz bestimmter Rhythmus festzustellen. Jener Bahn Ende bedeutet dieser Bahn Anfang. Denkt man sich dieses Ordnungssystem in Bewegung, so laufen die beiden Bahnen, sich entgegenkommend, aneinander vorbei, ohne daß irgendeine Stufe übersprungen werden könnte. Nehmen wir den Einzelstaat zum Beispiel. Ist er im Rechtszustand, dann besteht unter den Staaten noch der Machtzustand; hat er dagegen das Recht überwunden und den sittlichen Zustand erreicht, dann ist auch das Staatenverhältnis, welches gegenüber dem Staat stets um eine Stufe zurückbleibt, eine Stufe höher gerückt und hat an die Stelle der Macht das Recht gesetzt. Führen wir nun dieses grobe Schema durch, so ergeben sich folgende Zustände.

1. Der Machteinzelmensch verhindert selbst den Machtstaat, geschweige eine Machtstaatenbeziehung.

2. Der (sittliche) Einzelne ermöglicht den Rechtsstaat, dieser verhindert nicht die Machtstaatenbeziehung.
3. Der Einzelne ermöglicht den sittlichen Staat, dieser ermöglicht die Rechtsstaatenbeziehung im Rechtsweltstaat.
4. Der Einzelne ermöglicht den sittlichen Staat, dieser den sittlichen Weltstaat. —

Machtgebrauch verhindert Staatsbildung überhaupt. Dagegen schafft Sittlichkeit Recht und überwindet Macht. Ein sittliches Staatensystem sittlicher Staaten, welches die Gesamtheit der Menschen nach dem Vorbild der Einheit eines gewissenhaften Menschen zusammenfaßt, ist das vorläufige Ende der Bahn des Sittengesetzes. Ist ein Volk einmal in diese Bahn eingereiht, dann gibt es für es keine Rückkehr mehr. Erreicht es aber nicht das Ziel, dann verdorrt es, ohne wieder in das ursprüngliche Leben der Natur zurück zu können. Deshalb liegt das Glück der Naturvölker darin, daß sie eine Ernüchterung und Enttäuschung über das Steckenbleiben auf der Bahn, welches bisher noch alle Kulturvölker erlebten, nicht kennen.

Das Eigengewissen des Einzelnen zeugt sein Staatsgewissen und dieses das Eigengewissen des Staates und dieses das Staatsgewissen des Staates und dieses das Eigengewissen des Weltstaates, welcher selbst seinen Gewissensschlag nicht mehr auf die Bildung eines noch höheren Staatssystems zu richten braucht. Das Gewissen des Weltstaates aber ist das Weltgewissen, welches keine rechtzeugende Kraft mehr besitzt. Hier ist ein vorläufiges Ende der Gewissensbahn, und nur eine spätere Zeit wird erkennen können, welches sittliche Gebot durch das Weltgewissen verwirklicht werden soll.

Das Weltgewissen dämmert erst, wenn der sittliche Weltstaat sich zu regen beginnt, der das Völkerrecht, das in unserer Zeit noch nicht einmal gegründet ist, überwunden hat; wenn die Staaten in einer sittlichen Gemeinschaft sich gefunden haben. Das Weltgewissen ist die verklingende Sittlichkeit, ihr letzter, matter Hauch, der von dem Einzelnen aus über seine Staatsgemeinschaft bis zu der Gemeinschaft der Staaten vorgedrungen ist. Es gibt kein Weltgewissen, ohne daß das Vaterlandsgewissen vorausgesetzt wäre. Das Weltgewissen spricht nicht gegen das Vaterlandsgewissen, sondern das Vaterlandsgewissen spricht für das Weltgewissen. Der schwächere Gewissensgrad lebt von dem stärkeren, ohne daß dieser an Kraft abnimmt. Die Sittlichkeitsabgabe von seiten des Einzelnen an seinen Staat ist nicht eine Sittlichkeitsabnahme beim Einzelnen, aber ebensowenig verliert das Vaterlandsgewissen an Kraft, wenn es an das Weltgewissen Sittlichkeit abgibt, weil eine solche Abgabe ersetzt wird durch die stets frische Zufuhr von seiten des Einzelnen an seinen vaterländischen Staat.

2. Recht und Macht.

I. Der Stufenbau Macht, Recht, Sittlichkeit ist nur möglich, wenn eine scharfe Unterscheidung zwischen Macht und Recht vorausgesetzt ist, und diese die höhere Stufe des Rechtes kennzeichnende Unterscheidung ist nur möglich, wenn man unter Macht lediglich die jederzeit im Interesse der Wahrung und Erreichung eigenen Vorteils zur Gewalttätigkeit bereitstehende größere Macht eines Menschen über einen Menschen und eines Staates über einen Staat versteht, dagegen das Recht als das Institut betrachtet, das dazu berufen ist, solche Gewalttätigkeiten zu unterdrücken.

Wenn wir nun weiter fragen, wie denn eigentlich dem Recht die Möglichkeit gegeben sei, die ausgebrochenen Gewalttätigkeiten der ihm unterstellten Wesen zurückzuweisen, wird das Verhältnis von Recht und Macht insofern in eine neue Beleuchtung gestellt, als das Recht mächtig genug sein muß, jenes zu vollbringen.

Es gibt zwei Gründe, weswegen der Streit um die Frage, ob zum Wesen des Rechtes die Macht gehört oder nicht, nicht zur Ruhe kommen will. Der eine Grund besteht in den verschiedenen Auffassungen über das Wesen des Menschen, der andere in den verschiedenen Auffassungen über die Macht selbst, wenn wir einmal unterstellen, daß wenigstens in bezug auf die Notwendigkeit des Rechtes Einigkeit herrscht.

Was den Menschen betrifft, so werden alle diejenigen Verächter der Macht des Rechtes sein, welche als Voraussetzung den Glauben an den guten Kern im Menschen mitbringen, die erwarten, daß der von Natur gute Mensch durch diese seine Anlage weit mehr geeignet ist, die einheitliche Regelung der menschlichen Beziehungen herbeizuführen, als die Macht oder die Zwangsjacke des Rechtes, die den selbständigen freien Vernunftwillen des Menschen viel mehr unterdrücke als entfalte. Dagegen werden alle diejenigen das Recht mit der Macht ausgestattet zu sehen wünschen, welche davon überzeugt sind, daß der Mensch von Grund aus böse sei und ständig darauf lauere, mit Rücksicht auf den eigenen Gewinn dem Nächsten zu schaden, und daß er dieserhalb auch nur durch die eiserne Faust des Rechtes in Schranken gehalten werden könne.

Solange der Mensch nun keine klare und eindeutige Erkenntnis seines Grundwesens besitzt, wird er auf diesem Wege nicht zu einer Entscheidung gelangen können über die Beziehung, die zwischen Recht und Macht besteht. Deshalb versuchen wir uns vorerst über das Wesen der Macht zu unterrichten.

Weil man so sehr viel unter Macht verstehen kann, ist es so schwer, eine Einigung darüber zu erzielen, wie Recht und Macht zusammenstimmen. Vielleicht denkt man zunächst an blühende, lebensstarke, kraftstrotzende Gesundheit irgendeines Lebewesens, an physische, leibliche Stärke. Und dann sind wir versucht, diese Stärke zu vergleichen mit der Macht eines anderen Lebewesens, das noch stärker ist. Und wenn verschiedene Lebewesen mit ungleicher Macht in Spannung geraten und ihre Macht auf die Probe stellen, nimmt die Macht einen ganz besonderen Charakter an. Es kommt zu einer Machtanspannung und zu einer Machtauslösung, diese bezeichnet man mit einem besonderen Wort, nämlich Gewalt. Macht und Gewalt, insbesondere in dem zugespitzten Sinne der Gewalttätigkeit, sind also ursprünglich nicht genau dasselbe. Macht für sich allein ist nur ein latenter Zustand der vegetativen Stärke. Erst die Auslösung dieses Zustandes durch Wirksamkeit auf ein anderes Lebewesen führt zur Gewalt. Jetzt gewinnt die Macht des einen in Vergleichung mit dem anderen den besonderen Sinn der stärkeren Macht, die sich im Kampfe behauptet und läßt die Macht des anderen erlöschen. In diesem Sinne ist Macht die stärkere Macht, die in den meisten Fällen wohl infolge blühenden wirtschaftlichen Lebens mit einer anderen in Konflikt geratend, diesen durch Gewalttätigkeit entscheidet. Ein gewalttätiges Lebewesen können wir nur in bezug auf andere uns vorstellen, also etwa Mensch zu Mensch oder Staat zu Staat, nicht jedoch kann man sagen, der Staat sei seinen Bürgern gegenüber gewalttätig, trotzdem eine der Quellen der Staatsgewalt auch der Ursprung der Gewalttätigkeit des einen Bürgers gegen den anderen ist, nämlich die Menschenvielheit. Und nur die andere Quelle der Staatsgewalt, *die sittliche* Einheit der Gemeinschaft, unterscheidet sie von der Gewalttätigkeit. Diese bedeutet schrankenlose Ausnutzung der größeren Macht. Das Maß der Gewaltausnutzung liegt immer nur in der Größe der Macht des Gewalttätigen. Der Grad seiner Macht bestimmt die Grenze der Gewaltausnutzung. So ist also in jedem Falle die Gewalttätigkeit von der Macht abhängig. Es gibt demnach keine einheitliche Ordnung, kein System in der Gewaltbetätigung. Unter diesem Gesichtspunkt der Regelung der Vielen in ihrer gegenseitigen Beziehung ist Gewalttätigkeit als ein Mißbrauch der Macht zu bezeichnen.

Die Tatsache, daß sich die Staatsgewalt gegenüber den Bürgern von der Gewalttätigkeit unterscheidet, weist nun noch auf eine ganz besondere Macht hin, die nicht in Gewalttätigkeit ausmündet und auch gar nicht mißbraucht werden kann, die allerdings in manchen Zeiten bis auf den Nullpunkt herabgefallen zu sein scheint — und das ist die Macht der sittlichen Vernunft, der Gerechtigkeit, durch welche das Recht gezeugt und verbessert wird, damit die Vielen in Ordnung und Einheit zusammengefaßt werden, was nur möglich ist, indem der Stärkere auf Anwendung seiner Gewaltmacht verzichtet oder wenn nicht, dazu gezwungen wird. So wird durch die sittliche Macht des Rechtes ein wesentlicher Teil der Macht des ihm Unterworfenen unterdrückt, nämlich derjenige Teil, der, aus der üppigen Lebenskraft herausbrechend, diese Lebensbehauptung zum Schaden eines anderen zu steigern versucht. Im Interesse des rhythmischen Aufbaus der Rechtseinheit des Staates duldet das Recht es nicht, daß der Eine um seines Vorteils willen dem Anderen mit Gewalt Schaden zufügt. Also schließen die sittliche Macht der Gerechtigkeit und die Gewaltmacht des Ungerechten einander aus. Wenn diese beiden Mächte, Gerechtigkeit und Gewalt, miteinander kämpfen, dann ist das ein ganz anderer Kampf, als wenn zwei gewalttätige Lebewesen sich miteinander um die Beute streiten und die Entscheidung in die stärkere leibliche Kraft setzen, eine Kraft, die nicht fragt nach der durch Vernunft des Menschen gezeugten Gerechtigkeit.

II. Nach dieser Grundunterscheidung von Gerechtigkeitsmacht und Gewaltmacht sind wir vielleicht genügend vorbereitet, um an die Beantwortung unserer Grundfrage heranzugehen, ob Macht als eines seiner wesentlichen Merkmale zum Wesen des Rechtes gehört, ob Recht überhaupt bestehen kann ohne Macht.

Es mag verwunderlich erscheinen, daß ich diese Frage hier nochmals aufstelle, nachdem ich am Ende des Kapitels über Erziehung und Recht versucht hatte, die physische Zwangsgewalt dem Wesen des Rechtes nicht zu nahe zu bringen, ja den Rechtszwang nicht einmal als ein Instrument der Sittlichkeit gelten ließ, sondern ihn als ein unerfreuliches Reststück aus der Vielheit der Menschenmenge hinstellte. Doch es gilt zu bedenken, zu welchem Zwecke es geschah. Es handelte sich um eine Rechtfertigung des Rechtszwanges vor dem sittlichen Einzelnen, der selbst das Recht zeugt und auf welchem sein eigenes Erzeugnis nicht als eine zwangvolle Macht lasten kann. Aus dem Standpunkt des das Recht begründenden Einzelnen heraus ist allein das apriorische Wesen des Rechtes, insofern es noch nicht in die Erfahrung eingetreten ist, zu erkennen, und zwar als das Mittel, welches durch Einheitsraffung der Menschenvielheit die sittliche Selbständigkeit des Staates herbeiführen soll. Es ist nun nochmals festzustellen, daß in dieser reinen erfahrungsfreien Apriorität des Rechtes seiner durch die Erfahrung noch nicht erprobten Bestimmung nach von Zwang und Gewalt nichts zu finden ist, indem eine rein sittliche Aufgabe ohnehin nichts von äußerem Zwang enthalten kann.

Die Berechtigung, von einer sittlichen Vernunftmacht der Gerechtigkeit und des Rechtes zu sprechen, stößt nicht den Satz um, daß das Recht seinem apriorischen Wesen nach keine Macht im Sinne von Zwangsgewalt besitzt. Solche Macht kann demnach nur zu den durch die Erfahrung erworbenen Eigenschaften des Rechtes gehören. Das Recht hatte es gleichsam nicht erwartet, daß es der Macht bedürfe, um seine Aufgabe zu erfüllen. Es wird hart im Gebrauch. Aber diese seine Zwangshärte gegen den, der sich ihm nicht fügt, kennzeichnet nicht seine apriorische sittliche Aufgabe. Diese kann nicht irgendwie an dem Zwange abgelesen werden, zumal die Zwangsmacht des Rechtes sich gegen den Gewalttätigen richtet, nicht um ihn sittlich zu machen, so daß aus diesem Konflikt auch nicht abgeleitet werden kann, wessen Versittlichung durch das Recht herbeizuführen sei. Die Versittlichung der Gemeinschaft in ihrer geschlossenen Ganzheit bleibt der Wesensgehalt des Rechtes, ohne Rücksicht darauf, ob das in die Erfahrung eingetretene Recht der Macht bedarf oder nicht. Diese Feststellung ist wichtig, weil alles darauf ankommt, daß die äußere Gewalt des Rechtes gegen einzelne Widerspenstige die anbrechende Sittlichkeit der Gemeinschaft nicht zu einer Äußerlichkeit mache und den inneren Prozeß der vom Einzelnen zum Staat vorwärtsschreitenden Bahn des Sittengesetzes, dessen Stoßkraft mit der Macht der sittlichen Vernunft identisch ist, nicht allzusehr überwuchere.

III. Bevor wir nun an die Erörterung der aus der Erfahrung hergeleiteten Zwangsmacht des Rechtes herantreten, ist es vielleicht angebracht, aus der großen Schar derer, welche behaupten, die Macht sei dem Rechte wesentlich, einige Ansichten herauszuheben, um zu zeigen, daß sie keineswegs über die Macht des Rechtes eine eindeutige Vorstellung haben.

Der radikalste Vertreter ist Tolstoi, der, folgerichtig genug, von der Macht überhaupt nichts wissen will und gerade wegen seiner Macht auch vom Rechte nichts wissen will. Das Recht sei das brutale Mittel des Starken und einiger weniger bevorzugter Gewalthaber zur Aussaugung der großen Menge hilfloser Menschen. Das Recht sei aus Macht geflossen und das Mittel des Stärkeren zur Aufrechterhaltung seiner größeren Macht. Die Macht des Rechtes sei nicht Vernunft, sondern rohe Gewalt, und der Rechtsschutz der Beherrschten bestehe darin, daß sie das tun dürfen, was ihnen nicht verboten ist. Es ist leicht einzusehen, daß hier eine unglückliche Verzerrung des Rechtsbildes vorliegt, indem Tolstoi gar nicht den Unterschied von sittlicher Macht und Gewaltmacht aufstellt und die Gerechtigkeit in ganz unerlaubter Weise von dem Recht völlig abtrennt. Gerade die Gerechtigkeit beleuchtet das Recht in der Weise, daß es niemals in den Dienst einzelner Gewalthaber treten kann. Tolstoi sieht jedoch in der kalten und gefühllosen Rechtssetzung eine Entweihung der Gerechtigkeit; diese könne nur durch die Macht der Liebe unter den Menschen hier auf Erden verwirklicht werden.

Ein anderer berühmter Vertreter der Machttheorie des Rechtes ist Th. Hobbes. Er feiert die Macht des Rechtes und mit ihr das Recht selbst; denn er hält den Menschen für sehr böse, und dieser seiner Bosheit entspricht die Macht des Rechtes. Auch hier liegt der Gedanke der Gerechtigkeit ganz fern, indem es dem Hobbes nur darauf ankommt, daß unter den selbstsüchtig und ehrgeizig gegeneinander kämpfenden Menschen der Friede hergestellt werde und sie dadurch zu Staatsbürgern würden, nicht aber darauf, daß jedem Staatsbürger Gerechtigkeit widerfährt. Reine Zweckmäßigkeitserwägungen sind maßgebend. An die Stelle der Furcht des einen vor dem anderen Menschen tritt die Furcht des

Bürgers vor dem Staat. So haben Staat und Recht eine schrankenlose Macht über den Bürger.

Soviel über zwei ganz radikale Vertreter der Machttheorie des Rechtes. Dieser Auffassung gegenüber sucht sich nun besonders in der Gegenwart in pazifistischen Kreisen der andere Standpunkt durchzusetzen, daß zum Wesen des Rechtes, wie die Erfahrung zeige, die Macht gar nicht gehöre, daß das Recht vielmehr ein reines Sollen sei, das nicht erzwungen werden könne, wenn es nicht freiwillig durch Einsicht des Gewissens erfüllt würde. Grund und Zweck dieser Anschauung ist deutlich zu erkennen. Man sieht die Ohnmacht des Völkerrechtes und will ihm den Rechtscharakter wahren; deshalb sagt man, die Macht der Erzwingbarkeit gehöre nicht zum Wesen des Rechtes. Es ist darauf hinzuweisen, daß die in der Erfahrung sich zeigende Ohnmacht des Völkerrechts keineswegs in Zusammenhang steht mit meiner Lehre, daß die *Zwangsmacht nicht zum apriorischen* Wesen des Rechtes gehört, sondern es ist vielmehr so, daß, wo sich in der Erfahrung sogenannte ohnmächtige Rechtsgebilde ohne Durchschlagskraft zeigen, erkennbar ist, daß hier noch nicht Recht in Erscheinung getreten ist, d. h. man kann nicht an einem Recht, das in der Erfahrung noch gar nicht existiert, von dem man jedoch meint, daß es schon existiere, während es in seinem noch gar nicht entwickelten Anfangsstadium ohnmächtig ist, ablesen, ob Macht zum Wesen des Rechtes gehört oder nicht, ebensowenig wie man diese Frage entscheiden kann aus der Tatsache, daß das in die Erfahrung gestellte positive Recht keine Macht hat über seinen gesetzgebenden Erzeuger, insofern dieser nur solange an das Recht gebunden ist, wie er es noch nicht beseitigt hat; denn der Gesetzgeber kann über das Recht verfügen, und dadurch, daß die Macht des Gesetzgebers größer ist als die des positiven, der Erfahrung angehörigen Rechtes, ist der Machtcharakter eines solchen Rechtes in keiner Weise angetastet.

In der Erfahrung gibt es kein Recht ohne äußere Macht und Zwangsgewalt. Wo diese fehlen, ist entweder noch nicht oder nicht mehr Recht vorhanden. Dagegen sind die Machtäußerungen des Rechtes sehr leicht gefunden. Zwangsvollstreckung und Hinrichtung sind überzeugende Tatsachen. Es fragt sich nur, welcher Art ihr Machtcharakter ist.

Der Gehalt des Rechtes wird genährt aus dem sittlichen Bewußtsein der Menschen und ist eine mehr oder weniger vollkommene Verwirklichung des Gerechtigkeitsbegriffes um der Einheit und Sittlichkeit einer Menschengemeinschaft willen. Diese ist jedoch völlig unmöglich, solange einzelne ihr angehörige Menschen gegeneinander willkürlich Gewalttätigkeiten begehen. Damit ist aber zu rechnen. Deshalb ist das Recht notwendig. Es geht nicht ohne Recht. Darin liegt ein gutes Stück der Macht des Rechtes. Aus der Not des sozialen Beieinander heraus und der sich aus ihm ergebenden Mißstände bedürfen die Menschen des Rechtes und dieses gewinnt insofern die Macht der Unentbehrlichkeit über sie. Dieser Machtgrund des Rechtes würde fortfallen, sobald alle diejenigen, die zur einheitlichen Gemeinschaftsordnung bestimmt sind, gerecht sind. Wären alle gerecht, dann bedürfte es nicht mehr des Rechtes und seine empirische Macht wäre nicht mehr vorhanden, weil es selbst keine Daseinsberechtigung mehr hätte.

Die Macht der Unentbehrlichkeit ist jedoch noch kein erschöpfender Grund der Macht des Rechtes, weil ihm noch die anschauliche Überzeugungskraft fehlt, die erst dann vorhanden ist, sobald man den Widerstand berücksichtigt, an welchem sich die Macht des Rechtes zeigen und erproben soll. Seine Triebkraft ist die Gerechtigkeit, deren ganz besonderer Beruf darin besteht, willkürliche Gewalt um der Gemeinschaft willen zu brechen. So hat die Macht des Rechtes nur Sinn in bezug auf die von ihm Geordneten, seien es Menschen oder Staaten. Sie kann nur verstanden werden aus der Beziehung zu dem, wogegen sie wirkt, nämlich gegen gewalttätige Macht der Rechtsunterworfenen gegeneinander. Weil diese besteht oder zum mindesten einzutreten droht und das Recht die Aufgabe hat, die Gewalttätigkeiten der Einzelnen zurückzuweisen, — weil nun aber Gewalt immer nur durch stärkere Gewalt erfolgreich bekämpft werden kann, so muß auch das Recht mit einer Macht ausgestattet sein, die sich jederzeit, wenn nötig zur Gewalt steigern läßt.

Hier scheint sich nun ein Widerspruch zu eröffnen, indem wir oben streng unterschieden zwischen der sittlichen Macht der Gerechtigkeit und der Gewaltmacht, jetzt aber dem Rechte selbst äußere Gewalt zuschreiben. Der Widerspruch läßt sich jedoch leicht beseitigen, weil er nur dem Worte nicht aber dem Sinne nach besteht. Es gilt nämlich jetzt sogleich wieder die zweckmäßig aufgerichtete gegenwirkende Gewalt des Rechtes aufs strengste zu unterscheiden von der Gewalttätigkeit, die es beseitigen soll. Denn der Sinn der Rechtsmachtgewalt ist Gewaltbeschränkung der Rechtsunterworfenen, was nur möglich ist, wenn die Rechtsmacht in jedem Falle stärker ist als die drohende Gefahr der Einheitsstörung durch willkürliche Gewalt des Einzelnen. So ist die Macht des Rechtes nichts anderes als der Selbstschutz des Staates im Interesse seines eigenen Bestandes. Das Recht beseitigt ausgebrochene Willkür (nicht jedoch die Möglichkeit des Ausbruchs von Willkür). Die in einer Hinrichtung sich vollziehende Rechtswirksamkeit kann nur als eine Gewaltmachtausübung des Staates gegen einen Bürger aufgefaßt werden, die sich als einen Rückschlag darstellt gegen die willkürliche Gewalttätigkeit des Mörders. Hier steht zwar Gewalt gegen Gewalttätigkeit, weil nur so Gewalttätigkeit beseitigt werden kann. Aber die Staatsgewalt schließt durch das Recht Willkür aus und zwar einmal von den Anderen, den Untertanen, sodann aber vor allen Dingen auch von sich selbst. Das Recht beseitigt diejenige Gewalt der ihm Unterworfenen, welche ihre Grenze nur in der Macht des einzelnen Gewalttätigen hat. Jene Gewalt kann es nur durch seine noch größere Macht beseitigen und durch die aus ihr fließende Gewalt gegen den Ungerechten. Aber die Grenzen in der Gewaltanwendung des Rechtsstaates liegen nicht in seiner Macht, sondern in der Gerechtigkeit selbst. Nur gegen

Ungerechte und nur innerhalb des Staates wirkt die Rechtsgewalt, insoweit die Macht zum Wesen des Rechtes gehört, damit Gerechtigkeit unter den Menschen herrsche, welche dann verwirklicht ist, wenn jeder, der dieser Ordnung angehört, die Rechtssatzung mit seinem Gerechtigkeitsgefühl in Einklang zu bringen vermag.

So ist natürlich der Machtcharakter des Rechtes von ganz anderer Art als die Macht des einzelnen Menschen, zu deren Überwindung das Recht geschaffen wird. Die sittliche Schwäche des Menschen bedingt die Macht des Rechtes. Dagegen spürt der Gerechte gar nicht den Machtdruck des gerechten Rechtes.

Dieses ist nur möglich, weil die Macht des Rechtes gerade darauf beruht, daß sie keine gewalttätige Willkür ist, sondern stets in den Grenzen der Gerechtigkeit bleibt, also eine durch die Gerechtigkeit selbst gezähmte Gewalt ist. So kann man das Recht zugleich als die Beschränkung auffassen, welche sich die Gewalt des Staates in Selbstzucht und Gerechtigkeit selbst auferlegt. In diesem Lichte gewinnt die von Locke und Montesquieu aufgestellte Lehre von der Teilung der Gewalten besondere Bedeutung. Durch diese Teilung soll jede willkürliche Verirrung des Rechtes vermieden werden, damit geordneter Zwang gegen ungeordnete Gewalt wirksam werde.

IV. Wir haben uns bisher nur im Innern des einzelnen Staates bewegt und die Macht des Staates gegen die Macht des Bürgers abgewogen und müssen nunmehr fragen, wie sich die Macht des Rechtes gestaltet in bezug auf das Verhältnis der einzelnen Staaten untereinander. Während in der Gegenwart fast alle Staaten vom Rechte getragen sind, gibt es überhaupt noch nicht ein über die einzelnen Staaten übergreifendes Recht, d. h. der Zustand der Gewalttätigkeit der Staaten gegeneinander ist eine gewöhnliche Erscheinung, er ist die Regel, während Gewalttätigkeiten der Bürger eines Staates untereinander die Ausnahme sind.

Wenn ich nun von der Gewalttätigkeit der Staaten spreche, so ist hiermit nicht mehr die Rechtsgewalt des einzelnen Staates gemeint, mit welcher er die Gewalttätigkeit seiner Bürger unterdrückt. Denn die empirische Macht des innerstaatlichen Rechtes hat nicht eine Gewalt über die Staaten, wie sie eine auf Gerechtigkeit gegründete Gewalt über die eingeordneten Bürger besitzt. Der Machtgebrauch der Staaten gegeneinander mit Hilfe der größeren Kraft und Gewalt kann zwar zu seiner Erklärung, nicht jedoch irgendwie zu seiner Rechtfertigung mit der Tatsache in Zusammenhang gebracht werden, daß der mächtige Staat ein Rechtsstaat sei und daß deshalb Recht und Macht zusammengehörten. Die Machtauslösung der Staaten untereinander hat andere Quellen, sie ist nicht mit der Macht des Rechtes gegen die ihm Unterworfenen zu vergleichen, sondern mit der Macht, welche durch das Recht gebrochen werden soll, ja die Machtproben der Staaten untereinander sind das Zeichen eines rechtlosen Zustandes von Rechtsstaaten, d. h. es findet sich kein Recht, an welchem irgendeine Rechtsbeziehung zwischen den Staaten abgelesen werden könnte und der nur durch Erschöpfung einer Partei zu beendigende Krieg ist das Zeichen der Ohnmacht, also wegen des empirischen Machtcharakters des Rechtes überhaupt das Zeichen des Nichtvorhandenseins des Staatenrechtes. Während des Krieges zu beobachtende „Rechtsregeln" kann ich nicht als Recht anerkennen, wenn man unter Recht überhaupt noch etwas Feststehendes, nicht dagegen etwas rein Konventionelles, der Laune oder augenblicklichen Nützlichkeit Ausgeliefertes verstehen will, wenn man jedoch vor allem den logischen inneren Widerspruch in der Vereinigung von Krieg und Recht berücksichtigt, sowie die Tatsache, daß schlechterdings dem Recht nicht die Aufgabe zufallen kann, eine ordnende Regelung von Gewalttätigkeiten irgendwelcher Art vorzunehmen; denn gegenseitige Gewalttätigkeiten der ihm Eingeordneten zu beseitigen, wird immer die Aufgabe des Rechtes bleiben.

Die Rechtlosigkeit unter Staaten ist eine Tatsache, die feststeht, ohne einer weiteren Begründung zu bedürfen. Der einzelne Rechtsstaat selbst ist noch nicht unter Recht gestellt, d. h. einem

Rechtssystem der Staaten eingeordnet, wenn seine Bürger im Rechtsstaat geordnet sind, da ein einzelnes Wesen (Staat) für sich allein, abgesondert von Wesen seiner Art, nicht desjenigen Rechtes bedarf, das erforderlich ist, um die Beziehung zu den Wesen seiner Art zu ordnen. Mit anderen Worten, es ist zu unterscheiden der Rechtszustand des einzelnen Staates von dem Rechtszustande unter Staaten. Hier liegen zwei zu unterscheidende Rechtsfelder übereinander, von denen das letztere nach dem Vorbilde des ersten zu bearbeiten ist.

Die Bearbeitung des Rechtes der Staaten oder des Völkerrechts begegnet nun deswegen ganz besonders eigentümlichen Schwierigkeiten, weil gerade das den einzelnen Staat begründende und aufrichtende Recht gleichsam in zwei den einzelnen Staat überflutenden Strömungen sich auswirkt und das ganze gegenseitige Ringen der Völker im Kriege mit den Waffen und im Frieden mit anderen Mitteln erkläre ich aus der Dissonanz, welche durch die beiden Auswirkungen des Rechtes des jeweiligen einzelnen Staates hervorgerufen wird.

Das Recht des einzelnen Staates trägt zwei Früchte verschiedener Art, die doch beide schon in seinem Keime enthalten sind. Es führt nämlich erstens zu kriegerischen Gewalttätigkeiten der Staaten untereinander, sodann aber auch in strenger Folgerichtigkeit seiner Berufung auf dem Wege über die Versittlichung des einzelnen Staates zu der den Krieg meidenden Gerechtigkeit der Staaten untereinander und damit zur Überwindung der von ihm selbst heraufbeschworenen Gewaltsamkeit der Staaten, d. h. die Gerechtigkeit des einzelnen Staates gegenüber den anderen tritt nicht auf Grund seiner inneren Ordnung von vornherein in Erscheinung, sondern ist erst das Resultat einer Selbstüberwindung dieses Staates aus Anlaß der Kriege.

Der Krieg als Folge des Rechtes des einzelnen Staates erklärt sich so. Das Recht hat den Zweck im Interesse eines glücklicheren Zustandes die Gewalttätigkeiten der Bürger zu beseitigen und dadurch erst geordneten Wohlstand des Gemeinwesens herbeizuführen. Wenngleich ein solcher Zustand nicht der höchste Zweck des Rechtes ist, so wird er den Menschen doch stets eine sehr erwünschte Folgeerscheinung des Rechtes sein, welche ebenfalls wie die Verwirklichung des eigentlichen Zweckes des Rechtes, die Sittlichkeit des Staates, nur dadurch möglich ist, daß der stärkere Bürger auf schrankenlose Anwendung seiner Stärke verzichtet und zwar so weit, wie er durch Gebrauch seiner Macht dem Interesse des Ganzen nicht schadet. Die Einheit des Staates ist durch das Recht geschaffen und so auch seine mächtig anschwellende Blüte, welche notwendige Folge eines guten Rechtes ist, das die im Wesen einer Nation steckenden eigentümlichen schaffenden Triebkräfte auslöst, wie das etwa in ganz unvergleichlicher Weise durch die von Bismarck gegebene Rechtsverfassung geschah, indem das Recht eine für Volk und Nation ganz besonders geeignete Gestalt annahm. Kraftstrotzende Üppigkeit, anschwellende *Entfaltung der Staatsgemeinschaft zeigt sich dann* besonders in der vom Recht regulierten Wirtschaft. In der Gesundheit der Volkskraft recken sich die Zweige des Staates und stoßen an — nicht gegen seine Bürger, sondern gegen andere Staaten, unter ihnen entsteht nun eine Machtspannung aus der Macht des einzelnen Staates heraus, welche sich wiederum ergab aus den unergründlichen zur Höhe aufsteigenden Kräften des Volkes, die durch das Recht des einzelnen Staates in die geordneten Bahnen gelenkt werden. Aber nun erhebt sich die drohende Gefahr, daß gerade diese geordnete Bahn des innerstaatlichen Rechtes Unordnung unter den Staaten zeugt, d. h. das Recht selbst hat eine Macht gezeugt, die nicht mehr mit dem apriorischen noch mit dem empirischen Wesen des Rechtes eins ist. Die mächtige Entwicklung des Staates ist dem Rechtsboden entwachsen, um ihn zu überwuchern und ein Feld zu berühren, auf dem noch gar nicht die Pflugschar des Rechtes gewirkt hat. Dieser neu errungenen Macht des Staates fehlt also der Rechtsmaßstab und um sie zu rechtfertigen, spricht man von einem sogenannten Recht der Nation auf Leben und Sonnenlicht, auf freie Selbstbestimmung.

Aber das ist kein eigentliches Recht im Sinne einer von Menschen gegebenen Rechtssatzung, sondern ein ganz ursprünglicher, jenseits jeden Rechtes liegender und nur aus göttlichen Gründen herzuleitender, heiliger und unantastbarer Anspruch, dessen niedrige Entweihung sich in der Willkür eines solchen Staates kundgibt, dessen sittliche Einheit schon so weit gediehen ist, daß er böse handeln kann.

Eine solche Entweihung besteht jedoch keineswegs schon in dem Willen einer Nation zur Selbstbehauptung, welcher stets auch ein Wille zur Macht dieser Nation sein wird. Dieses Streben ist an sich noch nicht bedenklich. Aber die rechtsphilosophische Fragestellung wird dann wieder einzusetzen haben, wenn eine solche kraftstrotzende Macht des Staates aus ihrem latenten Zustand herausbrechend, sich an den anderen Staatsmächten reibt. Jetzt kann die Macht des Staates durchaus einen rechtlosen Zustand auslösen, sobald sie in Gewalttätigkeit gegen einen anderen Staat umkippt, was durchaus nicht immer durch willkürliche Raubgelüste des Mächtigen zu geschehen braucht, sondern viel eher mit der Entladung und Entspannung von Naturkräften zu vergleichen ist, falls es sich um Staaten handelt, die noch gar nicht vor ein über das Gute und Böse entscheidendes Forum gestellt werden können. Der natürliche Selbsterhaltungstrieb, in dessen Gefolge die vom Recht des einzelnen Staates geregelten wirtschaftlichen Verhältnisse sich erweitern, führt zum Krieg der Nationen, während ein wirtschaftlich schwaches Land wohl kaum, wenn nicht besonders unglückliche Umstände mitsprechen, in Krieg verwickelt wird. Und zwar kommt es deshalb zum Krieg, weil keine Einigkeit darüber erzielt werden kann, wie weit der elementare Anspruch auf Entfaltung zu gehen hat.

Dieser Mangel an Einigkeit und Einheit ist ein ausgesprochen rechtloser Zustand, d. h. es fehlt der Maßstab für Recht und Unrecht eines Staates, weil die Rechtssetzung selbst fehlt. Wenn nun ein Staat in Betätigung seiner Selbstbehauptung sein vermeintliches Recht sich von dem anderen Staat mit Gewalt holt, so kann dieses Verfahren, falls der Staat sich nicht in Notwehr befindet oder er nicht einen Befreiungskrieg führt, höchstens durch den rechtlosen Zustand selbst entschuldigt werden, indem man sagen könnte, daß aus einem solchen Zustand nicht irgendwie eine Verletzung von durch ein Rechtssystem geschützten Rechten hergeleitet werden kann. Ja der stärkere und siegreiche Staat wird nun im Besitze der größeren Gewalt sein Recht aus seiner Macht herzuleiten versuchen. So hat es denn in der Tat sogar Rechtslehrer gegeben, die eine solche Gewaltgeburt des Rechtes anerkannt haben. Danach soll der Krieg das unveräußerliche Recht des Staates und das größere Recht beim Sieger sein, ja eine Nation, die nicht zugleich die Stärke hat, sich von den Fesseln des Feindes zu befreien, dokumentiert damit zugleich, daß sie im Unrecht ist. Diese Auffassung, einer Mischung von Willkür und Heroismus das Wort redend, ist deshalb sehr bedenklich und abzulehnen, weil der Gedanke einer den Gewalttätigkeiten ohne Ereiferung kühl gegenüberstehenden Gerechtigkeit allzusehr ausgeschaltet ist, der dahin geht, daß wo kein schützendes Rechtssystem vorhanden ist, dieses geschaffen werde und daß es in Einstimmung mit dieser Forderung nach dem Rechtssystem den obersten Grundsätzen des Rechtes widerspricht, wenn innerhalb des Rechtssystems sich eine von zwei Parteien ihr vermeintliches Recht durch Kraftproben selbst holt von der anderen.

Wer jedoch anerkennt, daß Rechtsstreitigkeiten unter Staaten im Kriege durch größere Gewalt entschieden werden können, kommt um die Folgerung nicht herum, daß er die größere Gewalt des feindlichen Staates so lange anerkennen muß, bis der eigene Staat selbst wieder die größere Gewalt in Händen hat. Aber gerade das Gerechtigkeitsbewußtsein wird die feindliche Gewalttätigkeit niemals anerkennen und kann demzufolge die Gewalttätigkeit des eigenen Staates auch nicht anerkennen. Deshalb wird es auf Beseitigung der Gewalttätigkeiten unter Staaten überhaupt drängen und ein Rechtssystem fordern, welches die Macht (nicht im Sinne von Staatsgewalt) des einzelnen Staates soweit begrenzt, daß eine Rechtsgemeinschaft der Staaten möglich wird. Es wird ferner einen Gewaltvertrag zwischen Staaten überhaupt nicht als Recht anerkennen, indem ein dem Kriege folgender Machtfrieden kein Rechtsfrieden ist; ja es ist geradezu unsittlich, aus der größeren Macht des siegreichen Staates heraus sittliche oder rechtliche Verpflichtungen des besiegten Staates herzuleiten. Der besiegte Staat handelt unsittlich, wenn er sich dadurch rechtlich gebunden fühlt. Die Erfüllung eines Machtfriedens kann nur im Interesse der Verhütung eines noch größeren Schadens als zweckmäßig erscheinen.

V. Soviel über den rechtlosen Zustand unter den Staaten. Das Recht des einzelnen Staates selbst war eine der Ursachen der Machtspannung und des Gewaltgebrauches unter Staaten, zu welchem jedoch die Staaten kein Recht haben. Vergleichen wir nun die Beziehung der Staaten zueinander mit der Beziehung der Menschen im einzelnen Staat zueinander, so finden wir, daß der kraftstrotzende mächtige Bürger, der ursprünglich zu Gewalttätigkeiten gegen die anderen Bürger gereizt wurde, diese von ihm hervorgerufene Machtspannung nicht irgendwie als Folge eines Rechtsunterbaues rechtfertigen kann. Seine physische Stärke ist ohne seine Kunst von Natur ihm gegeben. Und wenn ihm nun das innerstaatliche übergreifende Recht im Interesse des Ganzen den willkürlichen Machtgebrauch unterbindet, indem es als Hüterin der Gerechtigkeit auftritt und zugleich auch um der Blüte der einzelnen Gemeinschaft willen für Abwehr jeder bürgerlichen Gewalttätigkeit sorgt, dann wird dieses selbige Recht auch den aus ihm hervorbrechenden Konflikt überwinden müssen, der darin besteht, daß seine Unterdrückung der Gewalttätigkeit der Bürger die Gefahr der Gewalttätigkeit der Staaten zur Folge hat, indem die anschwellende Blüte der Gemeinschaft ein kunstvolles Gewächs des Rechtes ist. Wie wird nun dieser Konflikt gelöst?

Es ist vor allem zu bedenken, daß die Macht des Staates im Sinne seiner aufschießenden Kraft (nicht im Sinne der den Bürgern gegenüber anzuwendenden Staatsgewalt) lediglich eine dem empirischen Wesen des Rechtes entwachsende, also aus seinem Wesen heraustretende Folgeerscheinung, nicht aber eine wesentliche Eigenschaft des Rechtes ist und daß jene Kraft überhaupt gar keine Gelegenheit hätte, in Gewalttätigkeit umzuschlagen, wenn sie sich ohne von außen herrührende Hemmung entfalten könnte. Reibung, Machtauslösung und Gewalttätigkeit erfordern also noch eine andere wesentliche Bedingung als Mitursache neben der Mitursache des Rechtes, nämlich den anderen Staat, an welchen der eine Staat anstößt. Und dann ergeben sich Folgeerscheinungen, für die das Recht des einzelnen Staates nicht mehr verantwortlich gemacht werden kann (trotzdem jene ohne dieses Recht nicht eingetreten wären), was daraus klar wird, wenn man bedenkt, daß der einzelne Staat in bezug auf die anderen Staaten seinem eigenen Recht, das nicht in der Lage ist, die Staaten zu überspannen, nicht unterworfen ist. Der besprochene Konflikt entsteht, weil das Wesen der Macht eines Staates in ihrem Aussehen verschieden ist, je nachdem man den Staat von innen (Staatsgewalt) oder von außen (drohende Gewalttätigkeit gegen Staaten) betrachtet, und der Konflikt wird überwunden, weil das Wesen des Rechtes und der Gerechtigkeit eines Staates das gleiche bleibt, mag man ihn von innen oder von außen betrachten. Und wenn auch das Recht des einzelnen Staates nicht die Kraft hat, die Staaten zu überspannen, so hat es doch als innebleibende Folgeerscheinung das Völkerrecht, eine Folge, die seinem Wesen nicht entwächst oder es überwuchert, sondern in seinem Wesen bleibt, indem es durch seine ordnende Macht die Gerechtigkeit und Sittlichkeit des Staatenstaates herbeiführt und zudem auch noch für das Wohlergehen der ihm unterworfenen Staaten als seiner Glieder sorgt.

Das Recht des einzelnen Staates greift nicht mit beherrschendem Zwange auf die anderen Staaten über. Trotzdem aber hat es eine große Berufung im Hinblick auf die Beziehung der einzelnen Staaten zueinander, da ein echter Rechtsstaat auch ein gerechter Staat sein muß und zwar nicht nur wie selbstverständlich, gegenüber seinen Bürgern, sondern vor allem auch den anderen Staaten gegenüber. Denn die Gerechtigkeit selbst kennt nicht die territorialen Grenzen des innerstaatlichen Rechtes, sondern sie wirkt im Laufe der Entwicklung des Menschengeschlechtes allmählich auch über die Grenzen des Staates hinaus in die Weite der Völker. Dieses ist aber nur möglich durch den gerechten Einzelstaat selbst, weil nur ein solcher die einzige Bedingung ist für die Erzeugung des Völker- oder Staatenrechts, welches nur als ein System zu begreifen ist, das eine Vielheit von verschiedenen Staaten unter Rechtsregeln zur Einheit zusammenschließt. Wenn nun ohne ein solches übergreifendes Rechtssystem zwei Staaten untereinander sich über Wirtschaftsfragen verständigen, so ist ein solcher sogenannter Handelsvertrag kein Recht im eigentlichen Sinne und zwar gerade deshalb nicht, weil zum empirischen Wesen des Rechtes die zwingende Macht gehört, die imstande ist zur Durchsetzung der Vertragsbestimmungen. Verträge können immer nur einzelne Fälle eines Rechtssystems sein, an welchem die Vertragsgegner sich über die allgemeinen Bestimmungen über Vertrag unterrichten können. Handelsverträge jedoch werden nur deshalb geschlossen, weil die Gegner sich sagen, eine gütliche Einigung sei vorteilhafter als eine Machtprobe durch Krieg, während sie sich bei einem solchen Nützlichkeitsstandpunkt stillschweigend eine Entscheidung durch größere Vorteile versprechende Gewalttätigkeit vorbehalten. Hier fehlt eben sowohl das die Gewalttätigkeit verhütende Rechtssystem als auch die Idee der Gerechtigkeit. Hier ist Kündigung des Vertrages zugleich ein Abschneiden jeder Rechtsbeziehung, während innerhalb eines Rechtssystems zwei Vertragsgegner auch nach Kündigung und Auflösung eines Vertrages durchaus noch im rechtlichen Zusammenhang der ganzen Rechtsgemeinschaft stehen.

Ein überstaatliches Recht erfordert mehr als zufällige Verabredungen zweier Staaten im Interesse irgendeiner vorteilhaften Zusammenarbeit. Wenn ein solches Recht überhaupt bejaht wird und man dem Rechte Machtcharakter verleiht, so muß in der Erfahrung auch der Völkerstaat Macht haben über die einzelnen ihm eingegliederten Staaten und zwar eine ganz außerordentliche Staatsgewalt, damit er jede Gewalttätigkeit des einen Staates gegen den anderen durch Zwang unterdrücke und den Streitfall in Gerechtigkeit regele. Gerade in bezug auf ein wirksames und sinnvolles Völkerrecht leuchtet ein, daß ein reines Sollen für das Recht unwesentlich ist; denn den Staaten fällt es noch weit schwerer, das zu tun, was sie sollen, als den Menschen und ihre Gewalttätigkeiten fordern geradezu eine bezähmende Staatenstaatsgewalt heraus, welche, sobald sie als Rechtssystem verwirklicht ist, nicht mehr duldet, daß ein Staat seine Gewalttätigkeit durch sein vermeintliches gutes Recht entschuldige, da sie selbst über das gute Recht der streitenden Staaten, diesen die Mühe des Krieges ersparend, entscheiden wird. Die Rechtsmacht hat sich nun verschoben, so daß die Macht des Staatenstaates unter allen Umständen stärker sein muß als die Macht des einzelnen Staates; denn jene hat Staaten zu ordnen, diese aber bloß Menschen. Aber die Grundsätze der Gerechtigkeit sind so allgemein zu halten, daß sie dieselben sind, mag es sich nun um Menschen oder Staaten handeln; nur der Grad der Rechtsmacht der Staatsgewalt ist verschieden.

VI. Wie ist nun Recht unter oder besser gesagt über Staaten möglich? Weil der einzelne gerechte Staat nicht eine Unmöglichkeit ist. Weil der Gedanke an die Wirkensweite der Gerechtigkeit unerschütterlich ist und das innere Recht des einzelnen Staates gerade die sittliche Aufgabe hat, ihn zu befreien aus dem kriegerischen Zusammenhang der Staaten, ihn in besonderer Prägung gegen die Staaten abzuheben und in Gerechtigkeit selbständig zu machen. Damit nun die durch das Recht des einzelnen Staates herbeigeführte Gerechtigkeit dieses Staates sich überhaupt im Hinblick auf die Erzeugung des Völkerrechtes bewähren könne, müssen Gewalttätigkeiten unter Staaten vorangehen oder wenigstens hereinzubrechen drohen. Spannungen müssen erst gesetzt sein, damit sie überwunden werden können. Und so beförderte denn das innerstaatliche Recht gleichsam die schon von der Naturhaftigkeit der Völker zu erwartenden Spannungen unter ihnen, indem es die Gefahr bringende anschwellende Blüte der Völker auf künstlichem Wege durch Eingriff des Menschen in die Natur schneller zur Entwicklung und Reife brachte, als ob es gleichsam nicht abwarten könne, bis es seine eigentliche Aufgabe, die Bildung des Völkerstaates im Kampfe gegen die Gewalttätigkeiten der Staaten, zu erfüllen Gelegenheit fände. Solche Erfüllung wird sich zeigen, wenn kriegerische Taten nicht die Regel bilden, sondern eine seltene Ausnahme irgendeines das Recht nicht achtenden Staates sind, der in Selbstsucht die Schranken überschreitet, welche wegen der einfachen Tatsache, daß es viele Staaten gibt, notwendig sind und der noch nicht gelernt hat, auf Gewaltsamkeiten zu verzichten.

Man wird einwenden, das Recht der Staaten sei unmöglich, weil es keinen Weg gäbe, auf welchem man die Macht der zwingenden Staatsgewalt zur Ausstattung des Staatenstaates heranbringen könne, es seien wohl Staaten vorhanden, nicht aber ein Rechtsschutzdach über den Staaten möglich; denn erst müsse die übergreifende Zwangsgewalt da sein und dann erst könne diese das Völkerrecht geben.

Der Einwand ist nicht stichhaltig, weil die einzige Quelle des Völkerrechtes der einzelne gerechte Staat ist, der den anderen Staaten gegenüber gerecht zu sein bereit ist. Er zeugt das Recht der Staaten und die Staatsgewalt dieses Rechtes wird überhaupt erst mit dessen Setzung gegeben. Kein Recht wird aus bloßer Gewalt gezeugt, deren Zwang vor dem Rechte schon bestünde, sondern jedes echte Recht kommt aus dem Gerechtigkeitsbewußtsein, in welchem seine Zwangsgewalt gegen den Ungerechten zum guten Teil begründet ist. Nur wo ein Ungerechter sich findet, findet sich auch Zwang und daß jemand ungerecht ist, wird erst durch das gerechte Recht gekennzeichnet. Also besteht die Macht des Zwanges erst dann, wenn das Recht gesetzt ist.

Man wird weiter einwenden, der Verzicht des einzelnen Staates auf möglicherweise erforderliche Gewaltsamkeit sei ausgeschlossen; der Staat müsse seine machtvolle Autorität nicht nur gegenüber den Bürgern, sondern auch gegenüber den anderen Staaten behaupten; sich an den Staatenstaat binden, heiße für ihn, sich selbst aufgeben. Und in der Tat wird gerade der Obrigkeitsstaat, dessen Rechtshoheit und Autorität gegenüber seinen Bürgern so stark ist, daß diese eine Unterwerfung ihres Staates unter ein die Staaten bindendes und verpflichtendes Recht nicht zugeben werden, am letzten geneigt sein zur Anerkennung der Autorität des Völkerrechtes, indem er selbst eine Obrigkeit über sich nicht duldet. Gerade ein solcher Staat wird den Standpunkt der Nation besonders eifrig verfechten und in dem übergreifenden Völkerrecht oder Staatenstaat eine starke Gefährdung der Nation und ihrer Selbstbestimmung erblicken.

Solcher Auffassung zu widerstreiten, fällt schwer; und zwar nicht nur im Hinblick auf die Herbeischaffung sachlicher Gründe, sondern auch im Hinblick auf die starken Hemmungen, welche ein Widersprechen gegen solche aus edelstem vaterländischen Gefühl stammenden Meinungen mit sich führt. Doch es ist zu bedenken, daß der Staatenstaat nur möglich ist durch gerechte Staaten und ein gerechter Staat nur möglich ist als Nationalstaat. Die Idee der Nation ist also eine unerläßliche Voraussetzung für die Verwirklichung des Staatenstaates, ebenso wie die Idee der Persönlichkeit des einzelnen Menschen maßgebend bleibt für die Grundlegung des einzelnen Bürgerstaates. Die Idee der Nation ist ein im höchsten Maße sittlicher Gedanke, der es auf gar keine Weise zuläßt, ihn zu mißbrauchen für willkürliche Gewaltsamkeiten gegenüber anderen Nationen, sondern die Forderung erhebt, daß jedes Volk seiner Bestimmung entsprechend ein Existenzrecht hat und kein Volk des anderen Volkes Recht verkümmern darf. Allein die Idee der nationalen Gerechtigkeit leistet Gewähr, daß unter ihrer Herrschaft in der Tat gar kein Volk verkümmern kann, wenn nicht durch eigene innere Schwäche. Die nationale Geschlossenheit eines Volkes erleichtert die Rechtsbildung im Innern des einzelnen Staates und schafft der Gerechtigkeit gleichsam von selbst die Bahn. Nun aber versagt dieses rechtsbildungsfördernde Mittel in bezug auf die Zeugung des Völkerrechtes, indem die Nationen untereinander nicht selbst wieder eine umfassendere Nation zu bilden vermögen; denn es gibt keine nationale Seele der Völkergemeinschaft, aus der heraus das Völkerrecht gezeugt werden könnte, wie aus der deutschen Seele das deutsche Recht stammt oder wenigstens stammen sollte. Es fehlt die Idee einer nationalen Rechtseinheit der Völker. Die nationale Triebkraft macht gleichsam (von innen gesehen) an den Grenzen des einzelnen Staates halt, um, wenn sie über sie hinausschreitet, nicht mehr wie eine gerechte, sondern wie eine verzehrende Macht zu wirken. So wächst das Mißtrauen der einzelnen Nationen gegen eine solche Rechtseinheit und vor allem hindern aus dem jeweilig nationalen Bewußtsein heraus die verschiedenen Auffassungen von Recht und Gerechtigkeit bei den verschiedenen Nationen die internationale Staatenbildung, so daß es den Anschein hat, als biete in der Tat die Nation einer solchen Rechtsbildung ein schweres Hindernis. England hat eine rein utilitaristische Rechtsauffassung aus der nüchternen Erwägung der Zweckmäßigkeit und des stärkeren Interesses heraus. Italien hat von Machiavelli Aufklärung bekommen über das Wesen seiner Rechtsseele, nach welcher die praktischen Staatsnotwendigkeiten den Maßstab der an den Staatsmann zu stellenden sittlichen Forderungen regulieren, so daß Treubruch gegen eine andere Nation bei Gelegenheit zur Staatspflicht erhoben wird und von der völlig erblindeten Rechtsseele Frankreichs will ich gar nicht sprechen.

Und trotz allem wird gerade die anbrechende Versittlichung des nationalen Gedankens zu der Ordnungseinheit der verschiedenen Staaten führen; die Verwirklichung der nationalen Idee in ihrer höchsten sittlichen Reinheit und Gerechtigkeit, ein in der Geschichte der Menschheit bisher noch nicht erreichtes Werk, wird in der Zukunft ein erhabenes Dokument der schöpferischen

Macht der Vernunft des Menschen sein. Wenngleich die nationale Geschlossenheit der verschiedenen Nationen untereinander fehlt, so daß die Gerechtigkeit des einzelnen Staates gegenüber den anderen Staaten nicht dieselbe Schwungkraft besitzt, wie es bei einzelnen ein und derselben Nation angehörigen Menschen der Fall sein kann, so wird doch der gerechte Staat das übernationale Völkerrecht unter demselben Prinzip zu begreifen suchen wie das nationale innerstaatliche Recht. Je weniger eine über die Nationen übergreifende nationale Triebkraft für Völkerrechtsbildung vorhanden ist, um so stärker muß der reine Gerechtigkeitsgedanke von der einzelnen Nation in bezug auf die Nationen gepflegt werden. Ja dieses ist die eigentliche sittliche Bestimmung einer Nation. Denn nicht der völlig farblose Menschheitsgedanke, verbunden mit internationaler Moral, sondern das konkrete aus dem Wesen der Nation herausbrechende Gerechtigkeitsgefühl führt zum *Völkerrecht,* welches die Gewähr dafür bieten soll, daß der Verzicht auf Gewalttätigkeit für einen Staat noch nicht Verzicht auf eigene Blüte bedeutet, und welches nicht hauptsächlich zur Einschränkung der Nationen gesetzt wird, sondern zum Zwecke der höchstmöglichen Entwicklung einer Nation in Ansehung der Tatsache, daß viele Nationen nebeneinander leben müssen. Und die mit dem stärksten Gerechtigkeitsgefühl ausgestattete Nation wird bei einer solchen Gesetzgebung die erste Stelle einnehmen, gerade darin ihre Berufung erblicken und sich demütig der ehernen Notwendigkeit der historischen Bahn des Sittengesetzes beugen.

GPSR Compliance

The European Union's (EU) General Product Safety Regulation (GPSR) is a set of rules that requires consumer products to be safe and our obligations to ensure this.

If you have any concerns about our products, you can contact us on ProductSafety@springernature.com

In case Publisher is established outside the EU, the EU authorized representative is:

Springer Nature Customer Service Center GmbH
Europaplatz 3
69115 Heidelberg, Germany

Batch number: 10815964

Printed by Printforce, the Netherlands